华人数学家的故事

[美]李学数 编著

上海科学技术出版社

图书在版编目（CIP）数据

华人数学家的故事 / （美）李学数编著. -- 上海：上海科学技术出版社，2021.6
ISBN 978-7-5478-5260-6

Ⅰ.①华… Ⅱ.①李… Ⅲ.①数学家－生平事迹－世界 Ⅳ.①K816.11

中国版本图书馆CIP数据核字（2021）第047409号

华人数学家的故事
［美］李学数　编著

上海世纪出版(集团)有限公司
上海科学技术出版社　出版、发行
(上海钦州南路71号　邮政编码200235　www.sstp.cn)
常熟市兴达印刷有限公司印刷
开本787×1092　1/16　印张22
字数260千字
2021年6月第1版　2021年6月第1次印刷
ISBN 978-7-5478-5260-6/N·217
定价：58.00元

本书如有缺页、错装或坏损等严重质量问题，请向工厂联系调换

前言

数学是我国人民所擅长的学科。

——华罗庚

中国历史上曾涌现出很多杰出的数学家。国外曾选出人类最伟大的 100 个科学家,有 7 位中国科学家赫然在列,其中数学家刘徽、秦九韶、朱世杰、祖冲之分别位居第 14、33、39、51 位。现代则有华罗庚、陈省身、丘成桐等国际知名的华人数学家。

尽管那是较长的时间尺度,但现在的教育确实存在走偏的现象,缺少兴趣培养是中国基础数学教育中的失误。中国的教育只重视传授知识给学生,传授学生做题、猜题的能力,侧重在技术性训练,培养的是应试能力,鼓励的是拿了奖就是好学生。为在高考时得到高分,很多重点学校往往采取题海战术,训练学生的应试能力。孩子放学回家后,除了完成教师布置的功课,还要在家长强逼下,做完规定数量的课外习题,让学生感到读书是一件不快乐的事情。不少原本对数学很有兴趣的学生,变成了做题机器,在机械性的劳动中逐渐失去了对数学的兴趣。这打压了学生的创新能力，埋没了天赋很高的人才。

丁肇中在2014年10月上海中欧国际工商学院大师课堂上谈从物理实验中获得的体会："许多人认为，如果一个国家想要在技术和经济方面有竞争力，它必须集中于能立即有实际市场效益的实用性技术的发展，并使经济持续发展。我们听到这样的争论：是支持'无用的'基础学科，还是将资源集中于技术的转化和应用研究。从历史的观点来看，后一种观点是目光短浅的。如果一个社会将自己局限于技术转化，显然，经过一段时间，基础研究不能发现新的知识和新的现象后，也就没有什么可以转化的。所以，技术的发展是生根于基础研究之中。"

2016年2月11日，麻省理工学院、加州理工学院以及美国国家科学基金在华盛顿进行物理学界的一次历史性发布：人类首次直接探测到引力波，爱因斯坦百年前预见的一种时空干扰波。麻省理工学院校长赖夫（L. Rafael Reif）就人类首次探测到引力波于12日致信全校，信中明确地指出："我们今天庆祝的发现体现了基础科学的悖论：它是辛苦的、严谨的和缓慢的，又是震撼性的、革命性的和催化性的。没有基础科学，最好的设想就无法得到改进，'创新'只能是小打小闹。只有随着基础科学的进步，社会才能进步。"

李克强总理在一次座谈会上讲道："我们要搞原始创新，就必须更加重视基础研究，没有扎实的基础研究，就不可能有原始创新。国际数学界的最高奖项菲尔兹奖，中国至今没有一人获得。现在IT业发展迅猛，源代码靠什么？靠数学！我们造大飞机，但发动机还要买国外的，为什么？数学基础不行……所以，大学要从百年大计着眼，确实要有一批坐得住冷板凳的人。"

2018年，国务院发布了"关于全面加强基础科学研究的若干意见"，中国将更为重视对科学和科学家的宣传普及工作。

本书既介绍了华罗庚、陈省身这样伟大的数学家,也有励志人物,希望读者能从他们的成长轨迹中得到启发、从他们的执着精神中得到鼓舞。

李学数

目录

前言

1. 能诗善文的华罗庚 / 1
   - 世界上什么东西最美 / 1
   - 一分辛劳一分才 / 2
   - 危楼欲倒,猪马同圈 / 4
   - 挚友惨遭暗杀 / 7
   - 数学方法用在管理上 / 9
   - 数学推广工作,大材不小用 / 13
   - 让年轻人踏着我的肩膀,攀登世界科学的高峰 / 15
   - 为数学鞠躬尽瘁 / 16

2. 20世纪的伟大几何学家陈省身
   ——情系中国的美籍华裔数学家 / 18
   - 荣誉等身的大师 / 19
   - 陈省身的童年和少年 / 20
   - 考入南开大学理科 / 22
   - 留学德国去汉堡大学 / 23

回归祖国受聘于清华大学	/ 25
定居美国	/ 26
为中国数学的发展定居南开	/ 27
建立南开数学研究所	/ 29
曾被视为"左倾学者"	/ 31
中国的数学该怎么发展	/ 32
提携后进为本科生亲自讲授	/ 38
21世纪的数学将走向何方	/ 39
幸福的家庭生活	/ 43
一位淡泊名利的人	/ 46
陈省身的重要数学工作	/ 47
大师逝世风范长存	/ 49

3. 应用数学家钱伟长 **/ 52**

清贫出身	/ 53
钱伟长的中学教育	/ 55
念文科的料	/ 56
以前读书的方法不行	/ 57
钱伟长在清华拼搏	/ 58
清华唯一低于标杆刻度的新生	/ 60
马约翰改变他的体质	/ 61
钱伟长的学习方法	/ 62
获庚子赔款奖学金留学	/ 65
获名师指导,莺啼初唱	/ 66
回归祖国	/ 70
五十年代	/ 72
逆境中的坚持	/ 79
成为上海工业大学校长	/ 80

为祖国的四个现代化而执言	/ 85
关心青年思想	/ 86
汉字计算机输入的贡献	/ 88
当代李冰活用知识的例子	/ 90
钱伟长的学术贡献	/ 94

4. 希望"百花将见万枝红"的中国数学园丁
   ——熊庆来　　　　　　　　　　　　／ **96**

乘风破浪是前程，起舞正期效祖逖	/ 99
发现华罗庚的才华	/ 104
40 岁获得法国国家理科博士学位	/ 109
回归祖国	/ 113
怎样培养年轻一代的数学家	/ 116
熊庆来的工作	/ 119
鹣鲽情深的夫妻	/ 121
熊庆来的孩子	/ 125
病逝	/ 129
秉明花 39 年为父亲塑像	/ 131
熊庆来奖学金	/ 134

5. 中国卓越数学家苏步青　　　　　／ **136**

贫寒出身的老数学家	/ 136
振作读书，发奋图强	/ 137
少年负笈赴东瀛	/ 139
在异国为中国人争气	/ 140
1931 年获日本理学博士学位	/ 141
苏步青的数学成就	/ 142
严师出高徒	/ 143

3

春风桃李，诲人不倦 / 146
为中学教师举办讲习班 / 147
再教育于江南造船厂 / 148
写诗和数学研究 / 149
台湾行 / 151
养生之道 / 153
对年轻人的期望 / 155

6. 中国数学史家钱宝琮 / **157**
李约瑟推崇的杰出人物 / 158
出身不富裕的家庭 / 163
怎么会对中算史产生兴趣 / 165
任南开大学数学系教授 / 167
在浙江大学任教 / 171
无书无米的艰苦日子 / 176
战后的日子 / 178
钱宝琮研究数学史的特点 / 183

7. 数学界的莫扎特
　　——陶哲轩 / **187**
数学界的莫扎特 / 188
获得菲尔兹奖 / 189
数学小天才 / 191
杰出的工作 / 197
他究竟怎样做研究 / 199
陶哲轩谈什么是好的数学 / 202
快乐家庭 / 207

8. 南宋大数学家秦九韶 / 208
- 秦九韶的争议人生 / 210
- 郭书春以秦九韶的九段系文辩诬 / 213
- 《数书九章》 / 217
- 霍纳法事实上是秦九韶算法 / 222
- 迟来的纪念——四川安岳秦九韶纪念馆 / 226

9. 我所认识的陈景润 / 232
- 老幼妇孺皆知的陈景润 / 233
- 火后凤凰 / 237
- 周恩来关心陈景润 / 240
- 后天下之乐而乐 / 242

10. 熊全治的回忆 / 247
- 我的家世 / 250
- 我的小家庭 / 251
- 我所受的教育 / 252
- 我大学毕业后的初期生活 / 254
- 办理留美手续 / 259
- 在印度和纽约 / 259
- 在密歇根 / 260
- 在威斯康星大学及西北大学 / 262
- 在哈佛大学 / 263
- 在理海大学 / 264
- 格罗夫教授之晚年 / 266
- 与邦皮亚尼教授之交往 / 266
- 与霍普夫教授之交往 / 267
- 与莫尔斯教授之交往 / 268

所担任过的职务及职业活动　　　　　　　　/ 269
　　我的研究及著作　　　　　　　　　　　　　/ 271

11. 传承北大精神的平民校长
　　　——丁石孙　　　　　　　　　　　　　　/ 273
　　早年求学生涯　　　　　　　　　　　　　　/ 274
　　初入数学圈　　　　　　　　　　　　　　　/ 277
　　任教北大　　　　　　　　　　　　　　　　/ 281
　　人生的波折　　　　　　　　　　　　　　　/ 284
　　数学的应用　　　　　　　　　　　　　　　/ 287
　　面对数学系"难题"　　　　　　　　　　　　/ 288
　　出国访学　　　　　　　　　　　　　　　　/ 290
　　校长之责　　　　　　　　　　　　　　　　/ 293
　　对张益唐的赏识　　　　　　　　　　　　　/ 301
　　丁石孙留下的遗嘱　　　　　　　　　　　　/ 305
　　对我的影响　　　　　　　　　　　　　　　/ 307

12. 图论染色理论的中国研究者
　　　——张忠辅　　　　　　　　　　　　　　/ 309

13. 尝试证明黎曼猜想的数学家
　　　——黄俊雄　　　　　　　　　　　　　　/ 320
　　初晤黄俊雄　　　　　　　　　　　　　　　/ 321
　　王元教授回忆黄俊雄的悼文　　　　　　　　/ 323
　　寻找黄俊雄的资料　　　　　　　　　　　　/ 325
　　黄教授的主要研究问题——黎曼猜想及成果　/ 327
　　黄俊雄的证明　　　　　　　　　　　　　　/ 329
　　我对他的看法　　　　　　　　　　　　　　/ 332

主要参考文献　　　　　　　　　　　　　　　/ 336

1 能诗善文的华罗庚

不轻视点滴工作,才能不畏惧困难。而不畏惧困难,才能开始研究工作。轻视困难和畏惧困难是孪生兄弟,往往出现在同一个人的身上。我看见过不少青年,眼高手低,浅尝辄止,忽忽十年,一无成就,这便是由于这一缺点。必须知道,只有不畏困难、辛勤劳动的科学家,才有可能攀登上旁人没有登上过的峰顶,才有可能获得值得称道的成果。所谓天才是不足恃的,必须认识,辛勤劳动才是科学研究成功的唯一的有力保证,天才的光荣称号是决不会属于懒汉的!

——华罗庚

世界上什么东西最美

华罗庚(1910—1985)作为一名中国数学家,除了教研外,没有其他特别的嗜好。

他喜欢数学,在他的孩子还小的时候,他就向他们解释数学的美丽。1941年,他在云南昆明的西南联大当教授。有一天为了躲避日军空袭,他和孩子躲在树林里。他问孩子:"你们觉得世界上什么东西最美?"

他最小的孩子说:"玩具最美!"

他的大儿子华俊东说:"当大夫!当大夫可以给人治病,病人的病被医好后,他的心里最快乐。因此,长大了我也要当医生。"

才十几岁的大女儿华顺说:"我觉得音乐最美!"

华罗庚说:"你们讲得都对,玩具呀,给人治病呀,听音乐呀,都是世上很美妙的事。可是,我觉得世上最美的还是数学。有人说,数学是上帝用来书写宇宙的语言,这话是很有道理的。我希望你们长大了能爱数学,学数学。"

华罗庚是中国解析数论、典型群、矩阵几何学、自守函数论与多复变函数论等多方面研究的创始人和开拓者。在世界级刊物上发表过200多篇论文,写了10本书,其中有许多重要成果至今仍居世界领先水平。10部专著中8部为国外翻译出版。

华罗庚还热爱中国的传统文化,除了念一些唐宋旧诗词外,自己也写诗。我这里介绍他写的部分诗词。

一分辛劳一分才

在20世纪60年代初期,华罗庚为青少年写了一本通俗数学著作:《从孙子的"神奇妙算"谈起》。他用他的一首诗作为序:

> 神奇妙算古名词,
> 师承前人沿用之,
> 神奇化易是坦道,
> 易化神奇不足提。

妙算还从拙中来，
愚公智叟两分开，
积久方显愚公智，
发白才知智叟呆。
埋头苦干是第一，
熟练生出百巧来，
勤能补拙是良训，
一分辛劳一分才。

序

神奇妙算古名词，
师承前人沿用之，
神奇化易是坦道，
易化神奇不足提。
妙算还从拙中来，
愚公智叟两分开，
积久方显愚公智，
发白才知智叟呆。
埋头苦干是第一，
熟练生出百巧来，
勤能补拙是良训，
一分辛劳一分才。

华罗庚 1963年2月11日于北京铁狮子坟。

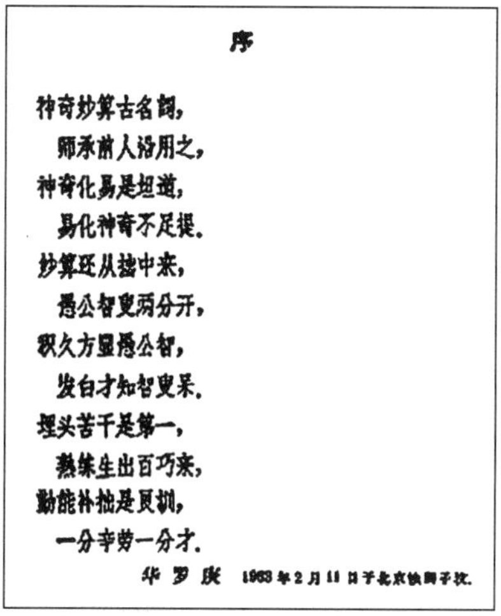

《从孙子的“神奇妙算”谈起》的序

在1962年6月16日的《中国青年报》上，华罗庚写了一篇题为“取法务上，仅得乎中”的文章，勉励青少年应该早努力，学好本领。他以苏东坡的父亲苏老泉27岁发愤读书，成为一位大文学家的故事，勉励青年刻苦学习，不要怕晚嫌迟。他写了这样的诗：

发愤早为好，
苟晚休嫌迟，

最忌不努力,
一生都无知。

华罗庚在工作中

他从一个只有小学程度的少年,靠自学,花费了不少时间和精力,终于成为一名数学大家。他说他后来在研究工作中能够自如地运用任何初等数学部分,要归功于他早年对于初等数学下的研究功夫。他说:"不怕困难,刻苦学习,是我学好数学最主要的经验。""所谓天才就是靠坚持不懈的努力。"

危楼欲倒,猪马同圈

华罗庚后来回忆说:"想到了40年代的前半叶,在昆明城外20里的一个小村庄里,全家人住在两间小厢房里,食于斯,寝于斯,读书于斯,做研究于斯。晚上,一灯如豆;所谓灯,乃是破香烟罐子,放上一个油盏,搞些破棉花做灯蕊;为了节省点油,蕊子捻得小小的。晚上牛擦痒,擦得地动山摇,危楼欲倒,猪马同圈,马误踩猪身,发出尖叫,而我则与之同作息。那时我的身份是清高教授。呜呼!清则有之,清则清汤之清,而高则未见也,高者,高而不危之高也。在这样的环境中,埋头读书,苦心钻研……"

生活太苦,常常吃了上顿没下顿,为了生活,他还要改名换姓,到中学去兼课。他的第三个孩子诞生时,他都没有钱送妻子去医院分娩,结果在家里生下。他对妻子说:"我们家的钱又花光了!

孩子就叫华光吧！"

华罗庚在1980年5月21日回到他的故乡江苏金坛县中学演讲，他回忆在抗战时的日子说：

"那个时候，大家知道，教授教授，越教越瘦。教授在前面走，穿了个大褂子，要饭的跟在后面，跟了一条街，那位教授身上实在没钱，回头说：'我是教授！'要饭的一听就跑掉了，因为就连乞丐也知道教授身上是没钱的。"

住在昆明乡下的华罗庚一家

就在这样的情况下，从1940年到1943年，华罗庚完成了《堆垒素数论》，1946年苏联科学院出版了其英文版（原中文稿给当时的中央研究院丢失了，现此书中文本是后来从英文转译回来的）。当时数论大师维诺格拉多夫（I. M. Vinogradov）院士还邀请他去苏联访问。

华罗庚的长子、中国医学基金会副主席华俊东医生2011年3月13日回忆道："在昆明的日子很苦。有时候，我们穷得连饭都吃不上，实在没有办法了，就变卖家里的东西，勉强维持生活。父亲烟瘾很大，为了省钱，他把烟也戒了，发誓说要等抗战胜利后再抽。后来,小弟出生,父亲为他取名为'华光',一盼中华重光,二来是说钱都花光了。""即便在那么艰苦的条件下,父亲也没有间断过研究。我常常半夜醒来,看到他还在小油灯前埋头读书。他跟我们说过,'我想到一个问题,马上就要写下来,如果不写,忘记了,那就太可惜了。'"

为躲避日寇的频繁轰炸,华罗庚一家搬到离西南联大5里地的黄土坡村住下,附近山沟的防空洞成了他的工作间。"有一天,敌机来了。一个炸弹落下来,父亲的防空洞被炸塌,他被埋住了。幸亏当时有两个学生正在附近,马上过来挖土,让父亲的头部露出来维持呼吸。待敌机飞走了,人们才把他拉了出来。他长衫的下半截全都没了,还吐了一口血。"消息传到闻一多耳中,"他急人之难,将他们一家8口的房子分出部分来给我们,在正屋的中央拉一道帘子,两家共在一个屋檐下。后来,闻先生看到我家老的老、小的小,父亲又有腿疾,搬家太难,就自己找房搬走,把家让给了我们。"

华闻两家清苦的生活,因追求真理结下的深厚情谊,这是许多战后长大的人不容易了解的,华罗庚的大女儿华顺还认闻一多为义父。华罗庚有一首诗写他们这时的生活:

> 挂布分屋共容膝,
> 岂止两家共坎坷,
> 布东考古布西算,
> 专业不同心同仇。

闻一多从1944年夏天开始,要靠刻图章来增加收入。他对华罗庚说:"我的父亲是个秀才,家学渊源,我24岁时到美国芝加哥美术学院及纽约的艺术学院学画,因此也学会了雕刻。可是,我做梦也没想到,有朝一日,我竟然会为了吃饭而被迫挂出了公开治印的招牌。"

华罗庚对这时的生活有诗存照:

寄旅昆明日，
金瓯半缺时，
狐虎满街走，
鹰鸟扑地飞。

挚友惨遭暗杀

抗战胜利，内战又起。闻一多搬到昆明西城的昆华中学居住，华罗庚仍住在陈家营。闻一多本来是一个恬淡的诗人学者，这时觉得不能在故纸堆过活了，参加了民主同盟，也参加了学生的游行队伍，"反饥饿，要民主"。昆明城笼罩着不安，有人扬言"要以40万元的重金，收买闻一多的头"。

闻一多

闻一多对华罗庚说："有人说，我变得偏激了，甚至说我参加民主运动是因为穷疯了。可是，这些年我们不是亲眼见到国家糟到这地步！人民生活这么困苦！要不是这些年的颠沛流离，我们怎能了解这么多的民间疾苦？我们难道这一点正义感也没有？我们不主持正义，就是无耻，自私！"

1946年7月11日闻一多的好朋友李公朴被暗杀。7月15日在云南大学礼堂开追悼会，闻一多慷慨抨击当局的黑暗，散会后他的长子闻立鹤接他回家，路上惨遭暗杀。闻一多不幸遇难，闻立鹤重伤幸存。

事件发生后，华罗庚正在从南京到上海的火车上，看到报纸上登载："昆明警局消息：15日下午5时30分，联大教授闻一多，偕子闻立鹤，由府甬道14号民主周刊社外出，北向行进之际，突被一穿青色衣服,一穿灰色衣服之暴徒两人,开枪狙击,闻氏父子当即应声倒地,暴徒向钱局街方向逃逸,岗警追捕不获,在肇事地点,检获大粒八弹壳一只,盒子枪弹壳三只。当即将受伤之闻氏父子,送云大医院救治。闻一多腹部中弹多发,于送医院途中毙命。其子立鹤共中弹五发,计脑部左右各一,大腿中弹三发,一腿已断,不能言语。市警局闻讯即赶到出事地点查勘,随即加派干员,追缉凶犯,分发省市府及警备总部严缉归案云。"

事情来得突然,令华罗庚悲痛不已。他回想离开昆明时,最后见闻一多,还劝他保重。当时闻一多说:"要斗争就会有人倒下去,一个人倒下去,千万人就会站起来!时势越紧张,我越应该把责任担当起来。'民不畏死,奈何以死惧之',难道我们还不如古时候的文人?"果然闻一多以其热血荐轩辕,刚正不阿,不屈强权,死时年仅46岁。华罗庚悲愤地写道:

乌云低垂泊清波,
红烛光芒射斗牛,
宁沪道上闻噩耗,
魔掌竟敢杀一多。

30多年之后,华罗庚写纪念闻一多的文章:"作为一多先生的晚辈和朋友,我始终感到汗颜愧疚。在最黑暗的时刻,我没有像他一样挺身而出,用生命换取光明!但是,我又感到宽慰,可以用我的余生完成一多先生和无数前辈的未竟事业。"在该文中,他写了这样的诗:

闻君慷慨拍案起,
愧我庸懦远避魔,
后觉只能补前咎,

为报先烈献白头。
白头献给现代化,
民不康阜誓不休,
为党随处可埋骨,
那管江海与荒丘。

数学方法用在管理上

1958年,华罗庚被任命为位于北京西郊的中国科技大学的副校长兼应用数学系主任。当时政府要科学家从研究所出来到实际生产中找课题,把他们的理论应用到实际生产上去。

华罗庚以前搞的是数论、多复变函数论、矩阵几何、抽象代数,怎么将这些知识和实际联系呢?他最初翻看天文、物理书籍,对其中一些数学问题进行研究。后来他觉得这样仍旧是理论联系理论,和实际没有太大关系。后来他去访问工厂和农村,发现管理工

华罗庚在北京第三无线电器材厂和工人陈炳才一起研究用统筹法提高生产效率的问题

作非常落后,因此他产生是否能把数学方法用在管理上的想法。于是,他就阅读许多国外的资料和书籍,最后决定以统筹法和优选学作为应用数学的发展科学。他亲自到北京郊区农村,研究用什么方法选打麦场地点以方便调度粮食的问题。华罗庚经常去工厂和工人一起总结生产实践中的经验,进行科学研究工作,使科学研究工作为生产服务。

华罗庚意识到面对大众的数学普及工作对发展中国应用数学的重要性。他以CMP方法为核心,经过提炼加工,形成了适合中国国情的第一个数学普及方法"统筹方法",并取得很大的成功。胡愈之回忆:"在'文革'前的两三年里,华罗庚差不多每周都要到我这里来,讲讲他推广'统筹法'、'优选法'的设想,讲他到工农兵群众中去的感受,还为我们编辑的农村年书《东方红》,写了通俗易懂的介绍'优选法'的文章。"

华罗庚给毛泽东写了一封信,并寄上一本他的《统筹方法平话及其补充》,毛泽东很快给他回信,这更坚定了他走普及数学方法的道路,为探索和发展中国应用数学奠定了基础。

1964年4月左右,华罗庚收到西南铁路建设指挥部总指挥韩光的信,邀请他到大西南去参加成昆铁路的建设。他已快55岁了,可是他毅然答应。

成昆铁路是一个艰巨浩大的工程,要穿过四川、云南的万水千山,工地周围不是奇峰绝壁,就是虎狼出没的荆棘野地。地形极为复杂,常有意外发生。

华罗庚和他的助手在1964年秋天来到大西南地区工作,几次发生意外,差点命都送掉。他的腿不好,生活和工作比一般正常人困难。他们要风餐饮露,生活不能像在城市那样好过,山上没有水洗澡,衣服长满了虱子,没有水洗,临睡觉前把衣服抖一抖,虱子成片掉下来。这种日子真不好过。

华罗庚和他的助手必须用最浅显的语言,对完全不懂数学的工人讲解统筹法,那可真是件不容易的事。华罗庚很坦诚地说:"同志们!坦白地说吧!用统筹法能不能提高效率,现在我还没有把握。在北京电子管厂我们搞了八个月的试点,最后失败了。这次,我是抱着向工人同志们学习的想法来。过去,我教书的时候总是夹着一本书,如果不夹书,我的肚子里也有一大本书。现在,搞应用数学,我还是刚刚开始学走路,如果大家一定让我讲的话,我的讲稿只有几页。"

一些人听了就对他说:"好就好在你的讲稿只有几页纸,不然的话,工人怎能有时间听你长篇大论呢?如果再等三五年盖起教学大楼,工人念完三五年大学再听你的课,铁路竣工要等到哪一年?"

华罗庚(左二)在哈尔滨向群众用折纸条的方法介绍优选法

华罗庚有一首诗讲他推广"双法"的感受:

我对生产本无知,
幸得工农百万师,
吾爱我师师爱我,
协力同心报明时。

1972年冬天,华罗庚被大庆油田聘请担任科学技术顾问,心中高兴,写了下面的诗:

> 同是一粒豆,两种前途在。
> 阴湿覆盖下,养成豆芽菜。
> 娇嫩盘中珍,聊供朵颐快。
> 如或落大地,再润日光晒。
> 开花结豆荚,留传代复代。
> 春播一斛种,秋收千百袋。

他因心肌梗死留在医院休养六星期,离院时写了意气风发的诗:

> 呼伦贝尔骏马,珠穆朗玛雄鹰,
> 驰骋草原志千里,翱翔太空意凌云,
> 一心为人民。
> 壮士临阵决死,那管些许伤痕,
> 向千军老魔作战,为百代新风斗争,
> 慷慨掷此身。

1976年"文革"结束,华罗庚和许多遭受"文革"劫难的人们一样高兴,他振笔写道:

> 春风吹绿了大地,
> 原野上万马奔驰。
> 与其伏枥而空怀千里,
> 何如奋勉而追骐骥。

数学推广工作，大材不小用

有人觉得华罗庚不好好地搞自己专长的数论，而去做一些"简单的数学的推广工作"，未免是大材小用，流于浮浅，而且是浪费生命。华罗庚有一首诗，可以作为对这种看法的最好回答：

> 杜甫有诗古柏行，他为大树鸣不平。
> 我今为之补一语，此树幸得列门庭。
> 苗长易遭牛羊践，材成难免锯斧侵。
> 怎得参天二千尺，端赖丞相遗爱深。
> 树大难用似不妥，大可分小诸器成。
> 小材充大倾楼厦，大则误国小误身。
> 为人休轻做小事，小善积久大业陈。
> 自负大材不小就，浮夸轻薄负此生。
> 个人要求虽如此，为国必须统筹论。
> 科学分工尽其用，高瞻远瞩育贤能。

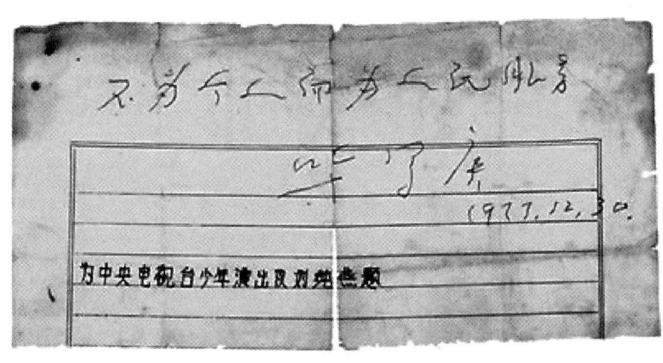

华罗庚的笔迹

1979年,他指出:"树老易空,人老易松,科学之道,戒之以空,戒之以松。我愿一辈子从实以终,这是我对自己的鞭策,也可以说是我今后的打算。"而且他也表白:"我的哲学不是生命尽量延长,而是工作尽量多做。"

1979年6月13日华罗庚正式成为共产党员,当时他在英国学术访问。知道这消息之后,他写了给邓颖超的《破阵子·奉答邓大姐》的词:

> 五十年来心愿,
> 三万里外佳音,
> 沧海不捐一滴水,
> 洪炉陶冶砂成金,
> 四化作尖兵。
> 老同志,深愧作,
> 新党员,幸勉称,
> 横刀那顾头颅白,
> 跃马紧傍青壮人,
> 不负党员名。

另外,在《外一首》中他写道:

> 老实、苦干、拼命干,
> 党员本色。
> 空话、大话、奉迎话,
> 科学罪人。
> 实践明真理,
> 历史证忠贞。
> 聚砂成塔塔不固,

长城那能一夕成，

所赖在坚韧。

让年轻人踏着我的肩膀，攀登世界科学的高峰

华罗庚自觉来日无多，在一次全国科学大会上说："我要让自己的双肩都发挥作用。一肩挑起送货上门的担子，把科学知识送到工农群众中去；一肩当作人梯，让年轻人踏着我的肩膀，攀登世界科学的高峰！"

他在以后的时间写了《数学方法与国民经济》一书，以下面的词当作序言：

古稀之龄的华罗庚

只管心力竭尽，哪顾为争高低，
人民利益为前提，个人成败羞计。
学龄已过六十，何心重辟新蹊。
贾藏，乘桴，翼天齐，奢望岂成所宜。
沙场暴骨得所，马革裹尸难期，
滴水入洋浩无际，六合满布兄弟。
祖国中兴宏伟，死生甘愿同依，
明知力拙才不济，扶轮推毂不已。

他的身体不好，但是心中却是想要赶快做事，他写道："我行虽亍，岂甘伏枥哀。驰驱绝广漠，腾跃越崔嵬！"

1980 年 8 月 3 日，他到美国参加第四届国际数学教育会议，

会后在美国其他地方访问了半年多。在访美期间,他写一首诗给他以前在西南联大时的同乡及朋友沈煌,在诗中表示了他"活到老,学到老"以及愿意将自己的知识普泽天下的精神:

> 三十年前归祖国,
> 而今又来访美人,
> 十年浩劫待恢复,
> 为学借鉴别燕京。
> 愿化飞絮被天下,
> 岂甘垂貂温吾身,
> 一息尚存仍需学,
> 寸知片识献人民。

为数学鞠躬尽瘁

访美回国之后,他又不顾自己已是古稀之年,坚持到各地去传经,结果 1982 年秋他在淮南煤矿又患了心肌梗死,被送回北京医院医治。他实在是一个不能闲的人,在他 74 岁时,写了《述怀》一诗:

> 即使能活一百年,
> 36 524 日而已。
> 而今已过四分之三,
> 怎能胡乱轻抛,
> 何况还有

这张照片摄于 1985 年 6 月 1 日赴日访问前夕

老病无能为计。
若细算,有效工作日,
在2 000天以内矣。
搬弄是非者是催命鬼,
谈空话者非真知己,
少说闲话,
少生闲气,
争地位,患得失,
更无道理。
学术权威似浮云,
百万富翁若敝屣,
为人民服务,
鞠躬尽瘁而已。

1985年6月3日华罗庚飞往日本访问,他希望到日本之后,能了解日本把数学方法和定量分析方法用于经济管理和经济决策的经验。但不幸的是,华罗庚于6月12日在东京大学的日本数学会学术报告会上突发心脏病,倒在了讲坛上。原来演讲只是45分钟,而主持人怕他身体不好,为他准备轮椅,可是他却一直站着讲。讲了45分钟,他还对大会主席说:"演讲规定时间已经超过,我可以延长几分钟吗?"结果讲了65分钟,讲完倒下失去知觉,真的做到了鞠躬尽瘁。

华罗庚生前最后一张照片

2 20世纪的伟大几何学家陈省身
——情系中国的美籍华裔数学家

科学的目的,在寻觅宇宙间已经进行的法则,描摹自然界一切现象,将结果归纳到极简单极完全能证明的名词。

——陈省身

数学是什么?数学是根据某些假设,用逻辑的推理得到结论。因为是用这么简单的方法,所以数学是一门坚固的科学,它所得到的结论是很有效的。

——陈省身

我喜欢做具体的事情,具体说就是喜欢给刚入学的大学生上基础课。

——陈省身

我离不开数学,我是很幸福的人,因为我现在还能做数学。

——陈省身

我想说明:外国人能够做到的,中国人也一样能够做到,甚至做得更好。

——陈省身

荣誉等身的大师

陈省身(Chern Shiing-Shen，1911—2004)是在国际数学界普遍受到尊敬的美籍华裔数学家，被誉为20世纪最伟大的几何学家。1988年美国数学会成立一百周年，美国微分几何学家奥瑟曼(B. Osserman)在《几何学在美国的复兴：1938—1988》一文中指出："使几何学在美国复兴的极有决定性的因素，我想应该是40年代后期陈省身从中国来到美国。"

陈省身

2001年12月18日在中国台北开幕的第二届世界华人数学家大会，向陈省身颁发终身成就奖，以表彰他对华人数学界的伟大贡献。他还以91岁高龄担任了2002年国际数学家大会的名誉主席，为这次大会的召开做了大量细致的工作，他个人捐款20万元，是数目最大的一笔捐款。

他曾任美国数学会副会长，当选英国皇家学会外籍会员、法国科学院外籍院士、巴西科学院通讯院士、意大利国家科学院外籍院士、第三世界科学院创始院士、美国科学院院士、纽约科学院终身名誉院士，并任美国哈佛大学、日本东北大学、瑞士联邦工业大学、北京大学、清华大学、浙江大学、香港中文大学等著名高等学府的名誉教授。1994年当选为中国科学院首批外籍院士之一。天津科技馆"科技名人园"在2001年为陈省身竖立了半身铜像。

他作为有杰出贡献的数学家,得到的奖励与荣誉很多。1984年5月获国际数学界最高荣誉的沃尔夫(Wolf)数学奖,获奖证书上写着:"此奖授予陈省身,他对整体微分几何的深远贡献影响了整个数学。"

2003年俄罗斯著名学府喀山大学因其对20世纪数学发展的突出贡献颁发给他罗巴切夫斯基奖章。罗巴切夫斯基是俄国伟大学者、非欧几何的重要创始人,生前曾任喀山大学校长。2004年9月,陈省身获邵逸夫数学奖100万美元。

陈省身的童年和少年

陈省身原籍江南水乡浙江嘉兴秀水下塘街。父亲陈宝桢,甲辰(1904)年中秀才,辛亥革命后,毕业于浙江法政专门学校,在司法界做事。陈省身是长子,父亲取名为"省身",希望他能像曾子一样"吾日三省吾身"。陈省身是家中的长孙,深受祖母疼爱,不放心他出去读小学,因此尚未出嫁的姑姑就在家里教他国文。陈省身说:"我父亲游宦在外。记得有一次他回家过年,教了我阿拉伯字母及四则算法。家里有一部《笔算数学》,上中下三册,他走后我自己做里边的题目。题目很多,我想除了一些最难的,我大多会做。我以为这种题目别的小孩一定也都会的,根本没有告诉别人。"

9岁时陈省身考入浙江秀州中学附属小学五年级。1920—1922年就读秀州中学,显现数学天赋。1922年,父亲去天津任职,全家随往。陈省身于翌年进天津扶轮中学。他不仅喜爱数学,而且也经常阅读历史、文学等方面的书籍,还十分喜欢写作,曾在校刊上发表过诗作以及其他方面的许多文章。陈省身15岁时在扶轮中学校刊上发表了两首小诗,分别题为《纸鸢》和《雪》。《纸鸢》表示他追求独立自由,不做受人摆布的纸鸢:

纸鸢啊纸鸢!

我美你高举空中。

可是你为什么东吹西荡的不自在?

莫非是上受微风的吹动,

下受麻线的牵扯,

所以不能平青云而直上,

向平阳而直下。

但是可怜的你!

为什么这样的不自在呢?

原来你没有自动的能力,

才落得这样的苦恼。

《雪》体现了作者不随俗的精神与对高洁的彻底追求:

雪啊!

你遮着大地,

何等洁白,

何等美丽,

何以为人们足迹所染污?

负了造物者的一片苦心。

我为你惜!

我替你恨!

1926年在校刊发表的《一几何定理之十六种证法》中,他说:"几何学在数学中占了极重要的位置;非但有志研究科学的人,应当注意于它,就是普通的中学学生,也应该拿它作应有的常识。"此文表现出他对几何训练在开发智力中的作用的较深理解,也显露出他与众不同的逻辑推理能力。

考入南开大学理科

1926年,陈省身考入天津南开大学理科。起初他觉得物理似较切实际,所以入学时倾向于物理系,和学物理的吴大猷非常亲密。陈省身比吴大猷晚一年考入南开园,比大猷小4岁,但他们不仅同住在一个宿舍楼里,还同时选修了饶毓泰先生的理论力学课程,同在一个班。那时,他们两人经常在一起,谈学习,谈理想。

陈省身说:"我从事于几何大都亏了我的大学老师姜立夫博士。"南开大学数学系是姜立夫(1890—1978)创办的,姜立夫是哈佛大学的数学博士,做的是几何方向的博士论文,他的导师是几何学家、数学史家库利奇(J. L. Coolidge, 1873—1954)。"姜先生在人格上、道德上是近代的一个圣人。他态度严正,循循善诱,使人感觉读数学有无限的兴趣和前途。南开数学系在他主持下图书渐丰,我也渐渐自己能找书看。"

1930年陈省身(左)与老师合影

在姜立夫先生的影响下，陈省身对几何学产生了浓厚的兴趣。早在1932年他21岁的时候，就已经感觉到射影微分几何不够深刻，认识到"大范围微分几何"，即研究微分流形上的几何性质才是正确方向。特别是听了布拉施克(Wilhelm Blaschke)的系列报告"微分几何的拓扑问题"之后，他的信心更增强了。陈省身因成绩突出考上清华大学研究院，1934年毕业。

留学德国去汉堡大学

陈省身回忆道："一九三四年夏我毕业于清华研究院，得到两年公费的机会。清华公费普通是留美，但我得到准许，留德去汉堡大学。汉堡大学是一战后才成立的，但数学系已很有名。那年希特勒获得政权，驱逐犹太教授，德国的老大学如哥丁根、柏林等都闹学潮。汉堡数学系幸而局面比较安静而工作活跃，不失为数学家理想的去处。"

陈省身在欧洲留学时就发现："德国的情形是……它的中心不集中，哥丁根固然是一个数学中心，莱比锡、慕尼黑也是个中心，海德堡有很好的教授。所以全国也许有二三个地方的教授都是一流的，而且他们互相调来调去，海德堡的教授有出缺的话，就想法子到柏林、莱比锡去请那边最杰出的人继承这个位置，它是非常流动的组织。正是这种自由流动性使得德国的科学在19世纪末年，甚至20

布拉施克

世纪初在全世界取得很高的地位。"

汉堡大学数学教授除布拉施克外，尚有阿廷（E. Artin）、赫克（E. Hecke）二人，其中尤以阿廷最为突出。他是近代抽象代数开创者之一，但他的兴趣及于整个数学。他的演讲与论文都是组织严密、曲折不穷。难懂的理论，经他整理，都变得自然。他20多岁即任正教授，为人随和，看起来像学生。

陈省身回忆道："我九月到，学校十一月才开学，十月初布先生（即布拉施克）度假归来，给我看他所新写的几篇论文。我不到开学，就找出他一篇论文里的一个漏洞。他很高兴，叫我想法补正，我也居然做到了，结果写成在汉堡的第一篇论文。德国大学制度，博士学位的主要条件是论文，指导的教授差不多可以完全决定学位的授予。我总算初见就给布先生一个好的印象。"

1936年陈省身获德国汉堡大学博士学位。2001年10月8日汉堡大学的代表黄文玲博士将象征该校荣誉的布拉施克奖章授予自己杰出的校友陈省身，而布拉施克奖章正是以陈省身当时的师友布拉施克教授的名字命名的。由于与柏林工业大学的长期关系，柏林工业大学也授予陈省身荣誉博士。

1936年，陈省身放弃了留在汉堡大学研究代数数论的好机

汉堡大学的代表黄文玲博士向陈省身授奖

会，转往法国巴黎大学跟埃利·嘉当（Elie Cartan，1869—1951）研究微分几何。陈省身说："一九三六年夏我的公务期满，就接到清华与北大的聘约。我却决定去巴黎随卡当（即嘉当）先生工作一年。那年得到中华文化基金会的补助。这于我在数学研究发展上确是有决定性的一年。卡当先生不但是一个伟大的数学家，他为人和蔼随便，也是最好的教员。他是巴黎大学的几何学教授，学生众多，在他办公时间，候见的要排队。幸亏过了两个月，他允许我到家里去看他。我每两星期去他家里一次，回来的第二天往往接到他的长信。继续表示前一天所讨论的问题的意见。在巴黎十个月，工作异常紧张，所得益处，不限于那时的文章所能表现者。"

埃利·嘉当　　　　陈省身讲课的情形

回归祖国受聘于清华大学

1937年陈省身受聘于清华大学，26岁即任教授。1938年1月，因日本侵略军逼近长沙，陈省身随校搬到昆明，清华合并于西南联大。1938—1943年他任西南联合大学的教授。联大教授中多为一代宗师和文坛泰斗。1943年，陈省身赴美国普林斯顿高等研究所。

1946年第二次世界大战结束后，陈省身重返中国，在上海建立了中央研究院数学研究所（后迁南京），此后两三年中，他培养了一批青年拓扑学家。

陈省身说："战后于一九四六年春返国，奉命组织中央研究院的数学研究所。数学所名义上由姜立夫先生任所长。但姜先生只在南京几个月。从四六年到四八年，一切计划，都是由我主持的。我的政策是'训练新人'。我收罗大批新毕业的大学生，每周上十二小时的课，引他们入近代数学之堂奥。所中研究员有胡世桢、王宪钟、李华宗等先生，助理员甚多，后来有特殊成就的，有吴文俊、杨忠道、陈国才、廖山涛、张素诚等。"

定居美国

1943年，受美国人维布伦（O. Veblen，1880—1960）之邀，陈省身成为美国普林斯顿高等研究所研究员。20世纪40年代，微分几何很不受重视，美国没有这一课程，甚至有一位数学家当面对他说："微分几何死亡了。"两年中，陈省身给出了高斯-博内公式的一个新的内蕴证明，进而于1945年发现了"陈示性类"（Chern characteristic class，简称"陈类"），将数学带入一个新纪元。

20世纪的半个世纪以来，这一工作对整个数学乃至理论物理的发展都产生了广泛而又深刻的影响。韦伊（Andre Weil）评论说："示性类的概念被陈的工作整个地改观了。"陈类现在不仅在数学中几乎随处可见，而且与杨-米尔斯场及其他物理问题有密切关系，是最基本、最有应用前景的示性类，它大范围地发展了微分几何学的纤维丛、拓扑学和李群论等科学理论。陈省身的数学成就遍及射影微分几何、欧几里得微分几何、几何结构和它们的内在联络、积分几何、示性类、全纯映射、偏微分方程等众多领域。

1949年陈省身被聘为当时的世界数学研究中心芝加哥大学的教授。后任加州大学伯克利分校教授。在芝加哥大学,他培养了10名博士。来到伯克利后,他又培养出31名博士,数量之多,载誉美国。

为中国数学的发展定居南开

南开大学是陈省身起步学习现代数学的地方。在卫津河畔校园东南隅,有一幢淡黄色的二层建筑"宁园",是南开大学在20世纪80年代中期专门为他建造的。1972年9月,陈省身携夫人郑士宁、女儿陈璞回到离别24年的故园。他带来美国科学院、美国社会科学研究协会、美国医学会的信,希望和中国学术界建立联系,促成科学家之间的交流。他还在中国科学院数学研究所做了"纤维空间和示性类"的演讲。

"一个人一生中的时间是个常数,能集中精力做好一件事已属不易。1943年,我在美国初识爱因斯坦,他当时是高等研究院的教授,常能见到他,他还约我到他家做客。他书架上的书并不太多,但有一本书很吸引我,是老子的《道德经》,德文译本。西方有思想的科学家,大多喜欢老庄哲学,崇尚道法自然。他说他一般是不见外人包括记者的,因为他觉得时间总是不够用,他需要宁静。我给这小楼取名时,就想到了这层意思。"他是向往宁静以致远。

"我十岁离开老家浙江嘉兴,到天津南开读书,天津当是我的第二故乡,后来侨居美国五十多年。现在回来了,这里自然是我的第二个家。""我最美好的年华在南开度过,她给我留下许多美好的回忆。"因此,陈省身最终选择在南开大学的宁园定居。"我已经老了,数学本是年轻人的事业,像我这个年龄还在前沿做数学的,在世界上是没有的。我的想法很简单,就是想在有生之年再为中国做一些事情。"

在南开大学宁园的小楼里,陈省身先生的居室洒满和煦的阳光。进宁园的大门,迎面便是四个金光闪闪的大字:几何之家。门厅左侧起居室的墙壁上,一幅巨大的陈省身的油画,倚墙而立的书橱里,还有案头上,摆满了中外科技、文史书籍。客厅墙上有一块巨大的教学黑板,陈省身带的讨论班就在这个客厅上课。

他每天早晨6点钟起床,晚上10点钟睡觉,其余的时间是教学、科研、看书、写作。他说:"我爱看书,什么书都看,当然主要是数学书,但文学、历史各方面的书我都看,很杂;中文的、外文的,一看上书就什么也顾不上了。"陈省身强调,搞数学研究,快活很重要。他本人爱读闲书,是一个自得其乐的快活之人,当钻研数学卡住的时候,就放下数学读闲书,几天后,啃不动的难题往往会豁然开解。

"我的身体还好,只是腿站不起来了,学校为我派了两个看护,24小时服务。"行动由陪护人员推着轮椅。开朗豁达的他说:"老人要随心所欲,我爱吃,什么都吃,也讲究吃,我不提倡单吃素食、绝对淡食,老虎吃肉才会有劲儿嘛!"陈省身还喜欢饮酒,白酒、葡萄酒他都喜欢喝,他说这对身体都有好处,"无非要注意点度就是了"。

近年来,中国许多高校的教授不再教基础课了。原因一是许多名教授倾向于只为本专业开设高年级本科生和研究生的专业课,轻视讲授本科一二年级的基础课;二是在待遇上没有体现对教授讲授基础课的鼓励。

已经91岁高龄的耄耋老人陈省身为南开大学和天津大学的本科生开微积分课程。

南开大学认识到培养、遴选、引进优秀年轻人才是建设高水平大学的迫切需要,也是学校建设、实现跨越式发展的重要途径。

爱看书的陈省身

2001年设立"伯乐奖"基金,表彰在此项工作中做出突出贡献的人员的卓越业绩和高尚风格,给予获奖者一次性奖金10万元。首届伯乐奖就颁发给陈省身和物理科学学院凝聚态物理学家张光寅教授。

建立南开数学研究所

34岁时,陈省身即被世界数学界公认为现代微分几何的奠基人。1981年他在伯克利的以研究纯粹数学为主的数学科学研究所任第一任所长。1984年陈省身退休,但仍研究不辍,在伯克利大学举办各种讨论班,并多次来华讲学,创立"微分几何与微分方程"讨论会,指导各种学术活动,积极推动了中国数学研究的开展。他又先后受聘为北京大学、南开大学的名誉教授。

陈省身对我国台湾地区的数学人才培养也有贡献。1964年他向有台湾"科技教父"之称呼的李国鼎建议成立台湾地区的数学研究中心,当1965年7月数学研究中心成立时,台湾得到数学博士学位的只有五六人,到80年代已有200多人。

在当时的社会背景下,聘任一位外籍专家担任有职有权的南开大学数学研究所所长,这在国内根本没有先例。1981年,借在美国参加国际会议的机会,南开大学副校长胡国定专程到伯克利分校拜访陈省身,邀请他回南开大学工作,建立数学研究所。

1985年陈省身创办南开数学研究所,并任所长。为推动天津的数学科学跻身世界领先地位做出了不懈的努力。同年南开大学授予他名誉博士学位。南开数学所已培养出陈永川、龙以明、张伟平等数学才俊。杨振宁、吴文俊、丘成桐等中外著名科学家都曾造访这里。

为了南开数学所的发展,陈省身大到办所宗旨,小到图书资料的充实,事必躬亲。他说:"我把最后一番心血献给祖国,我的最后事业也在祖国。我要为祖国数学的发展鞠躬尽瘁,死而后已。"他将自己的全部藏书一万余册捐赠给数学所,又把1985年获得的世界最高数学奖沃尔夫奖的5万美元奖金全部捐赠给南开。他说:"办所的目的,就是要让研究数学的人看到,到这里来和到国外去是一样的。现在数学所已经基本形成了这样的气候。"

2001年4月,由陈省身提议组建的"南开大学天津大学刘徽应用数学中心"成立;5月,两校成立了本科教学合作办学协作组,本科生实现互修学分,教学资源共享;12月,两校建立了中国高校首个联合研究院,这个联合研究院将使两校实现优势互补、资源共享,并将与天津理工学院、天津师范大学等几所高校联合进行高水平的科学研究。

2004年,目前世界规模最大的现代化数学研究中心——南开大学数学研究中心建成并投入使用。在建设过程中,年逾九旬的陈省身先生亲自参与了该中心设计方案的讨论和论证,并提出了诸多建议和设想。

建成后的南开大学数学研究中心由中心主楼和学者公寓楼两

陈省身在南开数学研究所

部分构成。中心主楼设计为八层,内设学术报告厅、专家研究室、大型计算机房、电子图书馆、多功能厅等,并为每一位专家学者配备了独立的研究室。

曾被视为"左倾学者"

1972年9月,在尼克松访华半年后,陈省身到中国大陆,停留了一个月,除了旧地重游就是探亲访友。1973年2月8日晚,他利用去新奥尔良杜兰大学数学系讲学的机会做了一场介绍新中国的演讲,听讲的有70多位教授及学生。演讲会上放映了他在中国大陆拍摄的150张幻灯片,然后听众发问由他解答。所有一切问答都以英文记录,然后在该大学校刊上发表,引发轰动。

有听众问他:"我很想知道会不会有传闻中的严重压迫?"

陈省身毫不犹豫地说:"没有,在你所说的情形下,他们会用很温和的方式对待你,他们会与你讨论,设法说服你,你必须考虑中国的过去,一个农人遇到荒年可能要卖掉自己的儿女,而这种事情是绝不会再发生了。至于自由的问题,由中国的历史来看,我想中国人现在拥有的自由比过去任何时候都多。中国人从没有西方民主制度的经验,当然他们也不需要西方社会的自由。"

尤其是20世纪70年代,陈省身与杨振宁等更是在美国公开发表谈话,主张联合国应恢复中华人民共和国在联合国的一切合法权利。

1977年"美中关系全国委员会"与"全美华人协会"成立后,这两个组织所有支持中华人民共和国与美国建交的宣传文稿、广告启事,都以杨振宁、何炳梁、陈省身的名义发出,甚至在敦促卡特政府立即与台湾当局断"交"、与中华人民共和国建交的信函中也有他们的签名。这些活动传到台湾,台湾当局对陈省身更不谅解。在蒋介石去世前,已把陈省身作为"左倾亲共"的学者列为"不受欢迎的人物",台北"中研院"邀陈省身到台三次开会,陈省身都受到"不得发表政治言论"的口头警告。

中国的数学该怎么发展

1984年的一天,陈省身对我表示,他对政治不感兴趣。他曾多次发表演讲:

"我渴望着中国尽快地成为数学大国,这就是我对新世纪的企盼。数学是很奇怪的,现在提倡科教兴国,注重科学,其实,科学有了数学才能简单化。科学要论证,做起实验来很麻烦,既要资金又要设备,但变成数学就简单了,用几种算草,列几个公式就能解决问题。要了解物质的原理,就需要数学,这就是我强调中国要在21世纪争取成为数学大国的道理。数学的发展促进了科学的简单化。

我希望中国数学在某些方面能够生根,搞得特别好,具有自己的特色。这在历史上也有先例。例如第二次世界大战以前波兰就搞逻辑、点集拓扑。他们根据一些简单公设推出许多结论,成就不小。另外如芬兰,在复变函数论上取得成功,一直到现在,例如在拟共形映照上的推广一直在世界上领先。因为他们做的工作，别的国家不做，他们就拥有该领域内世界上最强的人物，我还可以举出更多的例子。

如何使中国数学在 21 世纪占有若干方面的优势，办法说来很简单，就是要培养人才，找有能力的人来做数学，找到优秀的年轻人在数学上获得发展。具体一些讲，就是要在国内创办够世界水平的第一流的数学研究院。中国这么大，不仅北京要有，别的地方也应该办。

中国科学的根子必须在中国。中国科学技术在本土上生根，然后才能长上去。可是要请有能力的人来做数学很不容易。

我从 1984 年开始组建南开数学所。开始想请有能力的人来工作就是了。可是由于种种原因，很难做到这一点。我们办第一流的研究所就是要有第一流的数学家。有了第一流的数学家，房子破一点，设备差一点，书也找不到，研究所仍是第一流。不然的话，房子造得很漂亮，书很多，也有很贵的计算机，如果没有人来做第一流的工作，又有什么用处？我看到这种情形，就改变想法，努力训练自己的年轻人，培养自己的数学家，送他们出国学习，到世界各地，请最好的数学家给予指导。

发展数学势必要办够水平的研究院，怎样才会够水平呢？

第一，应当开一些基本的先进课程。学生来了，要给他们基本训练，就要为他们开高水平的课。所谓的基本训练有两方面。一是培养推理能力，一个学生应该知道什么是正确的推理，什么是不正确的推理。你必须保证每步都正确。不能急于得结果就马马虎虎，最后一定出毛病。二是要知道一些数学，对整个数学有个判断。从前是与分析有关的学科较重要，20 世纪以来是代数，后来是拓扑学等。总之，好的研究中心应该能开这些基本课程。

第二，我想必须要有好的学生。我们每年派去参加国际奥林匹克数学竞赛的中学生都很不错。虽然中学里数学念得好将来不一定都研究数学,不过希望有一部分人搞数学,而且能有成就。我和在北京的一些数学竞赛获奖学生见面,谈了话。我对他们说,搞数学的人将来会有大前途,十年、二十年之后,世界上一定会缺乏数学人才。现在的年轻人不愿念数学,势必造成人才短缺。学生不想念数学也难怪。因为数学很难,又没有把握。苦读多年之后,往往离成为数学家还很远。同时,又有许多因素在争夺数学家,例如计算机。做一个好的计算机软件,需要很高的才能,很不容易。不过它与数学相比,需要的准备知识很少。搞数学的人不知要念多少书,好像一直念不完。这样,有能力的人就转到计算机领域去了。也有一些数学博士,毕业后到股票市场做生意。例如预测股票市场的变化,写个计算机程序,以供决策。这样做,虽然还是别人的雇员,并非自己当老板,但这比大学教授的薪水高得多了。因此,数学人才的流失,是世界性的问题。

相比之下,中国的情况反而较为乐观,因为中国的人才多,流失一些还可以再培养。流失的人如真能赚钱,发财之后会回来帮助盖数学楼。总之,我们应取一个态度:中国变成一个输送数学家的工厂,希望出去的人能回来,如果不回来,建议我们仍然继续送。中国有的是人才,送出去一部分在世界上发挥影响也是值得的。

我们要做的事是花不多的钱,打好基础,开出好的课。基础搞得好了,至于出去的人回来不回来可以变得次要些。这是我的初步想法。比方说,参加国际奥林匹克数学竞赛的人,数学都是很好的,如果他们进大学数学系,我建议立刻给奖学金。这点钱恐怕很有限,但效果很大,对别人也是一种鼓励。中国的孩子比较听家长、老师的话。孩子有数学才能,经过家长、老师一劝,他就念数学了。

对好的数学系学生来说,到国外去只是时间问题。你只要在国内把数学做好,出国很容易。国内做得很好的话,到了国外不必做研究生,可以直接当教授。中国已有条件产生第一流的数学家,

陈省身为本科生上课

大家要有信心。

培养学生我主张流动。19世纪的德国数学当然是世界第一。德国的大学生可以到任何大学去注册。这学期在柏林听魏尔斯特拉斯的课,下学期到格丁根听施瓦兹的课,随便流动。教授也可以流动。例如柏林大学已有普朗克、爱因斯坦,一个理论物理学家在柏林大学自然没有发展的希望,就不妨到别的学校去创业。

我希望中国的学生、教授都能流动。教授可以到别的学校去教课,教上半年。各个数学研究院的教授也能互相交换。"

陈省身在庆祝自然科学基金制设立十五周年和国家自然科学基金委员会成立十周年上作了演讲:

"数学研究的最高标准是创造性:要达到前人未到的境界,要找着最深刻的关键。从另一点看,数学的范围是无垠的。我愿借此机会介绍一下科学出版社从俄文翻译的《数学百科全书》,全书五大卷,每卷约千页。中国能出版这样的巨著,即使翻译,也是一项可喜的成就。这是一部十分完备的百科全书,值得赞扬的。对着如此的学问大海,入门必须引导,便需要权威性的学校和研究所。数学是活的,不断有杰出的贡献,令人赞赏佩服。但一个国家,可以集中某些方面,不必完全赶时髦。当年芬兰的复变函数论,波兰的纯粹数学,都是专精一门而有成就的例子。中国应该发展实力较强的方面,但由百科全书的例子,可看出中国的数学是全面的。这是一个可喜的现象。

中国的财富在'人民'。中国的数学政策,除了鼓励尖端的研究以外,应该用来提高一般的数学水平。我有两个建议:① 设立数学讲座,待遇从优,其资格可能是对数学发展有重大贡献的人;② 设立新的数学中心,似乎成都、西安、广州都是可能的地点。中心应有相当的经费,部分可由地方负担,或私人筹措。近年因为国家开放,年轻人都想经商赚钱,当然国家社会需要这样的人。但是做科学的乐趣是一般人不能理解的。在科学上做了基本的贡献,有历史的意义。我想对于许多人,这是一项了不得的成就。在岗位上专心学问,提携后进,得天下之英才而教育之,应该是十分愉快的事情。

数学是个个人的学问,经费的问题不太严重,比其他的学科容易发展。目前,中国数学拥有十分有利的环境,或许短时间内在数学研究的总体水平上难以实现全面超越,但肯定会在一些重要领域取得突破。"

陈省身回答记者问题(于小平摄)

2004年中央电视台采访了他。他表示对中国数学发展现状的焦虑。

主持人：中国是一个数学大国。我们的老祖宗是从零创造了十，包括以前的几何学和方程组都是我们的祖先创造的。可是现在呢，我们不能忽略一个现实就是中国在世界的数学水平还是相对比较落后的。

陈省身：我想落后的是，不要说数学了，你就整个的科学中国也落后了。物理也落后。现在大家都热衷于研究生物学，生物学中国差得也很远。

主持人：中国落后的根本原因是什么？您觉得是教育体制，还是我们的教育方式，还是别的什么？因为我们也不缺人才，像您、华罗庚、陈景润这样的世界级的大数学家都是中国人，但是为什么中国的整体数学水平会比较落后呢？

2002年国际数学大会前夕，陈省身为中国青少年题词："数学好玩"（薛晓哲摄）

陈省身：就是中国人对于自然界的了解不太有兴趣，比方说有些外国人如果到了天津，他可以说研究天津小虫子有什么⋯⋯中国人很实际，如果你要跟他讲，说我这个深圳、纽约的股票怎么样，大家有兴趣。因为你投资了之后，立刻就会变成钱，当然很有意思。你比方说天津有什么小虫，可以很值得研究，把它完全研究一下,或者小的植物,比方像我们南开大学,也有相当大的校园。校园里头有什么样的花是好看的,为什么?是什么东西?中国人都没有兴趣,所以引起孩子、引起学生对数学或者科学的兴趣是非常重要的。

提携后进为本科生亲自讲授

陈省身已经有将近20年的时间没有为伯克利本科生讲课了。2001年,南开大学成立了"刘徽应用数学中心",陈省身教授担任所长。有一次,陈先生听到所里的老师议论:目前数学学科中老教师逐渐退休,而年轻教师一方面衔接不上,另一方面普遍存在对于这门学科中最基础的东西讲不透的问题,因而许多本科生反映"数学太难学了"。于是陈先生提出由他本人亲自来给本科生上课,并且要求听课的学生学科门类广些,同时也让一些年轻教师听课。

听课的学生不仅来自南开大学,还有天津大学、天津师范大学、天津商学院等天津18所高校的本科生。因为要求听课的学生太多,数学学院的老师们不得不临时决定发票,但即使这样也挡不住许多学生挤在门口,站着旁听。

为200多名本科生讲授10个课时的数学课,大家不禁被老先生对数学事业的献身精神以及对青年一代的关爱所感动。第一节课,来自天津18所高校的学子便将教室挤得水泄不通。一位经过选拔才获得听课资格的学生激动地说,陈先生的课教给他认识问题的方法和指导性的启示,让他感受到数学神奇的魅力。

陈教授在加州大学伯克利分校教书时有一位学生名叫乌米尼,他大学毕业时,因考试成绩不佳,申请加入数学研究所被拒。

为了取得他朝思暮想的研究生资格，就请陈教授帮帮忙。陈教授仔细考察了他的学业，觉得他成绩虽然一般，但是有一定潜力，可以试试，极力鼓励这位学生再申请一次，还为他写了推荐信，终让他如愿以偿。

乌米尼读了研究生后，情况有了很大的改变，接着又攻读博士，并在1976年取得博士学位后进了一家计算机公司工作。乌米尼的业余爱好是买彩票，在1995年1月他中了2200万美元的大奖。为了感谢陈教授当初推荐之恩，中奖的第二天，便打电话给伯克利数学系，表示要捐出100万美元设立"陈省身讲座"，而1996年3月大学决定，用这百万美元的利息每年请数学大师来校讲课。至今已有多位科学家获得邀请，他们分别是当代世界级的数学家阿蒂亚、斯坦利、希策布鲁赫、塞尔、曼宁和阿廷。这些数学家利用讲座的资助在伯克利讲学，发表自己在数学研究上的进展，受到世界各国数学家的关注。

谈到数学人才的培养，陈先生有独特的见解，他认为要"少做事"。陈先生说，我原则上主张还是少做事，要看准了再做才能有效果，你不看准不仅难有效果，甚至于会有伤害。就像家长照顾孩子一样，也许不去管他孩子倒会发展得很好。陈省身对后生的品德修养要求十分严格，他经常对南开学子讲，要时刻注意自己的品德修养，要把做人放在第一位。

21世纪的数学将走向何方

有记者问他："21世纪的数学将走向何方？"

他说："这是很难预测的。真正重要的突破总是以无法预料的方式改变了我们的世界。这也正是数学的魅力所在。"是啊，谁能想到400多年前的关于琴弦振动的一个数学方程，会导致今天电视机的诞生?"数学思想最终转化到能应用于我们的生活,是需要时间的,过于功利的研究往往不会产生好的效果。不是给了经费支持,数学研究就一定会成功,要允许失败,而且多半是失败的。从总体上讲,只要有足够的财力支持,就可以吸引人才,在一定时间内,肯定会出成果的。

我还想讲个故事:有些人可能会想,数学家们一天到晚没有事情可做,无中生有,搞这些多面体有什么意思?我认为,现在化学里的钛化合物就跟正多面体有关系。这就是说,经过2 000年之后,正多面体居然会在化学里有用,有些数学家正在研究正多面体和分子结构间的关系。我们现在知道,生物学上的病毒也具有正多面体的形状。这表明,当年数学家的一种'空想',经历了这么长的时间之后,竟然是很'实用'的。"

谈到国内的科普现状,陈省身认为,中国的科普在世界上是做得最好的。有组织,有资金,有计划,特别是政府对于科普事业的发展给予了极大的支持,这在世界上也是少有的。他说,我国现在数学的普及工作也受到高度重视,我国青少年在国际奥林匹克竞赛中常常拿金牌、银牌。那些竞赛题常常令这位著名数学家也感到棘手。他认为,我国的青少年数学培养有时过于注重技术性的训练,在国际奥赛中取得好成绩当然是好事,但还应该启发学生进行探索。

他说:"学东西最主要靠自己的努力,要有自动的能力。有些人念完书把课本一丢,最好从此不再碰它,那当然学不到什么东西。把它学好,不能学一遍。过去中国人都讲'书读百遍'嘛。把前前后后的问题都连起来,可以看出知识之间的关系。

我认为治学主要依靠个人。要能够自动,知道自己干什么,不断提高自己的能力。数学人才不是靠培养的,要靠自己。一定要上边有人告诉你干什么,怎样干,那你就干不好。一个人要做好工作,除了本学科以外,还要了解一些别的东西,不能老师让你做什么你才做,一定要自己知道做什么、怎么做,要创新。

搞数学的人要继续了解,要研究。研究不是这个样子的:有一个题目,你做这个题目,我给你多少钱,最好的研究是做不出来的,根本不知道题目在哪里,不知道答案在哪里,也不知道哪一天会解决。研究应该维持一个比较自由的氛围,大家自由发展。数学是一个不定的阶段,一直在发展就是了。

现在,我们中国的学生参加奥林匹克数学竞赛,成绩也非常突出。我希望这些学生中会有人肯念数学,这是很有前途的,也很有意思。年轻人中,我们能够达到国际水平的也相当多。丘成桐教授得过国际数学家大会的菲尔兹奖,萧荫堂、莫毅明、田刚、项武义、李伟光等脱颖而出者,不可胜数。我希望中国能够成为数学大国。

不久前曾有人问我:您和您的学生丘成桐分别获得了沃尔夫奖和菲尔兹奖,中国本土的数学家很多,却从未获得这两项大奖,中国本土什么时候也能培养出这样获大奖的数学家?

我认为,头一个是工作的人要多,中国人的数学能力是不容怀疑的,中国的数学发展必须普遍化。第二个是要有风气。例如,不要把数学家看成'怪人'。中国没有出牛顿、高斯这样伟大的数学家是社会的、经济的现象。中国的大数学家,如刘徽、祖冲之、李冶等都生逢乱世。要提倡数学,必须给数学家适当的社会地位和待遇。

选择科目与方向是很难决定的,中间有很多是靠机会。我的建议是,要有广博的知识,不要只念自己本身科目的东西,不管有无相关,都能尽量吸收,了解的范围愈广,做正确决定的可能性就愈增加。

中国的中小学数学教育不低于欧美,愿中国的青年和未来的数学家放大眼光,展开壮志,把中国建为数学大国!"

下面是台湾地区记者和陈省身的对话。

陈省身接受记者采访

问：大陆和台湾学生的数学表现和国际比较如何？

答：中国有很多人才，给机会，让这些人才继续做数学研究，就会有成绩。中国以往在这方面的纪录很好，大陆中学生参加国际奥林匹亚竞赛，多少年来都是第一；台湾学生参加国际数学竞赛的成绩也不错。

问：有人认为台湾地区以往的教育太专制、少创意，无法培育优秀人才，近年来积极推动教改，你认为如何？

答：我是很保守的人，不要动最好；成绩如果不错，继续下去就好。

问：南开大学数学中心建造完成后，大陆未来的数学发展和科学发展是否更乐观？大陆方面对数学教育的支持如何？

答：国际上一向视数学是"基底"，为了更重视数学，我向江泽民写信，大陆因此批了一笔钱，专门给南开大学发展数学。不过，支持了，结果是不是能长出好东西来，还不知道，就像种花，天天浇水也不一定开出花来，持续浇水，也许就开出很漂亮的花。

问：许多人认为现在的孩子吃不了苦，对基础研究的发展似乎不利？

答：请问你小时候吃过苦吗？我90岁了，我小时候也没吃过什么苦。现在的年轻孩子将来会如何发展,我们不知道。我的看法是,对年轻人的发展,我们少主张一些比较好。

幸福的家庭生活

陈省身不顾高龄,几乎每年在太平洋两岸往来奔波,每年都要回国看一看,每次都要住上一段时间。以前每年他和夫人郑士宁回中国,都住在宁园。他在诗中说:

> 一生事业在畴人,
> 庚会髦龄训育真。
> 万里远游亏奉养,
> 幸常返国笑言亲。

1938年经杨武之夫妇促成,他与清华数学系教授郑桐荪的女儿、当时读生物系的郑士宁订婚,1939年陈省身和郑士宁结婚。贤良的郑士宁照料他的起居饮食,帮助他整理资料文件,创造了一个温馨、舒适的家庭环境,使他得以全心投入研究工作。在郑士宁60岁生日时,陈省身特地赋诗一首:

> 三十六年共欢愁,无情光阴逼人来。
> 摩天蹈海岂素志,养儿育女赖汝才。
> 幸有文章慰晚景,愧遗井臼倍劳辛。
> 小山白首人生福,不觉壶中日月长。

他还曾深情地写道:"近五十年来,无论是战争年代抑或和平时期,无论顺境抑或逆境中,我们相濡以沫,过着朴素而充实的生活。我在数学研究中取得之成就，实乃我俩共同努力之结晶。"

他说："早上醒来，我想的第一件事就是数学，我的生活就是数学。终生不倦的追求就是数学，数十年如一日，从没有懈怠过，现在依然如此。"陈省身夫人也形容他"无时无处不在思索数学问题，也因此不知他何时何处在思索数学问题"。

2000年1月12日，与他相濡以沫60年的郑士宁因心脏病发作去世。1月26日，陈省身接受了天津市公安局授予他在华永久居留的资格，从此他离开美国那建在山坡上从窗口往外可看到蔚蓝色的旧金山湾和著名的金门大桥的房子，成为把家安在天津的一位天津市民，宁园便成为他永久的居所。

中央电视台主持人曾问他："现在很多人都关心您生活过得好吗，因为我们知道，您老伴前两年去世了，您在天津生活得愉快吗？"

他回答："我生活还愉快，老伴去世当然很伤心了。因为我老伴人很好，她去世之前，我们庆祝了结婚60年。60年是钻石婚了！请了些朋友，我们60年没有吵过架。她管家，我不管，我就做我的数学，所以我们家里生活很简单。"

他的大儿子陈伯龙住在波士顿，他说："我们全家人都想尽可能多地陪伴父亲。我在波士顿超过35年，在美国东海岸，他在西海岸，总是离得很远。我大约平均每年见到父亲一两次。父亲为人豁达，他主张顺其自然，认为该发生的一切都会发生。他从不害怕去世，因为死亡在他看来只是生活的一部分。父亲不严厉，最大的优点是他总比别人看得更深、更高、更远。当他做几何的时候，它正在走下坡路，而父亲把它发展起来了。他是一位伟大的几何学家，总在推出和培养年轻人才，拥有一双发现人才的慧眼。父亲对我影响很深，他给我选择职业的自由，并帮我打下了数学基础。他还为我指明了发展方向，帮我找到适合自己的路。我后来并没有像他一样成为数学家，而是成为一名商人，做人寿保险顾问，用我的数学背景和素养去经商。"与父亲的数学之路截然不同，陈伯龙虽然也学过数学，却以经商为生。他早年毕业于加州大学戴维斯分校，后来成为一名保险业精算师。

女儿出生后，陈省身也不忘其心仪的拓扑学，取"扑"字的同音，为女儿取名陈璞。陈璞几个月大时随家移民来美国，她不会读中文，但因为母亲是北京人，而讲得一口"京片子"。陈璞小时候是个神童，十几岁时就从加州大学伯克利分校物理系毕业，然后到圣迭戈分校读研究生，与在那里读物理系研究生二年级的朱经武相识而相爱，一年后朱经武毕业时两人结婚，那时她才19岁。当陈璞告诉父亲与朱经武的关系时，数学家陈省身对宝贝女儿恋爱的事，免不了要多多打听。他知道朱经武的导师与物理学家杨振宁很熟悉，就通过杨振宁去问朱经武的导师："听说你们那里有个Paul C. W. Chu（朱经武的英文名），他人到底怎么样呀？"朱经武的导师答："Paul is bright，May is brighter."（"朱经武很聪明，陈璞更聪明。"May是陈璞的英文名。）

后来陈省身请杨振宁当朱经武的博士论文导师。这之后杨振宁还当了朱经武与陈璞的媒人。担任过香港科技大学校长的朱经武教授说："我的岳父对我的工作影响很大，我觉得最大的一点是他是一个淡泊明志的人，生活过得很简单。他觉得金钱不重要，而对学问是真的热衷在里面。他常常对我说，做学问不应该钻热门，觉得应该把死的学问做活了。死的学问做活了，这是最有意义的事情。"

朱经武曾问岳父："您成功的秘诀是什么？"陈省身告诉他：模仿不能通向成功之路。一个人应该自始至终严于律己，了解自己的能力与弱点，不骄傲自满，应以自己的兴趣与天性开拓自己，而不单为追求时髦做一些容易的事。因此一个人一旦发现了一件既新奇又有趣的事，就应当敢于接受并抓住不放——这些教诲让朱经武终身受益。

一位淡泊名利的人

数学未被列入诺贝尔奖。陈省身说:"这是一片安静的天地,也是一个平等的世界。整个说来,诺贝尔奖不来,我觉得是数学的幸事。"

数学家主要看重的应该是数学上的工作,对社会上的评价不要太关心。嘉当是个很正统、很守规矩的人,我跟他去做工作那年是 1936 年,那年他 67 岁,除了在巴黎大学做教授,还在很小的学校教书。他这个人对于名利一点都不关心。普通人对他的工作、对他不是很了解,只有当时最有名的数学家欣赏他。所以,他的名望是在去世之后才得到的,人们因为他的工作才记得他的名字。在 20 世纪的数学家里,嘉当是对 21 世纪的数学影响最大的一位。"

陈省身是 1948 年时的首届中研院院士,后又任美国国家科学院院士,同时是法国科学院、意大利国家科学院、英国皇家学会、中国科学院外籍院士。陈省身曾多次说过:"名利要看得淡一点,人们只记得几个菩萨,是记不得罗汉的!"告诫大家,不要"虚名高涨,数学退步"。在美国,出了名的人一样可以过清闲日子,而在中国,名人往往有很多应酬,精神消耗很大。陈省身告诫媒体,少去打扰年轻的数学家,让他们有更多的时间从事研究。

根据获得诺贝尔经济学奖的纳什的传记拍摄的电影《美丽心灵》在中国掀起科学热,纳什是陈省身的朋友。"纳什是我的好朋友,而他太在意竞争,过于争强好胜,使他的身心吃了不少苦头。"陈省身则希望减少竞争,对他人成就持欣赏态度。在他看来,数学做得好,或者是乒乓球打得好,都要看得淡一点。人要充满爱心、宽容之心,不但自己要做得好,也要为别人的成功而高兴,这就是孔子所说的"仁义"之心。他说,从字形上的"二人"就能看出,古人十分重视人际关系，他希望通过这一理念为高度竞争的现代科学注入人性的因素，使数学这门学科更加健康有趣。

2004年9月，陈省身所获邵逸夫数学奖达100万美元。按照美国的法律交纳个人所得税，这是一笔不小的数目。可是陈省身不要这笔钱，他要全部捐献给他工作过的地方，捐献给美国和英国的数学研究所、南开大学数学研究中心和清华大学。个人无所得，所得税就可以免交了。他自香港领奖回天津后，将百万奖金全部捐献，用于鼓励数学新人。有媒体记者在现场问他为何如此？他回复："微分几何，名利几何？"

陈省身的重要数学工作

陈省身结合微分几何与拓扑方法，先后完成了两项划时代的重要工作：其一为黎曼流形的高斯-博内一般公式，另一为埃尔米特流形的示性类论。1946年美国的斯廷路德（N. Steenrod）、陈省身、法国的埃雷茨曼（C. Ehresmann）共同提出纤维丛的理论。纤维丛扩展了向量丛的概念，向量丛的主要实例就是流形的切丛。它们在微分拓扑和微分几何领域有着重要的作用。它们也是规范场论的基本概念。

陈省身其他重要的数学工作有：

紧浸入与紧逼浸入，由陈省身和莱雪夫开始，历30余年，其成就已汇成专著。

复变函数值分布的复几何化，其中一著名结果是陈-博特定理。

积分几何的运动公式，其超曲面的情形系同严志达合作。

复流形上实超曲面的陈-莫泽理论，这是多复变函数论的一项基本工作。

极小曲面和调和映射的工作。

陈-西蒙斯微分式,这是研究量子力学反常现象的基本工具。

物理学家杨振宁这样评价陈省身的工作:"数学和物理是相通的。陈省身先生在20世纪40年代提出了纤维丛理论。后来,这理论正是我与米尔斯在20世纪50年代提出的规范场理论的数学基础,当时我感到非常震惊,而且大惑不解,觉得数学家竟然可以凭空想出这些概念。后来陈先生对我说,数学有时候你觉得它很抽象,但实际上后来是有用处的。爱因斯坦曾利用几何来解释基本的物理现象。你做的'规范场论'杨-米尔斯理论,用的数学就是我的数学,因为你要表现物理现象,太简单的数学不够,这就要用比较复杂一点的几何。"杨振宁将陈省身与欧几里得、高斯、黎曼、嘉当并列。作诗《赞陈氏级》,赞誉大师对几何学的贡献:

天衣岂无缝,匠心剪接成,
浑然归一体,广邃妙绝伦。
造化爱几何,四力纤维能,
千古寸心事,欧高黎嘉陈。

2002年9月22日是国际聋人节,陈省身先生捐资两万元,在天津理工学院聋人工学院设立"陈省身奖学金",以奖励品学兼优的聋人大学生。

国际数学家联盟(IMU)前主席路德维希·法捷耶夫(Ludwig Faddeev)说:"你们种下了树,并且让它成长,在不久的将来便可以得到果实。我还可以断言,在10到15年之后,中国在数学上的地位将比欧洲任何一个国家都重要。中国的数学家正在酝酿着从'量变'到'质变'的强大力量。"

"千兵易得,良将难求",这是亘古不变的真理。愿中国的青少年学习陈省身对数学事业的献身精神,希望中国在21世纪成为世界数学大国,陈省身猜想早日实现。

大师逝世风范长存

2004年12月3日19时14分,陈省身在天津医科大学总医院逝世。逝世的噩耗传来后,南开大学陷入悲痛之中。南开学子自发聚集到新开湖边,点起烛光,悼念他们这位伟大的校友,场面极为感人。

追思会上,丁石孙、吴文俊、丘成桐、郑绍远、胡国定、葛墨林、姜伯驹、杨乐、张恭庆等海内外知名的数学家,纷纷表达了对陈省身先生的哀思。

陈省身先生和夫人郑士宁的骨灰,一半安放在南开园,一半由儿子、女儿带到美国安葬。

2010年8月19日于印度海得拉巴市举行的国际数学家大会(ICM)首映片名为"山长水远:陈省身的一生"的纪录片,并颁发菲尔兹奖、内万林纳奖、高斯奖和陈省身奖这四大奖项,分别纪念4位伟大的数学家。其中"陈省身奖"是国际数学联盟第一个以华人命名的数学大奖,以纪念陈省身在微分几何上的卓越贡献,这次是首次颁发。获奖者将获得一枚奖章以及50万美元奖金。陈省身家族已为该奖项捐资100万美元,而他的学生与合作者、美国金融投资家詹姆斯·西蒙斯(James Simons)亦捐出了200万美元。

以下是陈省身的一些著作,读者想系统了解他的经历与工作梗概,请看《陈省身文集》。

1.《微分几何的若干论题》,

陈省身奖章

美国普林斯顿高等研究院 1951 年油印本。

2.《微分流形》,美国芝加哥大学 1953 年油印本。

3.《复流形》,美国芝加哥大学 1956 年版;巴西雷西腓大学 1959 年版;俄译本 1961 年版。

4.《整体几何和分析的研究》(编辑),美国数学协会 1967 年版。

5.《不具位势原理的复流形》,凡·诺斯特兰德出版公司 1968 年版;斯普林格出版社第二版。

6.《黎曼流形中的极小子流形》,美国堪萨斯大学 1968 年油印本。

7.《微分几何讲义》(合著),北京大学出版社 1983 年版。

8.《陈省身论文选集》(1—4 卷),斯普林格出版社 1978 年、1989 年版。

9.《整体微分几何的研究》(编辑),美国数学协会 1988 年版。

10.《陈省身文选——传记、通俗演讲及其他》,科学出版社 1989 年版。

11.《陈省身文集》,张奠宙、王善平编,上海华东师范大学出版社,2002 年 6 月版。汇集了陈省身的随笔、演讲及诗文等文字,收录内容比以往任何一本文选都详尽、准确。全书分"学算回首"、"师友之忆"、"综论数坛"、"数学评介"、"诗文拾遗"、"历史回声"六个部分,另附有陈省身年谱以及已发表的论文、著作目录和几十幅珍贵的图片。

12.《九十初度说数学》(陈省身),上海科技教育出版社,2001 年版。虽然也包含了一些理论性质的东西,但主体是关于陈省身自己数学生涯的记述和若干学术工作心得,一个完全不懂数学的人读来也会有所收获。此书于 2001 年 12 月 19 日获第二届 Newton—科学世界杯科普图书奖一等奖。

陈省身先生还有两部传记:南开大学出版社 2004 年 8 月版、

两本陈省身的传记

张奠宙、王善平合写的《陈省身传》和江苏人民出版社 2009 年版、付婷婷写的《陈省身传：微分几何大师》。

3 应用数学家钱伟长

> 回顾我这一辈子,归根到底,我是一个爱国主义者。我没有专业,国家的需要就是我的专业。
>
> ——钱伟长
>
> 从事科研是科学家的真正生命,放弃了科研工作,科学家的生命也就终止了。
>
> ——钱伟长

2010年7月30日上午6时,钱伟长在上海过世,享年98岁。他是物理学家,也是应用数学家,中国近代力学、应用数学的奠基人之一。他是著名的国学大师钱穆(1895—1990)的侄子,"伟长"这个名字就是钱穆取的。在科研上,钱伟长涉猎广泛,而且都有收获,就像"万金油"一样的人物,于是有人戏称他为"万能科学家",他对中文计算机的开发也有贡献。

上海大学宝山校区师生2010年7月30日晚间校园内自发哀悼钱伟长校长

清贫出身

1912年10月9日钱伟长出生在江苏无锡县的七房桥。

钱伟长的祖先是五代吴越武肃王钱镠的后裔。远祖由浙江迁居而来,他的十九世祖曾是巨富之家,拥有啸傲泾两岸良田十万亩。生七子,在啸傲泾上分建七宅,于是命此地为七房桥。

可是由于每房人丁的不同,有些依然富贵,有些就变得赤贫。钱伟长的祖父是晚清的秀才,做私塾先生,40岁就去世。父亲钱声一(1889—1928)和叔叔钱宾四(钱穆的字,1895—1990)是靠去钱家的义庄领取粮米生活,艰苦求学,后来在家乡的小学教书。

钱伟长说:"父亲39岁中年早逝……全家遭到极大的困难,遗有一弟二妹,三个月后,母亲又生下了遗腹七妹,一家六口,无隔日之粮,父亲又无积蓄,除一柜中国书外别无长物。幸有父叔老师华倩朔先生慷慨允诺住进黄石弄华宅余房,免租十年;并得七房桥

钱伟长旧居

族人出面交涉,由钱氏怀海义庄长年捐供救济粮,孤寡免于饥饿。四叔除每月供给母亲六元家用补助外,并全力资助我上完高中。这样使我一生中度过了第一个生活难关。"

13岁时,钱伟长来到了无锡,先后在荣巷公益学校、县立初中、国学专修学校读书。16岁那年父亲病逝,他和叔父钱穆正在苏州读书,之后就一直跟随着叔父生活。钱伟长的母亲王秀珍是一个勤劳节俭的妇女,除操持家务外,还养蚕、挑花、糊火柴盒贴补家用。

钱伟长的叔叔钱穆

钱伟长在80岁回忆以前在乡村的生活时说:"我幼年就深知生活贫困的艰辛,在进大学之前从来没有穿过一件新衣服,穿的都是叔父们小时穿旧了并经过母亲改裁以后的旧衣,腰部都是折叠着缝起来的。随着年龄逐渐放长,时间长了别处都褪了色,腰部就像围了一条深色的腰带。布鞋布袜都要补了又补,有的补到五六层之多,穿起来很不舒服,夏天干脆赤脚。"

"为了糊口生活,争着帮助祖母、母亲和婶母采桑养蚕、挑花刺绣、拾田螺、捞螺蛳、捉田鸡,挑金花菜、马兰头、荠菜等田岸边上的各种野菜,放鸭子、摸小鱼小虾,湖边挑灯捉蟹、泥中拾蚌等各种能添补家用或助餐的活计。"

钱伟长的中学教育

中国以前有句话说"裁缝的孩子没新衣穿"。钱伟长的父亲是教师,可是钱伟长却没有钱上学,只能偷偷地跟着父亲或叔父在哪个小学里上课就挤进去。如果父亲换学校,他也跟着换学校,所以常三天两头换学校,没有很好地念书。主要原因是当时小学教师的职位不稳定,父亲和叔父从来不拍校长的马屁,看不顺眼还提意见,结果要常卷被子离职。

初中二年级他念了6个月,停了4个月。后来他的叔父钱穆当苏州中学语文教研组主任,他就去考苏州中学。钱伟长在苏州高中的三年,深受一批名师——其中包括钱穆、语言学家吕叔湘、音乐教育家杨荫浏等的影响。

高中时期钱伟长学生照

在进入苏州中学的前11年小学和初中时期,由于军阀战乱连连,钱伟长经常停学逃难,或失学在家,真正上学的时间不到5年。国文、历史更是在家自学,看《史记》,读二十四史。但数学是一塌糊涂的:没有学过四则问题,平面几何只学一学期,立体几何和三角从来没学过,解析几何、大代数也是一知半解。由于没有上过初中,他不知道物理,外语也没学过。他没有小学和初中的文凭。

念文科的料

叔父叫他考大学。钱伟长在《八十自述》中说:"苏州高中毕业时,立刻遇到了人生道路上又一个难关,升学呢还是就业。一方面家庭经济十分困难,亟需就业养家……幸有上海天厨味精厂创办人吴蕴初先生决定在全国设立清寒奖学金,公开以考试选拔补助家境清寒的高中毕业生上大学,我决心一试,竟然录取。"

钱伟长考进时的清华大学

钱考了5个大学,他回忆道:"中学毕业后,我在1931年6月一个月内,在上海连考了清华大学、交通大学、中央大学、武汉大学和浙江大学五个大学的考试,无非是想多考几个大学多些录取机会,但是喜出望外居然都考取了。那时大学试题不统一,也不分科录取,我以文史等学科补足了理科的不足,幸得进入大学,闯过了第一关。"

他的历史和语文不是100就是99分,可是其他的则是20分、30分甚至0分,6门课成绩加起来也能考取。

那年清华的语文考题是《梦游清华园记》。钱伟长从没到过北京,更遑论游清华园。年轻气盛富有想象力的钱伟长没有包袱,大胆想象,花了45分钟,洋洋洒洒写就一篇450字的赋。命题的老师想改,一个字也改不了,只能给钱伟长满分——100分。朱自清和闻一多看中他,认为他会念中文系,四叔钱穆看到后则批评他,说你年轻不要那么张扬,告诫他别太气盛。

那年的历史题目是陈寅恪出的,要考生写出二十四史的名字、作者、多少卷、注释人是谁。这样一个怪题,好多人考了 0 分,钱伟长又答题如流,稳稳地考了满分。陈寅恪以为他会念历史系。可是,钱伟长其余四门课——数学、物理、化学和英文,却总共考了 25 分。其中物理只考了 15 分,英文从没有学过,考 0 分。

1931 年 9 月 10 日,他得到"清寒奖学金"资助,进清华大学,第一个星期是选系,他选了中文系。朱自清很高兴,把他召到家里,一问才知道他是钱穆的侄子,叙说他们家学渊源。可是进入中文系的第二天,这一天正是 1931 年的 9 月 18 日,日本发动了震惊中外的"九一八事变",不久即侵占东北三省。

当时全国青年学生义愤填膺,纷纷罢课游行,要求抗日,钱伟长也拍案而起说:"我不读中文系了,我要学造飞机大炮,决定要转学物理系以振兴中国的军力。"他觉得读文不能救国,一夜之间想改系转念物理,要科学救国将来造坦克。第二天钱伟长就去找物理系主任吴有训教授说要念物理。

物理系难念,许多人被淘汰,只剩三分之一。吴有训查看他入学考试的成绩,见到物理才考 15 分,中文考得这么好,建议他仍进中文系。吴有训怎么也不肯收,说学文也可以救国,但钱伟长执着地立在那里不走。

那年清华的物理系因为"九一八"而变得十分热门,新生中竟有五分之一的人想进物理系,但该系的名额只有十名。钱伟长并不知难而退。

以前读书的方法不行

同学建议钱伟长一到吴有训办公时就去跟他说要进物理系。

"我天天这样,跑了一个礼拜,他办公都没法儿办。他因为8点钟去上课,我6点3刻就到了。"吴有训走到哪里,钱伟长也跟到哪里,缠了一个星期,吴有训没法子,就说:"你的热情我同情,你的成绩太差,我可以同意你学,可是你不能后悔。有个条件,第一年的大学普通物理、微积分、普通化学,三门课都要过70分。"

钱伟长就赶快硬补中学的物理、化学、数学,最初他用学语文的方法,什么都背,元素周期表、公式全背。背了两个月,得了神经衰弱,每次考得都很糟。清华大学每门课每星期有15分钟的小考,结果他考得一塌糊涂。物理上了七个星期,测验都不及格。

同学看他这么用功,又考得这么糟,非常同情他,对他说:"你不能这样学,死背是没有用的。你得弄懂它,不要背,懂了就行了,懂得了是不会忘的,你不懂的背下,不用三天就忘了。"

他才知道以前读书的方法不行。

钱伟长在清华拼搏

钱伟长由于读中学的时候,物理、化学从来没有弄懂过,数学是七零八碎的没有系统地学过,代数符号都搞不清,英文又没学过。因此为了能留在物理系,达到科学救国之目的,他决定再难也要迎头赶上。

例如学微积分,中间有代数运算,有不明白的地方就问同学,他也找了几本中学教科书,把中学教科书念完了、弄懂了。

在这一年,他一天顶多睡5个小时,他早晨6点起来,晚上学校宿舍是10点熄灯,由于宿舍厕所的灯是通宵开的,他就跑到厕所里看书,一直到12点才回去睡。

他自以为了不起,是读书最用功的一个学生。结果有一天早晨6点起来,走到一个他常去的地方,那有一个露天的长板凳,忽然看见一个人老远的一摇一摆地走来,这人是谁呢?

他就是华罗庚!华罗庚跟钱伟长同一年进清华,当清华数学系的文书,专门管发讲义、收卷子、管杂务的教务员。

华罗庚只有小学程度,没有念过中学。他靠自学,利用空余时间去旁听微积分,和钱伟长上同样的课。钱伟长发现华罗庚比他还用功,华罗庚每天3点就起床,当钱伟长6点钟起床时,华罗庚已经念完了3个钟点的书在散步了。

17岁的华罗庚与到英国研究时风华正茂的华罗庚

华罗庚这种拼搏的精神深深激励了钱伟长。当钱伟长大四的时候,华罗庚大学的课全听完了,而钱伟长很多课是不听的。

华罗庚比钱伟长花在读书上的时间多,因为钱伟长到了二三年级的时候,受了马约翰教授的影响喜欢运动。而一到考试,总开运动会,他变得更分心了。

而华罗庚却由于小时候得过病,一条腿不太好使,于是不分心,一天到晚钻研数学,成为一个大数学家。

钱伟长时常以这个故事勉励年轻的一代,不要以为自己数学不行就放弃,世上没有什么东西一辈子学不会,只要肯下决心,都能学好,可是得改进自己的学习方法。

钱伟长顽强学习一年后数理课程都超过了70分,从此,就迈进了自然科学的大门。那时清华物理系有吴有训、叶企孙、萨本栋、赵忠尧、周培源、任之恭等多名讲课精彩的知名教授；系里又经常有研讨会，还时有欧美著名学者（诸如玻尔、狄拉克、郎之万等）来校访问演讲，让他们有缘与大师交流，洞悉了物理学最前沿的景观。在吴有训、叶企孙等恩师的鼓励下，钱伟长还选学了材料力学、工程热力学、近世数学、化学分析诸学科，聆听了控制论泰斗维纳在电机系的演讲和空气动力学权威冯·卡门（T. von Kármán）在航空系的短期讲学；选学了熊庆来的高等分析，杨武之（杨振宁的父亲）的近世代数，黄子卿的物理化学和萨本栋的有机化学。作为一名物理系的学生，钱伟长在数学、物理、化学诸领域都建立起较宽广的基础，为日后科研奠定了良好的基础。

当时和钱伟长一起而改学物理的学生共有 5 名，但是最后只有钱伟长一人坚持到毕业。毕业时，他成为物理系中成绩最好的学生。钱伟长在《八十自述》中说："这是我一辈子中一个重要的抉择。和我同样得允试读的有 5 人之多。在一年后，经过了艰苦努力，克服很多困难，终于达到合格，和物理系的 10 名同学一起升入二年级，毕业时只剩 8 人。"

清华唯一低于标杆刻度的新生

"幼年由于生活贫困，农村卫生条件又很差，曾患过肠胃寄生虫病、疟疾、痢疾、肺病、伤寒等多种疾病。在缺乏医药的条件下，我终究还是活了下来，不过留下了一个发育不良的瘦弱体格。"

"当我 19 岁进入大学时，身高只有 1.49 米，马约翰教授亲自为我们进行体格检查，测量身高的标杆最低刻度在 1.50 米。我是全班最矮的一个，在刻度以外。马老喊着说'Out of scale'（刻度之外）。后来马老告诉我，我是清华大学多少年来唯一的一位标杆刻度以下的新生。"

正是由于童年生活的困苦,养成了他坚忍不拔、同情农民、敢为群黎疾苦吹与鼓的精神。

马约翰改变他的体质

钱伟长由于年幼体弱多病,营养不良、身体衰弱,进入清华时,他是全校最矮小的,连篮球都丢不到球筐。

在一年级时,他被同学拉去凑数参加一年一度的年级越野比赛。他平时既无训练,也不知道越野赛有多远,而且第一次在体育竞赛场上亮相,只能忍受困苦,尽力往前跑,坚持到底,得到了不算太差的成绩。

马约翰看中了他那像骡子似的蛮劲儿,选他入大学的越野代表队。之后,每天下午4点半到6点锻炼时间,风雨无阻亲自指导他运动。

他后来居然能跑能跳,400米中栏能跑57～58秒,万米能跑35～36分。在田径队,他曾和张光世、张龄佳、方纲等参加过北京五大学运动会和全国运动会;在越野队,他和张光世、罗庆隆、孙以玮、刘庆林被称为清华五虎将。

他原先的先天不足、后天失调的病弱体格,在清华6年期间(本科4年和研究院2年)大大改善,毕业时身高1.65米。在就读的第二学年,入选清华越野代表队,两年后更以13秒4的成绩夺得全国大学生对抗赛跨栏季军。曾代表国家队参加远东运动会,跨栏、越野跑样样拿手,还是清华足球队的球星呢。

他的体育训练的习惯一直维持到40岁左右,到了60岁时,在教研组内跑万米还是跑在前面。

他曾说:"缅怀往事,在清华大学体育馆前大操场上,不论冬夏,马约翰教授总是穿一套白衬衫灯笼裤,打着黑领结,神采奕奕,严肃而慈祥地指导着各项活动。他声音洪亮地向我们呼喊着:'Boys of victory!'这情景已隔半个多世纪,犹宛然如昨蕴藏在我心中。"

马约翰教授(左)和学生

"马约翰老师不仅使我得到身体健康和体力精力的锻炼,更重要的是使我得到耐力冲刺、夺取胜利的意志的锻炼。这对我一生在工作上能闯过不幸的困苦年代,能承受压力克服种种艰辛,而不失争取胜利的信心的斗志奠定了有力的基础。"

"学校体育很重要。好处之一是自身健康,另外运动也可以培养人,培养人的分析能力、决策能力。运动场上情况瞬息万变,要应付环境,就要有分析、决策的本事。运动是培养人的体力,增强体魄,激发拼搏争先的斗志,形成合作的团队精神的最好形式。"

90岁时,钱伟长依然"规定"自己每天要步行3 000步。

钱伟长的学习方法

钱伟长对靠死记硬背得高分的现象很反感,他在清华工学院校庆时对学生演讲说：

"在你们这些大学生里头，有许多是高分考进大学的。可是进校以后，我们发现他们当中不少人是高分低能。什么叫高分低能呢？

因为在中学时靠背书过日子，到了大学以后，他的学习必然感到很困难，因为大学的书太厚了，背不下来了，他们觉得不适应大学的学习生活。

所以我说，孔夫子那句话'学而不思则罔'还是非常重要的，有现实意义的。

我们发现，现在很多大学里都有这样的一种情况，学生到了二年级时，神经衰弱症就出来了，睡不着觉。我听说各个学校都有那么一批学生神经衰弱。这些是上大学后，仍然采用中学时代习惯的死记硬背的学习方法而产生的结果。"

钱伟长对这些学生介绍他的读书方法。他说他小时候是很会背书的，读四书五经，背了许多老书。他说他初中时有一位国文老师，眼睛瞎了，讲课不用书，当都能背，他还带着学生朗诵，由于习惯这样的教法，钱伟长也是靠背，"学而不思"。

到了高中就头痛了，数学背不下来，数学成绩很差，学物理背公式也没用，做习题还是不会，这时体会到"学而不思则罔"。

有一位年纪大的朋友告诉他，中学物理只有13个公式，每个公式有3个变数，2个已知数，求第三个未知数，不是乘就是除。

于是他把公式背熟，做题时就按不是乘就是除去套，可是因为他不理解，搞不清楚该乘哪一个该除哪一个。

上清华大学时钱伟长碰到吴有训教授教普通物理，这课一年要上120堂课，吴教授把大学物理分成100多个问题，每一堂课集中讲一个问题。

例如讲什么是质量，吴教授先讲质量这个概念，从前人们是怎么认识，后来怎么认识，为什么会产生质量这个概念；接着又讲为什么质量不是重量,它和重量又有什么关系;再进一步讲人们如何根据伽利略的实验,证明了质量是一个独立存在的东西,然后进入牛顿三大定律,最后再讲现在质量怎么量,它在国民经济中占怎样的地位,用什么单位等。

吴有训讲课时,提到许多教科书都没有的材料,书上有定义,但他却讲得很少。一堂课上再加上几个实验表演,讲完后,他说去看几本书,这本是第几页到第几页,那一本是第几页到第几页。还有很多东西他根本不讲,要学生自己看,看完了照样要考。

吴有训是要学生学会思考而不是死记硬背。开始时钱伟长不习惯这样的教法,后来慢慢改变,影响了他以后研究的方法。

钱伟长开始上大学时,上课记笔记,下课看笔记,考试背笔记,可是效果不好。他就向一位学习好的同学请教怎么记笔记。

这位同学告诉他,上课时不要忙着记笔记,要坐在那里仔细听老师讲,老师问什么问题,你就动什么脑筋,真正听懂了你就记,听不懂就不要忙着记。他就照样模仿,可是后来觉得还是不行。

他再跑去问这同学,这同学告诉他还有一条,上次没告诉他。每次不要下课就跑,要先好好想一想,这堂课老师讲些什么?他有几层意思?每层意思的中心思想是什么?用几分钟的时间去思考一下,巩固一堂课的内容。

如果觉得还不够,晚上把课堂上听的和下课后想的,写出一个摘要,大概一堂课不超过一页。他就用这两个阶段记笔记的方法,发现效果不错。

可是钱伟长的一个同学叫林家翘,他记笔记的方法更好,他的课堂笔记要整理两次。除了每天晚上整理一次,写出一个摘要外,每个月后,他还要重新整理一次,把其中的废话删掉,把所有的内容综合起来,整理出一个阶段的学习成果。

每学期结束时,一门课的笔记经过综合整理后,只有大约18页的薄薄一本,温习时,边看边回忆边思考。因此林家翘把老师和别人的东西,经过自己的消化思考,变成自己的东西,他的成绩总是名列前茅。林家翘后来成为美国麻省理工学院教授及美国科学院的院士。

获庚子赔款奖学金留学

1935年钱伟长考取清华大学研究院,获高梦旦奖学金,跟随导师吴有训做光谱分析。他曾参加"一二·九"运动和中华民族解放先锋队。1937年北平沦陷后钱伟长在天津耀华中学任教近一年,1939年赴昆明在西南联合大学讲授热力学。1939年8月1日,他和孔祥瑛结婚。新婚三星期之后,他和林家翘、段学复、傅承义、郭永怀、张龙翔等九位西南联大学生考取了第七届留英公费生。

当时力学只录取一名,可是钱伟长和林家翘、郭永怀三人考分总分却是一样,于是破例三人同时录取。郭永怀是沉默寡言的空气动力学奇才,后来是中国的"两弹"元勋。

他们本来是准备当年9月2日到达香港,却由于第二次世界大战爆发,所有去英国的客轮全部征作军用,他们只好返回昆明,等候另外出发的日子。

回到昆明,钱伟长从王竹溪教授那借到一本拉夫著的《弹力学的数学理论》,知道当时国际的弹性板壳理论非常混乱,不仅板壳分开,而且各种形状的板壳都有不同的方案。于是他决定研究一种统一的、以三维弹性力学为基础的内禀理论。

他利用高斯坐标的张量表达的微分几何来表示变形和应力分量,居然成功获

"两弹"元勋郭永怀

得新的统一内禀理论。

中英庚款会在12月底又通知这批留英学生,在1940年1月底去上海集合,通过海运转加拿大留学。

这一批22人留学生上船后,惊异地发现护照上有日本签证,允许他们在横滨停三天并上岸游玩参观。同学们认为当时日本帝国主义已蚕食中国半壁河山,不能接受侵略者的签证,于是全体同学携行李下船登陆,宁可不留学也不能接受这种民族的屈辱。

他们第二次放弃留学,英国代表对这批学生的爱国举动跳脚蛮骂,他们依然坚持民族尊严返回昆明。

直到1940年8月初他们第三次接到通知,再到上海集中乘船去加拿大。这次坐"俄国皇后号"邮轮赴加拿大。他们总算顺利横渡太平洋,28天之后到达温哥华,然后乘火车转到多伦多。

他们去多伦多大学读研究生,钱伟长、林家翘、郭永怀同读应用数学系,钱学弹性力学,而后二人学的是流体力学。

获名师指导,莺啼初唱

钱伟长的指导教授是辛祺(J. Lsynge),他原来是英国皇家学会会员,是英国有名的应用数学家。

1939年第二次世界大战爆发,1940年夏起,德军大规模空袭伦敦,许多市民疏散到乡间,而辛祺教授却转移到加拿大,他在多伦多大学创建了北美第一个应用数学系。

在系里有著名的教授像爱因斯坦的大弟子英费尔德(L. Infeld),英费尔德写了《物理学的演化》以及伽罗瓦的传记小说《上帝所钟爱的》(Whom the God love),还有像温斯坦(A. F. Weinstein)以及史蒂文森(A. F. Stevenson),他们都是德国格丁根学派的传人。格丁根学派受希尔伯特(D. Hilbert)的影响,是

钱伟长年轻时

应用数学的倡导者,他们都有很深的数学根底,并有更好的对物理过程的理解。

钱伟长和辛祺教授第一次面谈时,发现他们都研究相同的板壳问题。钱伟长在《八十自述》里写道:"记得1940年冬,我第二次见导师辛祺教授,我详细汇报了我在昆明研究的弹性板壳内禀理论。

首先我说明选用以板壳中面为基础的高斯坐标,他立刻就指出宏观理论也用同样的坐标,并指出正确选用坐标系,是解决实际问题的重要基础。

我说明我应用了在变形中各点坐标不变的拖带坐标系(comoving coordinates),但变形前坐标框架的基本张量和变形后坐标框架的基本张量不相等,其差值的一半定义为应变张量。

他认为这是一个创造性的观点,在应变不大的条件下,这个定义和经典定义相等,他认为这是典型应用数学思想指导下的创造。

当我介绍不论变形前和变形后的基本张量的黎曼曲率张量必须等于零,因为它们都代表实质的平坦空间,所以也就是代表变形协调条件,他拍案叫绝。

他说:'你的博士论文的主要内容已经完成,不必介绍了。去详细完成具体计算任务吧!你已经是一个合格的应用数学家,你

已经懂得重视物理观念的深化认识，同时也懂运用现代的数学工具简洁地描绘物理观念的认识。'

辛祺教授第一次见面就高兴地决定要在一个月中用我们已得的结果，分两段写成一篇论文，送交美国加州理工大学航空系主任冯·卡门教授60岁的祝寿论文集。

这个论文集在1941年夏季刊出。论文集中共刊出了24篇论文，作者都是第二次大战时集合在北美的一批知名学者，如爱因斯坦、老赖斯纳（Hans Reissner，麻省理工学院弹性力学教授）、冯·诺伊曼（von Neumann，电子计算机发明者）、铁摩辛柯（S. Timoshenko，板壳弹性力学教授）、库朗（R. Courant，应用数学权威）等，我是唯一的青年学生，而且是中国的青年学生。"

钱伟长用50天时间完成论文《弹性板壳的内禀理论》，发表于冯·卡门的60岁祝寿文集内。"这篇论文是第一篇有关板壳的内禀论，几十年深受国际上的重视。从此，我提高了自信心，敢于向一些疑难的问题进行冲击。"

钱伟长这篇文章发表以后，很受弹性力学、应用数学以及纯数学界的重视。爱因斯坦看后，感叹："这位中国青年解决了困扰我多年的问题。"此文奠定了钱伟长在美国科学界的地位。

1982年，美国的加拉格尔（R. H. Gallagher）教授在上海提到："钱教授关于板壳统一内禀理论，曾经是美国应用力学界研究生在40—50年代必读的材料，他的贡献对以后的工作很有影响。"

荷兰工程力学教授哈里·鲁登

多伦多大学博士照（1942年夏）

(Harry S. Rutten)在他的名著《以渐近近似为基础板壳的理论和设计》中推崇这论文:"辛祺和钱的工作,继承了19世纪早期柯西(A. Cauchy)和泊松(S. D. Poisson)的工作,在西方文献中重新注入了新的生命力。"

博士毕业后钱伟长在1943—1946年与钱学森、林家翘、郭永怀一起,于美国加州理工学院和喷射推进研究所,随冯·卡门教授做航空航天领域的研究。他参加火箭和导弹实验,并发表了世界上第一篇关于奇异摄动的理论,被国际上公认为该领域的奠基人。

钱伟长在美国白沙试验基地考察德国火箭V2(1943年秋)

当时是二战期间,钱伟长正在这个研究所从事火箭、导弹的设计试制工作,而伦敦正在遭受德国V1、V2火箭威胁的时候,丘吉尔向美国请求援助。美国空军立即将此任务交给冯·卡门。他推荐钱学森负责理论工作。钱学森又与钱伟长、林家翘商讨。后二人对V2火箭的弹道和弹着点分析后发现,V2火箭的大部分都击中伦敦东部地区,那里离欧洲大陆(V2火箭发射地)最近。V2火箭的最远射程为200英里(约300公里),正好是欧洲大陆最西部至伦敦东区的距离。

据此,钱伟长提出:只要在伦敦的市中心地面造成多次被击中的假象,以此蒙蔽德军,使之仍按原射程组织攻击,以牺牲局部的办法来保全大部分伦敦市区,伦敦城内就可避免遭受火箭弹的伤害,英国接受了这一建议。几年后,丘吉尔在他的回忆录中谈及

普朗特、钱学森与冯·卡门(从左到右)

此事时,曾不胜感激地赞赏道:"美国青年真厉害。"可他直到最后也不知道,与德军玩了这个把戏的人并不是美国青年,而是中国青年——钱伟长、林家翘! 美国给钱伟长的年薪8万美元,这工资据披露比当年的美国总统还高5 000美元。

回归祖国

妻子孔祥瑛毕业于国立清华大学文学院国文系,钱伟长在美国的事业如日中天的时候,从国内传来了中国取得抗日胜利的消息。1946年钱伟长以探亲为名回到祖国:"我1946年回来,我是想回国培养更好的学生,我一个礼拜讲十几次课,谁也没上这么多课,一般教授一个礼拜上6堂课,我讲17堂课。我没有怨言。"

可是战后生活却很艰难,他说:"1945年抗战胜利后,以久离家园、探亲为名,取得回国权利。1946年5月从洛杉矶搭货轮返沪,8月初从沪搭轮经秦皇岛回到阔别8年的北平清华园。抗战时清华沦为日军的后方医院,胜利后由国民党接管3个月,接收真是'劫'收。当我进入清华时,垃圾如山,一切建筑门窗全无,四壁

钱伟长及夫人

皆空。我们师生几百人,在陈岱孙教授的领导下,清除垃圾,修理危房,装修门窗管道,补修课桌家具,日夜整理加工达3个月之久,才勉强复课。9月,祥瑛自成都携儿子元凯来聚。自出国留学后,1940年9月元凯在川出生,几年来一直由祥瑛教养成六七岁的小男孩,生活条件十分艰苦,这时才得团聚。

从1946年到1949年初北京解放为止,我任清华大学机械工程系教授,月薪开始为法币14万元,还不够买两个新的暖瓶,以后改为关金券、金圆券等,生活更困难,不得已只好在北京大学工学院和燕京大学工学院兼课,从1946年起至1949年止,'承包'了三校工学院的基础课应用力学和材料力学,还开设了高等材料力学,物理系的理论力学、振动、弹性力学基础、传热学、轴的回转等高年级的课程,几乎每学期都有很重的教学工作,每周授课15小时以上。那时的教学生活比中学教师略强一筹,但是,我同时还担任着清华学报理科报告的编委和清华工程学报的主编,以及中国物理学报的编委等,都要消耗不少审稿时间。我在这一段时间中,还进行了有关润滑理论、圆薄板大挠度理论、锥流和水轮机曲线导板的水流离角计算等科研工作,前后在国内发表了8篇科学论文。

这几年中,教学工作奇重,政治活动频繁,生活靠工资,物价一日数涨,入不敷出,1947年夏起,有一部分工资以小米抵现款后,还能勉强保证了主食,但冬季长女开来出生,母乳不足,要订牛奶,买奶粉哺育,就毫无办法,只好向单身同事、老同学如彭桓武、黄敦、何水清等告贷度日。

1948年8月,钱学森自美返国探亲,看到我的困境,告诉我美国加州理工大学喷射推进研究所工作开展较快,亟愿我回该所复职工作,携带全家去定居并给予优厚待遇,这样也可以解脱我的经济困境。我于是到美国领事馆申办手续。但在填写申请表时,在最后一行有'若中美交战时,你是否忠于美国?'我明确填写了'NO',拒绝去美了事。

这一点是毫不犹豫的。我是忠于我的祖国的。"

五十年代

解放初期,他先后担任清华大学的副教务长和教务长。1956年又被任命为清华大学副校长、科学院的数学研究所力学研究室主任,力学研究所成立之后,他兼任副所长。

当时,钱伟长正参与外事活动。他记述道:"1951年底曾参加了丁西林率领的文化代表团,出访印度和缅甸各一个月。这是新中国成立后出访国外的第一个代表团,团员中有李一氓、郑振铎、陈翰笙、冯友兰、刘白羽、吴作人、季羡林、张骏祥、常书鸿、周小燕等同志。访印前日由周总理亲自接见,详细叮嘱了访问中应注意事项,从清晨2点一直谈到5点。这是我生平第一次聆听周总理的教

任清华大学副校长时留影
(1956年)

海。迄今犹能回忆其和蔼的音容。在印度，总理尼赫鲁亲自接见3次，并由甘地夫人亲自陪同，访问了印度南北7个邦，会见了如诺贝尔物理学奖获得者拉曼教授和统计数学权威学者薄斯教授等许多知名学者；访缅时由吴努总理亲自陪同，访问了仰光、曼德勒等8个城市。连同经香港、新加坡前后长达三个半月，加强了中印、中缅的文化交流和人民之间的友谊，返国后成立了中印和中缅友好协会，我任中缅友协的会长。"

他解释为什么周总理说"三钱"："'三钱'是这样的，那是1956年的事情，那时候搞科学规划，上面有周总理指示，你搞的话要走群众路线，于是找很多教师来问，应该怎么规划。那时候我是清华的教务长，我当然不能不去。我的计划中只有5项是关于学科的，一个是原子能，一个是导弹、航天，一个是自动化，还有计算机和自动控制。这个提出来以后，这边老先生们都不同意，说我这数学、我的物理到哪儿去了？

我认为是国家需要什么搞什么，那么这样一来呢，跟他们吵啊，这边有400多人呢，在争论的时候，应该说压力也很大，因为他们也是各个学科领域的带头人，都有权。只有两个人支持我，他们都是刚回国的，一个是钱三强，他是搞原子弹的，他本身就需要这个东西，一个是钱学森，他是搞航天的。他们两个人帮我们谈判，吵了一年多了，最后周总理说，'三钱'说的是对的，我们国家需要这个：不能够就专业去谈论专业的发展，而要看整体的需要。"

在1953年，钱伟长参加起草新中国第一部宪法，1954年成为全国人民代表大会第一届人民代表，又是中国科学院学部委员，兼科学院的学术秘书。

钱伟长的公务、学术行政和教育行政任务繁重，可是他仍坚持科研工作，还出版了几部科学论著。他当时是40岁的中年人，希望能有更充裕的时间，为国家的科学实验做出更多的贡献。可是许多科学工作却要在晚上9时之后，挑灯夜战从业余时间中挤出

钱伟长在清华大学和教师们一起进行科学实验

来。许多像他一样忙于社会活动的科学家都因为时间不够用而焦虑苦恼,因此他呼吁采取措施"保护科学家",为他们创造工作和科研的必要条件。

1956年9月,参加比利时布鲁塞尔召开的第九届IUTAM(理论和应用力学国际大会)会议
前排左起:周培源,冯·卡门,顾毓琇
后排左起三为钱伟长

钱伟长在《人民日报》上发表了《高等工业学校的培养目标问题》一文,对当时清华大学照搬苏联模式的教学思想提出了意见,认为苏联对有关基础课很不重视;并且提出要理工合校、重视基础学科等意见。但是这些主张与清华园内外的时潮相背,并引发了一场历时3个月的大辩论。

随着"反右"运动的严重扩大化,钱伟长最终被错误地打成了"右派",1957年6月被停止了一切工作。唯一幸运的是,毛主席的一句话使他保留了教授资格。

钱伟长接待外宾

1957年6月9日,《光明日报》上发表了中国民主同盟中央委员会"科学规划问题"临时研究组负责人曾昭抡、千家驹、华罗庚、童第周、钱伟长向国务院科学规划委员会提出的《对于有关我国科学体制问题的几点意见》:

"我国目前科学家很少,科学基础相当薄弱,要开展科学研究,争取 12 年内使我国最亟需的科学部门接近世界先进水平,必须'保护科学家',就是采取具体措施保证科学家,特别是有一定成就的科学家有充分条件从事科学工作,扭转目前科学家脱离科学的偏向。首先要协助他们妥善地解决时间、设备、经费以及合理安排的使用问题,使他们真正能够坐下来,好好安心工作。"

他们建议:

(1) 除少数例外,有领导能力的科学家,尽可能不担任行政工作,特别是 60 岁以上的老科学家,急须传授后辈,更应如此。

(2) 保证每个科学家每年有一定的时间连续从事研究工作,希望政府考虑规定教授和研究员的休假及进修制度。

(3) 除少数例外,科学家兼任人民代表、政协委员等职务的,一般只限担任一职,地方的不兼中央,中央的不兼地方。

(4) 由于进行科学研究工作的需要,科学家对社会活动和行政工作可长期请假。

(5) 招待外宾,非必要时不应作为科学家的任务。

对于培养新生力量的问题,他们觉得过去在升学升级选拔研究生留学生有片面地强调政治条件的偏向,他们希望应当业务与政治并重,人民内部在培养机会上应一视同仁,对于有培养前途的青年都应当平等地对待。

"反右"运动中,钱伟长被打成"右派",停止一切工作,但受到优待在清华留下当教授,不过由一级降为三级。

钱伟长回忆说:"我虽然已经不能接触到国家对科学工作的方向和具体课题,但通过广大群众和科技人员来函和登门来访,要求咨询,要求提供数据信息,要求工作协助时,无不欣然答应无偿地勉力从事,提供力所能及的各种技术援助,许多来访者也冲破了层层障碍,事先并不认识,事后成为终身益友。在交往中,深感广大人民和知识分子都在一心一意为国家的建设努力奋斗,在奋斗中他们仍把我看作是一个忠诚的战友,从这种'地下活动'中,努力自强不息,把科学工作的成果,通过种种渠道,奉献给人民。从1958年到1966年间,约有百多件这样的事例,迄今还历历在目,其中重要者有下列数端:曾代叶祖沛教授(原联合国冶金组专家顾问,曾任冶金部副部长,叶老不精中文)起草了加速推广转炉的建议书,并设计了高炉加压顶盖的机构和强度计算,为叶老在首钢试验作了理论准备;曾蒙李四光部长的亲顾寒舍恳切要求下,研究了测量地应力的初步设想措施,并推荐我的研究生潘立宙来从事这一研究,由李四光同志亲自把潘立宙同志调入他创建的地质力学研究所,开创了我国地应力测量的重要事业……为国防部门建设防爆结构、穿甲试验、潜艇龙骨计算提供了咨询,也推荐了人才;为人大会堂眺台边缘工字梁的稳定提出了以栏杆框架承担其增强作用的方案;为北京工人体育馆屋顶采用网格结构的设想,同时提出了计算方法;为北京火车站的球形方底屋顶的边框强度设计提供了计算方法;为架线工提出的关于山区电缆的下垂问题,以及风荷下电缆的长波跃动和互相干扰问题提供咨询;为架子工铆工提出的拉力扳手提供了设计数据;机床厂工程师发现了从民主德国引进的4种机床和说明书内容不符的问题来咨询,经过了4个月的往返现场试车,才发现技术说明书是旧型号的,引进的机床是隔了两代的新型号的,自动化水平和加工速度都较高,油路有较大改善,后来改写操作维护指示书,才得到了工人认可的妥善解决;还有关于试炮场、防护体结构、贮油罐顶盖结构计算、电厂冷却塔设计计算、波纹管和膨胀接头的设计计算、拉晶机设计计算等都曾提供过咨询讯息服务;也曾为电缆厂提供了我从未发表过的电缆强度计算方法及其公式,后来这些公式出现在电工手册上,但并未提及作者来源。"

从钱伟长被打成"右派"到1966的8年间,这位被困在清华园里的科学家为各方提供咨询、解决技术难题的事例有100多件。

1957至1976年,钱伟长不能发表任何论文,也不能出版专著。可是他仍从事飞机颤振、潜艇龙骨设计、化工管板设计、氧气顶吹的转炉炉盖设计、大型电机零件设计、高能电池、三角级数求和,以及变分原理中拉格朗日乘子法的研究。他在1962年写了一份应用数学讲义,原由科学出版社出版,在"反右"后停止出版,还要他贴"毁版费",这书到了1993年才由安徽科学技术出版社出版。

钱伟长回忆道:"感谢党中央给我摘掉了右派帽子,从1960年起,在校内从'极右分子'变成了'摘帽右派',至少可以名正言顺地当一个'保留教授'了。但并没有正式的教学任务。冲开禁区是从校外邀请开始的,1960年秋,在北京地区冶金学界和金属学界邀请下,开设了'晶体弹性力学',历时4个月。听讲者80人,写了30万字的讲义。1961年春,力学班要求开设'颤振理论',讲了一学期,也写了讲义;接着北京航空界邀请讲专用于飞机结构的颤振理论,为此专门开设了'空气弹性力学',讲了半年,共约100小时,写了约60万字的讲义,听讲者约300人。从此以后,还为力学班讲了工程流体力学,1962年至1963年间,还专开设了清华校内的教师(共10个人)培训班,讲了应用数学、微分方程的理论和解法、弹塑性力学基础等课程,都写有讲义。同时,还多次为动力系毕业班开设了汽轮机的强度设计理论基础,和为电机系毕业班开设了电机强度设计理论基础,以及为机械系开设的应用弹塑性力学等,每次都写了讲义。1960—1966年间,是我教授讲课的一个高潮,共约讲过12门教学计划以外的新课,总计写了约600万字的教材,也是我一辈子写教材写得最多的几年,其中应用数学、微分方程的理论及其解法,以及电机强度设计理论基础,业已在最近(1993)由安徽科学技术出版社和国防工业出版社公开出版。其余的也将陆续整理出版,因为这些讲义并不仅仅是已知材料的编辑综合,而且还包括许多我当时的科研成果,这些有实用价值的成果,理应公之于众,献给有关的广大科学工作者。"

钱伟长在1957年被打成"右派",那一年他44岁,自此走进长达20多年的人生低谷。

逆境中的坚持

钱伟长虽然还是"反动学术权威",由于毛泽东的批示,得到了"一批二用"的待遇。钱伟长这样讲述他的"地下教学""地下科研"及"地下咨询":"在史无前例的'文化大革命'中,经历了无法想象的困难……但即使在最艰难的时刻,靠着亲人们相互关怀,相濡以沫。同时我坚信这些现象都是暂时的,一个国家不可能这样长期混乱下去,总有一天要恢复建设,因此没有丧失信心,没有消极悲观。再则看到许多革命领导和建国元勋都受到非人的摧残折磨,对自己受到的苦痛,也就坦然处之不足为道了。只是春天盼秋天,今年盼明年,没有想到一直闹了十年之久。

时间长了以后,又渐渐开始了'地下'的科学工作,起初只是为了解答人们的询问,有时给工厂无偿翻译一些进口机器的说明书,在武斗最剧烈的时候,居然开始了三角级数求和的研究工作,这种工作无需参考资料,还可以断断续续做。在累积了一定数量的成果以后,就有计划地要写出一部有1万种'三角级数之和'的大表,到'文化大革命'结束时,居然完成了90%的工作量。总数累计业已超过1万种级数,涉及广泛的适用范围。"

1968年至1971年,已经55岁的钱伟长被下放到北京特种钢厂炼钢车间劳动,做炉前工。炉前工的工作很辛苦,抢的铁棒足有52公斤重,一般人是拿不起来的,钱伟长同样也拿不起来,但他发挥了自己懂力学的优势,把铁棒的一头放在一个和炉子一样高度的铁架子上,再去另一头把铁棒按下去,这样就拿起来了。工人们试了后都说好,于是就在10个炉子前都做了铁架子,钱伟长一时成了发明家。由于善于思考发明,被工人们称为"教授",并发明了当时北京最好的油压机。

钱伟长的研究一直不断。从1977至1990年,他还从事环壳理论、广义变分原理、有限元、中文信息处理、薄板大挠度、管板、断裂力学、加筋壳、穿甲力学、三角级数求和等方面的研究。

成为上海工业大学校长

1972年,由周恩来亲自点名,钱伟长参加科学家代表团访问英国、瑞典、加拿大和美国。当时很多人不相信钱伟长对祖国的忠诚,代表团团长表示不能保证他出国后不逃走,于是周恩来撤换了另一名团长,但新团长仍然不同意钱伟长出访,直到临行前一天的会议他都不知道此事。周恩来叫秘书派车去清华大学找钱伟长,这才知道他还在首都钢铁厂劳动。秘书又赶到首钢,带着来不及换下劳动服的钱伟长赶到会议现场。周恩来见状,叫来秘书换衣服给他,并把自己的鞋子给他穿,才得以出访。

1979年夏天,中共中央宣布被错划为"右派分子"的55名党外人士一律予以改正,并恢复名誉。

1980年10月,中国科学院通知他恢复为学部委员,可是他的"右派"改正问题迟迟拖延,阻挠达3年之久,直到1983年他就任上海工业大学校长。

钱伟长后来在他的《八十自述》一文中这么写:"当日我即辞去任职达38年的清华教授,并且于翌日只身赴沪,向上海工业大学报到……重新获得了全心全意为党和国家的教育事业不懈奋斗的全新条件,从而开始了新起点。"丧失了26年珍贵的年华,他想再为国家尽一份力。

上海工业大学前身是1960年建立的上海工学院,原本是一所在上海很有影响力的市属重点大学,但由于"文革"冲击,学校的建设发展遭到严重破坏,变成破败的学校。在改革开放新时期,要

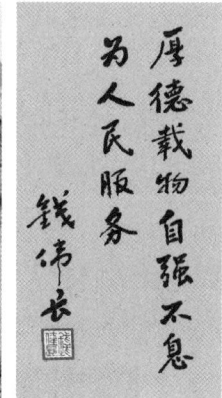

钱伟长题"自强不息"作为上海工业大学校训

重振上海工大,以适应上海经济建设和社会发展的需要,迫切需要一位德高望重、锐意创新的教育家担当起学校管理者的角色。在这个时候,邓小平想起了钱伟长。1983年邓小平亲自下调令,钱伟长调任至上海工业大学任校长一职,并写明此任命不受年龄限制。

钱伟长感激道:"1983年,在小平同志亲自批示下,我调任上海工业大学,深切感受到党的关怀和信任。"从72岁到98岁,钱伟长用二十多年的晚年岁月,实现着自己一生的梦想——要把上海大学(上海工业大学后经与他校合并更名为上海大学)办成世界一流的研究性大学。

作为校长,他提出了拆掉四堵墙的办学方针,即拆掉学校与社会、校内各学科之间、教学和科研之间,以及教与学之间的墙。

他看到出于上海市改革开放的需要,必须开拓办学路子,适应经济建设和科学技术高速发展变化的需要,从而密切联系社会与工厂企业,并为他们服务。

他认为现代科学技术的生长点是跨学科的,或具有交叉学科的特点,因此必须逐步努力打通这些学科之间的人为界限,拓宽专业。他认为以前上海工业大学的专业太狭窄,综合性不够,工程教育的综合性尤其不够。他要求学校里每一个学科,都要把电子技术和计算机技术渗透到自己的学科发展中间去。

第三堵墙是教育与科研的墙,他认为一个教师在大学里能否教好书,与他搞不搞科研关系很大。教师水平的提高,主要不是靠听课进修,而是靠做研究,边研究边学习,缺什么学什么,边干边学,这是主要方法。教师只要能进行科学研究,便能提高教学水平,他反对照本宣科的教书匠式的教学。

钱伟长建议科研要从小题目做起

他说科研要从小题目做起,凡是对国家建设有利的题目都可以做,不要人为规定科研方向,多做科研,方向自然就形成了,科研题目多得很,科研做出成绩并不难,也不神秘,科研是培养教师的根本途径。

第四堵墙是教与学之间的墙。当今世界科学技术与文化学术飞速发展,人们的新知识很快老化过时,那种以为学生只有通过老师"教"才能"学"的传统教育思想,已不能满足当前高级教育的需要,从而应该逐步加以废除。

他说大学的宗旨就是要把一个需要教师教才能获得知识的人,培养成不需要教师却也能获取知识、即无师自通的人。如果学生毕业还是不教就不会,那就证明你办教育失败了。

因此他提出要改革传统的教学方法,培养学生成为有自学能力、在工作中能不断自学新知识、面对新环境能解决新问题的人。

他主张课堂上只讲这门课的核心精华部分,提纲挈领地把几个观点交代清楚就行了;知识性的东西不讲,让学生自己去看,然后点几个中心内容,问几个问题,介绍一些参考书,让学生课后自己深入地研究。他认为,最好不要照讲稿念,要培养学生的自学能力。

他曾在机械系的一个班上上普通物理课时,仅用三分之一的时间授课,其余的时间主要让学生在教师指导之下自学,使他们掌握学习的方法。这些学生提高了自学能力,期终考试取得了优于传统课堂教育的成绩。

他传授他的读论文经验:"我一般只看摘要。如果我发现有新见解,或者这个题目从来没有碰到过的,我就再看引论。引论告诉我们这个问题是从哪里来的,过去研究的过程怎样,看了之后对这个问题就大体有了一个轮廓,最后再看一下结论。当然,假如这个问题对我来说是全新的,那我当然要再看看方程式是什么,实验怎样安排。至于方程式是怎样求解的,只要不是用新方法,我就不看。假如看完引论、结论,觉得这个问题很重要,我就再看里面的东西。总之,一定要区别不同文章,根据自己的情况来决定如何阅读。"

"我一辈子就是这样,所以有人说我不务正业,今天干这个,明天又干那个。我说我是看国家哪方面需要我,我就力所能及地去干。我的基础好一点,有这个能力可以这样做。我可以临时开一个题目,保证3个月内就可以开展。我会查资料,看书也快,今天干完这个,明天就可转到另外一个题目去。我的题目很杂,什么都有,因此有人说我是'万能科学家'。其实不是万能,不过我会去学一类东西,我会看人家的东西,看懂了我自己能下结论,并在这个基础上再做下去。我懂得爬在人家肩膀上,我要永远爬在人家肩膀上。"

为了让学生能学好外语方便阅读外文书籍,钱伟长争取到香港星光传呼集团有限公司的董事长黄金富的支助,在校内设立"星光电台",每日播放 6.5 小时的英语节目,学生每人配有一副耳机,可以在早晨、中午、下午、晚上规定的时间收听,以训练听力,从而提高英语水平。在全国 CET 考试中,上海工业大学曾取得了较好的成绩。

钱伟长阅读外文图书(1987 年 3 月)

1988 年,国家教育委员会主持的全国高等学校评估,给上海工业大学工作做了如下的评定:"上海工业大学办校 29 周年,几经周折,直至党的十一届三中全会以后才真正走上较快发展与提高的道路。钱伟长校长高瞻远瞩地对学校的改革发展和提高,起了积极作用,在教学改革中,学科建设、教师队伍建设、开拓国际学术交流渠道等方面,做出了重要贡献。学校努力适应上海工业和经济发展的需要,培养输送高级专业人才,承担科研任务,选送科研成果,开展科技服务,办学指导思想是明确的。"

这是对他办学成绩的肯定。

为祖国的四个现代化而执言

"文革"结束后,可以说是迎来中国科学界的春天。钱伟长作为一个打不倒的老兵,又站起来为中国的科学发展方向发表真知灼见了。

"那种把学科与学科之间界限划得很严、各种专业分工过细、互不通气的孤立状态必须打破。长期以来,在我国形成的理工分家、文科和理工农各科分家的现象,业已明显地影响培养建设四化人才的质量,现在已经到了非改革不可的时候了。我们主张理工合一,文理渗透,反对现在国内中学就文理分家的现象。"

现收录在《钱伟长学术论著自选集》里的一篇《现代力学和四个现代化》,是他1980年8月28日在山西太原工学院的报告录音稿。他介绍了力学发展的历史以及20世纪新兴的理论的产生,并且全面介绍中国科学家在这方面的工作以及和外国先进国家相比的差距,这是一篇很值得重视的演讲稿。

在演讲中他提到熟悉的爆炸力学。他说:"第二次世界大战推动了爆炸问题的研究,形成了爆炸力学的基础,在大爆炸和定向爆破、爆炸成型机制、核爆炸试验和防护、聚能理论、爆轰理论、穿甲破甲理论、水下爆炸波和结构的相互作用等方面,都取得较好的成绩。

目前国外核武器已发展到中子弹水平,航空武器和常规武器不断更新,激光武器拉近实用阶段,激光点火实现可控制核反应可望于80年代中期成功,我国各种基本工程建设和农田水利建设规模宏大,国防现代化和工农业现代化对爆炸力学基础理论研究的需求异常迫切。

在这方面靠单纯搞引进,搞模仿,搞'画、加、打'(画图、加工、打靶)是不行的,只能得到少慢差费,永远落在别人后面的恶果。"

他指出,中国在解放前几乎没有什么力学研究可说,到了解放之后,1955年和1962年两次制订全国科学技术发展规划,力学研究工作从无到有,发展极快,两弹试验成功就是明显的标志。

1972年毛主席和周总理曾多次指示要抓自然科学基础理论研究,力学界曾准备制订1973—1980年力学学科科学发展规划的座谈会。可是却由于被干扰破坏而流产,这样耽误了整整6年,使中国与发达国家相比正缩小的差距,拉大到相差15年至20年之久。

在1978年专门召开了全国力学学科规划会议,订出了一个较好的规划。可是,由于国民经济和科学技术遭受破坏太大,百废待兴,客观上困难重重。由于国民经济和国防建设中急迫需要解决的具体力学问题多如牛毛,力学工作者的数量和质量都与此很不适应,力不从心,顾此失彼。国家科委和科学院领导对力学基础理论研究实际上不重视,没有认真采取有效措施去领导和规划,使得规划制订了两年,力学研究工作实际上依旧是各行其是的放任自流状态。

钱伟长指出有关领导这种因循苟且的态度,是否还要再等6年后,才认真腾出力量来抓这个和四个现代化成败攸关的力学学科规划?他对此提出批评。

关心青年思想

在1990年,他看到大学青年有一股"TDK"的歪风。"T"是念"托福","D"是"跳舞","K"是"谈恋爱"。在上海工业大学研究生奖学金授奖大会上,钱伟长就以《没有一个独立富强的国家,就没有个人的一切》为题,对大学生这么说:

"我们民族若没有那么一批人敢于把国家的责任挑起来,用全部精力来为国家和民族工作,我们这个民族就会永远被人欺压。你们中一些人是不会体验这点的。

现在出国的人很多,我不反对这点。但是你们应当首先考虑到,出国的目的不应是解决个人的问题,只有国家和民族的问题解决了,个人的问题才能真正得到解决,才能有个人的自由和个人的一切,国家的富强要经过几代人的共同努力奋斗,只有顶得住各种外部侵扰,才能有中华民族的振兴和我们的生存!

还有南美的玛雅人,历史上相当繁荣,文化很高,但在西班牙和葡萄牙的殖民统治下,也是人口减少,文化每况愈下,所以不要以为我们有十一亿人口垮不了,没那回事,若再糊涂下去,也非垮掉不可……

我们不能糊涂,必须认识到没有一个统一的、团结的、强大的国家,就没有一个民族真正生存的条件。若一个民族连一个独立生存的条件都没有,整个民族都是无国籍、没归宿的群体,你个人逃到何方?现在有不少人梦寐以求地想出国,为'TDK'而奋斗,只是这个追求而不设想报效祖国,那实在是可悲的。这恐怕谈不上有起码的人格和品格。

我们中国人应当有远大的理想和抱负,应当有高尚的思想去指导自己的工作和生活。当前国家有困难,困难怎么来的?一是怪我们不争气,再加上外国欺负我们,在国际大环境中不给我们平等条件。我们这辈人从小就知道有不平等条约,现在不常给你们提了,因为我们中国已经站起来了,这些不平等条约不起作用。但是人家还是要围困我们,把我们封锁了30年,我们现在主动打开国门,他们又搞了个'你开放我渗透',我们有些人上了当。

我希望你们把眼前个人的问题放开点,把国家民族的大事放在首位,学习那些见义勇为的同志,学习今天受表扬受奖励同志的精神风貌,多为我们民族的未来和前途着想。

我们承认现在社会上还有很多不公平的事情,对此,我们不能光抱怨,我们都是社会的一分子,这个社会有问题,我们自己同样有责任。

所以要求大家共同努力,对自己的问题考虑的少一点,民族国家的前途问题多考虑些。这样,当你们到老年的时候,就不会像我们现在,挨下辈人的骂说'你们这些老头子怎么搞的?搞了那么多年,怎么把国家搞成这个样子!'到那时,你们就可以给自己下这样的结论:我是对得起自己的民族和国家的。"

在1991年10月,他在上海工业大学的学生大会上说:"掌握武器,坚定方向,勇敢担历史任务。"他说:"是你们要立下志愿为什么学。这问题一定要解决,不解决你们动力不够,这是责任感。你们有个任务——使国家脱离现在这种落后状态,这是你们的责任。"

"应该觉得自己不懂的东西很多很多,那你就是很有学问;你觉得什么东西都懂,你大概是没有学问的。我们要培养这种人,满肚子都是问题的人,这种人是我们国家需要的。培养博士生就是使一个没有问题的人变成有问题的人,也懂得力所能及来解决问题。"

汉字计算机输入的贡献

钱伟长说:"我不是天才,我的学习是非常勤奋的,我发现很多东西我还不懂,有需要,我就学。你们不要相信天才论,关键是在于刻苦和努力。没有学不会的东西,问题在于你肯不肯学,敢不敢学。"

在20世纪80年代,钱伟长对电子计算机开始有兴趣。他在1991年10月11日在上海工业大学对学生讲话,讲述了他学电子计算机的经过：

"有人叫我'力学之父'……其实我没学过力学。因为需要，我就学。

'文化大革命'中，我被弄到钢铁厂，做车工。我的螺丝车出来很好，我很有操纵能力。

后来把我调出来，说要到美国去，五天之内离开国家，我连衣服都没有，借了一套穿。周总理让我研究一样东西，是环保，那时国内没有环保，我就去了。我为了国家把环保问题研究透彻，回来写了那样厚一本报告，根据这个，国家成立了环保局、环保研究所。"

在访问时，有位"计算机专家"对计算机一窍不通。"打着计算机专家的招牌。人家问他计算机问题，他什么也说不出来。假的！他也不会外文，人家考他，他没办法，让我当他的翻译。"

"到后来我就不跟他翻了，我和他一起看，慢慢懂得了，人家问问题，我用自己的话回答，我假装翻译，实际上是说我的话。我这样学了计算机。我没学过计算机，见也没见过。我是个右派，不让我接触计算机，那是保密的。你看我改行多厉害。"

1980年，钱伟长率团参加了在香港举行的国际中文计算机会议，在参加IBM、王安公司和联邦德国的计算机公司的产品时，有人轻蔑地说："你们干这个太困难了，不如采用他们的大键盘中文计算机来得容易。"

IBM的中文计算机，用大的键盘，一个盘容纳1 920个汉字，常用字放在一块板上，是日本人设计的，次常用字放在第二块板上。

王安把IBM的中文计算机简化，简化到偏旁和部首有100个，也是一块板。一个字总是几部分组成，每个部分点一下字就出现了，他叫三角码方法。

这些公司要钱伟长买他们的产品，钱伟长当时认为中文计算机是关系10亿人口的前途,中国肯定能搞出来。他对这些人说:"你们这个是落后的,那么大的键盘,我们受不了。中文计算机将由中国人自己搞,我们自己将做出世界上最实用的、最优化的中文计算机来。我们走我们自己的道路,两年后我再和你们见面。"

钱伟长学计算机时已是64岁的人,在1981年6月中国成立中文信息研究会,他当选为理事长。他一头埋进发展中国计算机的事业。

由于深厚的物理学基础和汉文化根底,钱伟长在1985年提出了宏观字形编码法(俗称钱码),曾获得1985年上海科技发明奖,在1986年北京的全国编码比赛中获得了甲等奖。

钱码以高速易学闻名于世,并为IBM机所采用。

汉字的创造和发展,至少有4 000多年,数目有4万多,一般人只用8 000多个字。汉字是由能够表达形、声、义等多种信息的字形部件组成的,平时人们往往是近似地、捕风捉影地捉字形部件特征来读音辨义。

钱伟长发现汉字可以宏观识别,无须字字笔画明察,可以望文生义,读书看报,可以一目十行。于是他以汉字的宏观字形部件编码,把151种基本部件按形状相似、相近归类,定义在39个键位上。

例如,他把"甚、耳、且、目、自、白、臼、具、见、夏"等部件编为一码,便于联想,记忆量少,易学易用。

当代李冰活用知识的例子

钱伟长从事科学理论工作,有人批判他是理论脱离实际,一张纸一支笔,不解决实际生产上的问题。

事实上,他利用专业知识解决了至少两桩对民生大计有影响的事。

第一，黄河出口移动问题——"黄河之水天上来，奔流到海不复回"，可是黄河的出口不稳定，老是移动。移动的原因是有冰凌，冰凌破堤冲开缺口，黄河出口就不稳定了。

钱伟长认为给流水很好的畅道，它就完全稳定，不给出路，一堵，它就不稳定。黄河口外有50千米长的澜门沙，冲开孔可以开去一直到渤海。不能堵，要疏。

结果10多年黄河没有发生过冰凌破堤，黄河出口就稳定了。现在在那儿搞了个万吨码头。有500万亩土地，以前由于黄河出口不稳定，没人要。现在变成棉花和粮食生产基地。

第二，解决福建马尾码头的积沙问题——1975年福建在马尾开港建了4个泊位。

闽江水是黄的，含泥沙，这是由于上游森林作业砍伐太多，使得水土流失。码头花了6亿人民币建好，只用了一个月，沙积离码头只有1米深，船靠不上。

1981年钱伟长去实地察看，发现码头有很好的新设备，可是却6年没有人用，太可惜了。问那里的人为什么不用挖泥船挖沙

钱伟长与夫人(1993年)

呢?他们说有人从上海租了挖泥船,挖了一个月,花掉800万元。可是挖好后很快被沙淹没,不挖了。

为什么在那里建码头呢?说是"文革"期间军代表决定在那里建,军代表走了,找不到了,谁也不负责。

有人说那个地方是港湾,对岸是急流,对岸冲刷得很干净。如果能在对岸再修码头,只要把堤岸保护起来。可是这样的码头一建要花9亿元,省里没钱,没法办。

钱伟长记得《汉书》有古代人民的"束水冲沙"的方法。他"古为今用",提议:从对岸筑一条卵石堤岸到江里,江宽800米,堤长400米。漏水也不要紧,石头扔下去筑堤,堤高从水面算起要有半米。

用小船把闽江上游的山石运来扔下去,挡住一部分江水,让北岸的水流量增加。沙一下就低到11米深,立刻能通航。

结果全部工程只花了90万元,现在马尾是福建的主要码头,万吨级的码头有4个。

在云南,他建议恢复汉朝的通商路线,把滇西变成我国云贵川地区与缅甸、印度、孟加拉国、老挝、泰国、越南之间的商业要道,并建议开发矿产以繁荣西南边陲。

他认为,新疆地区气候干燥,沙漠化的根本原因在于缺雨水;而少雨的原因在于天山山脉挡住了南方来的暖湿气流。若能在天山山脉找到薄弱环节,采用大当量的定向爆破技术,打开一个缺口,把暖湿气流放进来,就可以从根本上改变那里的自然环境。

由于乡镇企业的发展,江苏省沙洲(现名张家港)从沙滩上的棚户区迅速变成繁荣的江南集镇。为了摆脱贫穷和落后,农民办起了大学。钱伟长作为沙洲职业工学院的名誉校长,经常到校指导、支持和鼓励,深受师生爱戴。从1977年以后,他不辞辛劳,走遍中国的穷乡僻壤,作了几百次的讲座和报告,提倡科学的教育,

2007年5月14日,95岁高龄的钱伟长与母校的儿童少年在一起

宣传现代化,以富民强国开谋策划。他是"当代的李冰",人们不会忘记他为中国的富强做出的贡献。

钱学森曾这么评价钱伟长:"我在美国这么多年,也算在科学上有成就了,成名了,但是回到中国以后,当时的知识分子都要参加学习,学了马克思主义、辩证唯物主义,发现我多年自己摸索出来的一套方法,实际上就是辩证唯物主义的方法。我在跟钱伟长先生接触的过程中,同样感觉他是真正相信辩证唯物主义的,决不是当口号来说的。"

力学所建所初期,他率先垂范,亲自在 seminar 上做报告。后来,他一有机会就来听 seminar 报告。力学所组织的 ICNM(国际非线性力学会议)和 MMM 系列会议(现代数学和力学会议),钱伟长总是尽可能参加,而且在 1998 年之前,他总是非常认真地听各种学术报告。

"我没有休闲生活,不抽烟、不喝酒、不锻炼、不胡思乱想,所以我身体健康。工作就是我强身健体的秘诀,脑筋用得越多身体越好。我睡眠时间不长,但睡眠效率很高。工作其实就是最好的休息。"这是他的养生之道。

钱伟长的学术贡献

曾长期在钱伟长身边工作的清华大学谢志成教授在2010年7月30日回忆:"钱老是非常聪明、非常勤奋、知识面非常广的一个人,也特别热心帮助年轻人。"谢志成称,钱老非常喜欢和别人讨论,他很有耐心、很平等地参与讨论,年轻人和他怎么激烈争论都无所谓,而且很高兴,不管年轻人有多少问题提出来,钱老也都没有不耐烦。

美国应用数学家、物理学家、天文学家林家翘,当在美国得知钱伟长教授去世的消息后,表示非常痛心,回忆起与钱老的接触。林教授说:"我和钱老的渊源算是比较深了,在清华大学上学期间,他比我高两班。1939年,我们又一起考取了庚子赔款留英公费生。因为第二次世界大战突然爆发,船运中断,改派加拿大,当时我们在多伦多,由同一个导师带我们一起共同学习。"谈到钱伟长生前的故事,林教授使用最频的形容词就是"勤奋"。"他是一个非常勤奋的人,不管是在学术研究上还是在学生运动中,钱伟长都会积极地参与到其中来。"

谈到钱伟长教授生前的贡献和学术地位,林教授更是感慨颇

林家翘(左图是他在清华大学作演讲)

深。他说:"钱老的专长非常出色地运用到了建筑方面,很多圆顶的大型建筑正是延续了钱教授的理论基础,建筑材料得到了很多的节省。在应用数学这个领域,可以说钱伟长为国家做出了巨大的贡献。"

"钱伟长对整个学校,甚至整个国家的前途一直有一个很好的了解,他所具有的超前的眼光和观念可以非常出色地指引后辈前行。钱老很聪明,很努力,很认真。他为我们国家做出了非常杰出的贡献。"

钱伟长长期从事力学研究,在板壳问题、广义变分原理、环壳解析解和汉字宏观字型编码等方面做出了突出的贡献。1941 年他提出"板壳内禀理论",其中的非线性微分方程组被称为"钱伟长方程"(用系统摄动法处理非线性方程,这种解法称为"钱伟长法");1954 年提出"圆薄板大挠度理论",获 1956 年国家自然科学奖二等奖;1979 年完成的"广义变分原理的研究",获 1982 年国家自然科学奖二等奖。曾被授予波兰科学院院士、加拿大拉尔逊多科大学荣誉教授。1986 年被选为加拿大多伦多莱尔逊学院院士。1988 年获澳门东亚大学荣誉博士称号。1997 年 9 月 23 日获何梁何利基金科学与技术成就奖。

钱伟长获得科学院荣誉章

钱伟长共发表论文 100 余篇,其中包括《应用数学与力学论文集》等,共 300 余万字;还担任 5 种国际学术刊物的编委和一些国内学术刊物的顾问。曾创办《应用数学和力学》刊物,采用中英文两种文字,在国内外发行。著有《变分法及有限元》《广义变分原理》《穿甲力学》,合著有《弹性力学》等。

4 希望"百花将见万枝红"的中国数学园丁——熊庆来

> 一个人要"不死",或留言,或留著,或留德。
> ——熊庆来送给孙女熊有德的一句话
>
> 我为祖国鞠躬尽瘁,死而后已。
> ——熊庆来临终前的最后一句话
>
> 卅来时雨是东风,成长专才春笋同。
> 科学莫嗟还落后,百花将见万枝红。
> ——熊庆来
>
> 我马上就要过60岁生日了,上帝给我的时间不多了,我要抓紧时间多写一些东西,多做点事。
> ——熊庆来
>
> 书要读好,但也不能只是读书,只是读书上那点东西,还得要发现问题,思考问题,作点研究工作。要随时在脑子里有一两个问题思考。
> ——熊庆来

1988年的一天,我和一个中国来美留学学数学的青年谈起中国近代数学先驱——熊庆来。

熊庆来

"谁是熊庆来?"这青年问。

我突然有一种错愕的感觉,熊庆来是毕生为中国数学辛勤耕耘的园丁,栽培华罗庚等数学家,陈省身当过他的助教。当中国在 1964 年成功试爆第一颗原子弹,法国的《世界报》(Le Monde)谈起曾留法的物理学家钱三强的工作,就提到钱三强曾是熊庆来的学生。可是却有年轻一代的搞数学的中国人不知道他。

我问这青年:"你有没有看过一部讲华罗庚年轻时的电视?片中那位清华大学数学系主任就是熊庆来。是他发现华罗庚的才华,把他从金坛的乡下接来北京学数学,华后来才成为一个闻名国际的数学家。"

这青年似若有所悟地哦了一声。

熊庆来(1893—1969)是中国的教育家、数学家,一生献给中国数学的教育和研究事业。先后创办了南京东南大学数学系、西北大学数学系、北京大学数学系、清华大学数学系等,在抗战时是云南大学校长。他发现和培养了数学家华罗庚、徐贤修、段学复、许宝騄、陈省身、庄圻泰、杨乐、张广厚,物理学家严济慈、赵九章、赵忠尧、钱三强,力学家钱伟长等著名的学者。

他将现代数学理论带到中国,并从事复变函数论研究工作。

他编写的数学教材曾经是当时中国唯一的高等数学教材,这本教材针对从私塾出来的中国学生,用古文写成,内容既丰富又精炼,从一次方程到微分方程,从加减乘除到复变函数论,仅仅用了500多页。

我认为对中国数学有兴趣的人应该知道一点熊先生的事迹。就是对数学缺少兴趣的人也应该知道一些他的事,这是一个志行高洁、操守坚正、一心想用科学救国的科学家。他的一些事迹是可以让后辈学习仿效的。

让我们打开中国近代史的一页吧!

熊庆来字迪之,1893年生于云南省弥勒县息宰村。那时已是清朝末年,熊庆来的祖父叫熊凤翔,家产很丰厚。他的父亲熊国栋曾先后担任云南省巧家县和赵州府(云南大理附近)主管教育的学官,熊庆来7岁的时候,父母送他到村塾中接受启蒙教育。1906年,父亲把熊庆来带到了他在赵州府的任所。熊庆来和父亲住到了一起,父亲又给他请了庄从礼、赵凤韶两位家庭教师,给他教授法语、数学和其他自然科学知识。他13岁接受新思想、新文化的熏陶。

熊庆来故居在弥勒县城南50余公里的息宰村

乘风破浪是前程,起舞正期效祖逖

14 岁时熊庆来考进云南高等学堂的前身云南方言学堂,以学习法语为主。后来又考入了云南高等学堂预科。1909 年,熊庆来升入了本科。这一年,他和姜菊缘成婚了。19 岁时他又以优异成绩考入英法文专修科法文班学习。当时云南人民正在开展回收云南七府矿产开采权运动,熊庆来也怀着满腔的热血参加了这场运动。但是,在腐朽的清政府统治之下,爱国有罪,卖国有功,熊庆来竟然因为参加爱国运动被学校给以记过处分。

熊庆来 20 岁时考云南官费留学,他以第三名的成绩考取,是云南历史上赴欧美的第二批留学生,同行有缪云台等人,他怀着"科学救国"的理想,要到比利时学习探矿的事业。中国有着丰富的矿产资源,特别是云南,矿产储量丰富,尤其是有色金属和磷矿最多,其中锡、铅、锌都居全国首位。他准备第二年去投考列日大学,学习采矿,将来回到祖国可以从事采矿事业,要用中国人民自己的力量,开发家乡的宝藏。

那时,从云南家乡到比利时真不容易,要先乘小火车去开远县,从开远乘大火车去越南海防,从海防乘船到马赛,再从马赛乘火车,并经过几次转车才能到比利时,行程就要花半年的时间。家里有人反对他远行,怕他以后不回来,他写诗以明志:

祖母爱孙爱不溺,出言明达警姻戚。
乘风破浪是前程,起舞正期效祖逖。

1914 年秋,熊庆来正式考取比利时的列日大学,开始历时八年的留学生活。可是由于第一次世界大战爆发,德军入侵比利时,

熊庆来在巴黎留学期间

大学关门。整个比利时陷落了。熊庆来只好离开比利时,经过荷兰、英国,辗转到了法国巴黎,进入圣路易中学数学专修班学习,准备报考巴黎高等矿业学校。但也是因为战争,巴黎的矿业学校也关闭了。学习的艰苦和生活的颠簸,使他得了很重的肺病,经常是大口地咯血,人也很快消瘦了,他不得不放弃了自己心爱的采矿专业,改学理科。熊庆来是与周恩来、徐特立同一时期去法国留学的学生。

他写字很慢,但是工整极了。在课堂上,老师用法语讲课,因为他写字慢,往往记不下来,为此他很苦恼,后来他改变了学习方法,首先要集中精力听好,把提纲记全,中间记不下来的内容,课后再根据回忆,把笔记补齐。所以他每天晚上都要花一定的时间用来整理笔记,然后做作业。

留学巴黎七年期间,他先是1916年在格勒诺布尔大学获得高等数学证书,1919年先后在巴黎大学及蒙彼利埃大学获得高等分析、力学及天文学三证书,并得到了法国理科硕士学位和马赛大学的高等普通物理学证书。

1921年2月,熊庆来28岁时回到中国,先到家乡,并写了一首诗:

人群迎我集村边,喜溯欢声趋向前。
两弟身高不复识,亲儿初见紧相牵!

这是他第一次见到大儿子秉信(1913—1974)。秉信是他出国后五个月生的,这时已是八岁了。秉信是中国著名地质学家,受父亲科学救国思想影响，1936年毕业于清华大学地质系，曾去美国留学。

1921年他在昆明云南甲种工业学校和云南路政学校担任了物理和数学两科的教员。同年秋，受国立东南大学校长郭秉文先生之聘，到该校新设立的算学系任系主任兼教授。这是他留法期间的同学何鲁的推荐，何鲁还推荐他任南京高等师范学校兼职教授。

获得硕士学位的熊庆来

在东南大学，熊庆来面临的是一个没有师资、没有教材、没有经验的困境！算学系除了熊庆来，只有一名专职助教和一名兼职助教，他们只能教初等数学。熊庆来要承担绝大部分课程，还要辅导两个助教，详细解答他们在教学和备课中出现的疑问。

在没有任何现成的讲义和教材、没有一套科学的教学方法的条件下，28岁的熊庆来借鉴在法留学时学过的一些西方教材，拖着本来屡弱且患过肺病的身体，用了5年时间，编写出《平面三角》《球面三角》《方程式论》《解析函数》《微分几何》《微分方程》《动学》《力学》《偏微分方程》等10多种适合中国学生的数学讲义，把学生引进了世界数学殿堂的大门。

他的这些学生中相当一批成了卓越的数学家、物理学家和高能物理学家。中国第一代物理学家、中国光学研究的奠基人严济慈就是其中的杰出代表。从赴法深造并在短短几年内就相继获得巴黎大学数理硕士学位和法国国家科学博士学位的严济慈开始，法国开始承认中国的大学毕业文凭与法国的具有同等效力。

1926年清华大学成立，叶企孙请熊庆来担任新成立的数学系的教授和系主任。他和郑桐荪（之蕃，后成为陈省身的岳父）两人承担高等数学的课程，以后又聘请孙光远和杨武之（杨振宁的父亲）两教授。

杨武之,原名杨克纯,1896年4月14日生于安徽合肥。1923年,杨武之顺利通过安徽省公费留学考试,启程前往美国留学。他先到斯坦福大学读了三个学季的大学课程,获得了学士学位。1924年秋天,杨武之转往芝加哥大学继续攻读。当时的芝加哥大学数学系已属美国一流水平,杨武之师从名家迪克森(L. E. Dickson),研修代数和数论。1926年,杨武之以《双线性型的不变量》一文获得了硕士学位,两年之后又完成了博士论文《华林问题的各种推广》,成为中国学者因代数学研究而被授予博士学位的第一人。

熊庆来及夫人(左)、杨武之及夫人

熊庆来不断扩大教授阵容,算学系还有唐培经、周鸿经两位教员,并积极搜购图书、期刊,当时清华数学系的设备,可以说是全国第一。

1930年他代理理学院院长。研究生院成立后,他又同时兼地理系系主任。清华算学系研究生院是中国第一个科学研究机构,陈省身考取该院研究生,先任算学系助教,一年后攻读硕士学位。该研究生院人才济济,除陈省身之外,还有庄圻泰、柯召、许宝騄等人。

1935年7月,在熊庆来和另外几位数学家的倡议下,中国数学会在上海成立,并积极开展国内外的学术交流活动。熊庆来多次参与邀请和接待外国学者来华讲学,例如德国的布拉施克(W.

J. E. Blaschke，1885—1962），美国的伯克霍夫（G. Birkhoff，1884—1944）、维纳（N. Wiener，1894—1964）和法国的阿达马（J. Hadamard，1865—1963），此举对于微分方程、调和分析等现代数学理论在中国的传播或进一步发展起了重要作用。

布拉施克　　　　　伯克霍夫

维纳　　　　　　　阿达马

这些学术活动不但使当时听讲的师生大开眼界，也为后来青年人出国深造提供了方便和导向，如华罗庚去英国剑桥投哈代（G. Hardy）门下，陈省身去德国汉堡得到布拉施克的指导，吴新谋师从阿达马等。在清华，熊庆来把在东南大学时的一些好的教学方法搬了过来，以提高学生的运算能力。几年后，在熊庆来和清华同仁们的努力下,清华大学算学系的必修科目水平已经与法国、德国不相上下,比美国还高一些——大学四年级已经相当于美国研究生一年级。

发现华罗庚的才华

1930年的一天,熊庆来在清华大学当数学系主任时,从《科学》杂志上发现一篇文章,题目是"苏家驹之代数的五次方程式解法不能成立之理由"。

熊庆来知道,苏家驹当时是一个数学老师,他曾发表过一篇文章,谈到了代数五次方程的解法,现在有人来否定他的结论,熊庆来觉得值得一读。

熊庆来越读越觉得这篇文章写得好,推导正确,他在文章标题下面找到了署名——华罗庚。没听说过这个人,他是不是刚刚从

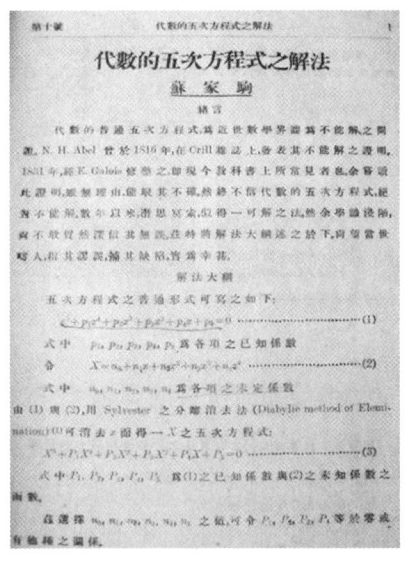

苏家驹的文章

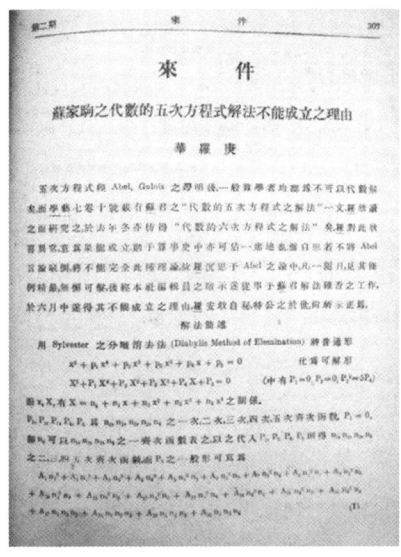

《科学》上刊登华罗庚认为苏家驹的解法是错误的文章

国外留学回来的呢？问问归国留学生联合会吧，也许他们知道这个人。归国留学生联合会也从来没听说华罗庚这个人，熊庆来很是遗憾。这件事恰巧被唐培经知道了，他是江苏人，跑来告诉熊庆来说，华罗庚是金坛学校的庶务员，只念过初中，后来就失学了，做了一家店铺的店员。

熊庆来决定邀请华罗庚来清华大学，他给华罗庚写了一封信，让华罗庚寄一张相片来，以便派人在车站接他。唐培经拿着华罗庚寄来的照片，在北京前门火车站接到了由金坛北上的华罗庚。

熊庆来看到，站在他面前19岁的华罗庚，一头蓬乱的头发，拖着一条残疾的左腿（他因得伤寒而致残），面孔有些稚气，好像还带点呆滞。熊庆来和这个残疾

华罗庚在清华期间照

青年谈了起来,真是越谈越喜欢。可是华没有大学文凭,不能上讲台,先让他当助理员吧,经管收发信函兼打字,并保管图书资料,做些收发文件、代领文具、绘制图表的工作。工作之余,可以去听课,也可以到图书馆看书。

熊庆来想尽办法给华罗庚创造学习的条件,并亲自指导他自学。华罗庚在学习上遇到了疑难之处,熊庆来往往是借给他几本书,让他从书本中获得理论,然后启发他经过独立思考,去解决自己的疑难。有时碰到了复杂的计算,他也会大声喊道:"华罗庚,过来一下,帮我算算这道题!"熊庆来经常出一些难题考他,锻炼他的思维,华罗庚也很刻苦,为了解决一些难题,常常是几个通宵不眠。半年还不到,华罗庚可以和高年级的学生、研究生坐在一起听课了,开始了他的数学研究生涯。

熊庆来在新学期开始时,安排华罗庚去听他的解析数论课,这门课比高等数学分析更复杂,他要激起华罗庚更高的学习热情,让他迎着困难勇敢地向前冲击。

不到一年半的时间,华罗庚旁听了数学专业的全部课程,不久他终于达到大学算学系毕业生的水平,已经能用英文来写数学论文了。他的三篇论文在国外的刊物发表后,引起国外数学家的重视,这在清华是创纪录的。

清华大学理学院第一任院长是叶企孙(1898—1977),出生于上海一个书香门第,1918年毕业于清华大学,后来留学美国,在哈佛大学获得哲学博士学位,回国后曾经受聘东南大学,后来到了清华大学,创建了清华大学物理系,成为清华大学的领导核心人物。同时,他也是中国物理学会的创始人之一。

熊庆来和叶企孙全力推荐和争取让华罗庚当清华大学的正式教员,当只有初中毕业文凭的华罗庚被破格任命为数学系助教时,熊庆来已来到法国巴黎进行研究工作。不久,华罗庚又被晋升为讲师。

熊庆来回国以后,第一件事就是看望华罗庚并向他表示祝贺,使华罗庚感到无比的激动。

华罗庚在熊庆来及杨武之的关怀下,开始集中研究数论,取得了举世瞩目的成果。1936年,经熊庆来推荐,华罗庚前往英国剑桥留学,拜理论数学教授哈代为师。

华罗庚只用了八年的时间,就完成了从管理员、助教、讲师进而到英国剑桥大学研究深造,1938年回国受聘任昆明西南联大教授的学术起步历程,这时他年仅28岁。从此,在攀登数学高峰的崎岖小路上,出现了一个成就卓著的、蜚声中外的中国数学家。

熊庆来的孙女熊有德在《我和爷爷熊庆来》一书讲述了华罗庚一生对熊庆来感恩的故事:

华罗庚

新中国成立之初,毛泽东主席亲自接见了出身贫苦、自学成才的数学家华罗庚,各大报刊也纷纷介绍了华罗庚先生的生平。华罗庚先生没有忘记爷爷,每次介绍都要提到爷爷是怎么样发现他的,又怎么样提拔他、培养他的。那时爷爷还在国外,只有奶奶和家人在国内。

大约是1953年,华罗庚先生去云南出差,这是建国后他第一次重返云南。到了云南昆明的第一件事就是要找到奶奶。华罗庚先生知道父亲是在云南担任个旧马拉格锡矿的矿长,于是托人找到父亲,要了奶奶在昆明的地址。当时奶奶住在昆明市敬吉唐巷9号。这是一条小小的街道,也没有路灯,不易找到。那时没有地图,全凭问人,但有谁知道这位当年有名的熊庆来的夫人呢？奶奶已经完全和大家一样，成为一个极普通的家庭妇女。一直到天黑他还没有找到，他和随行人员只好用手电筒一个一个门牌地去找，并逐门逐户地去询问。

多年后，华罗庚先生回忆起来对我说："我们到昆明的一个小巷里去找你奶奶，当时我心里有说不出来的感觉，难道当年誉满天下的熊庆来的夫人会住在那么偏僻的小巷里？正当我和同来的人寻找这条无人知道的小巷时，发现后面有几个黑影跟着我们，不知道是什么人。那时云南刚刚解放，土匪还不少，不要是碰见什么土匪了吧？同来的人立刻把我推在后面，转身向那些人走去，后来才发现那些人也打着手电筒在找什么。再一问，他们是云南省人民政府派来的保卫人员，他们也在帮助我们寻找这条偏僻的小巷。"

…… ……

1976年毛主席去世，不久"四人帮"被粉碎，华罗庚先生立刻打听到是胡耀邦在处理"文革"中的各种事情，于是要求见胡耀邦。胡耀邦接见了华罗庚，问起他的处境。当时华罗庚先生的处境不是很好，但是他首先讲了爷爷，并向胡耀邦提出为爷爷平反和举行骨灰安放仪式的建议。胡耀邦接受了他的建议，决定在举行全国科学大会之前，为爷爷正名。

…… ……

我曾经问过华罗庚先生，他为什么对爷爷那么尊敬，对我们那么好？他说，他是一个没有进过学堂的人，爷爷从他的一篇文章里知道了他的数学才能，托人把他请来清华。当时他有点为难，怕念书耽误了工作，而没有钱养家。爷爷就让他为系里的其他老师打扫卫生，擦黑板，支付他一份比其他工友高的工资，以便他养家。同时他又可以在上课时和同学们一起听课，并自修英文、德文、法文。这样他就可以边工作边上学了。有些教授和学生看不起他，认为他只是一个小工友。他和爷爷讲了这个情况后,爷爷为了不让别人轻视他,在正式公文中称他为系主任助理,并且故意让他给系里讲解一些数学题,使别人了解他。

华罗庚先生没有进过学堂,程度低,爷爷就一点一点地从基本教起。更主要的是教了他一个好的学习方法。从定义来"写"书,再回过头来看自己"写"的和老师讲的、书上写的有什么不同。华罗庚先生回忆起来说,这种方法开始很慢,后来就越来越快。有时他做梦都在"写"书,一年下来他赶上了同科的其他学生。1933年,爷爷排除众议,力主提拔他为助教,讲授"微积分"的课程。当时,许多教师反对,但是爷爷认为不要为资格所限制。后来爷爷又推荐他去英国留学,以便深造。他认为自己有今天,全靠爷爷的培养和支持。新中国成立后,他的名气比爷爷大,爷爷一点不嫉妒他,而是尊敬他,继续支持他。他说:"人在世上,难得一个知己的导师。我的运气就在于碰到了你爷爷,你爷爷了解我、支持我,为我的成长开辟道路,让我得到发展。"

关于这些,爷爷从来没有对我提起过,他只是让我好好向华罗庚先生学习,学习他刻苦学习的精神。爷爷说他能从一个没有念过几天书的商店店员,念完了大学,成了数学家,是很不容易的。

40岁获得法国国家理科博士学位

熊庆来30岁而立之年时决定要走从事数学的道路,他仅仅用了两年就完成了法国国家数学博士论文《关于无穷级整函数与亚纯函数》,在1933年获得法国国家理科博士学位,这时他已是40岁了。由于他以前下苦功背诵法文文章,写出的毕业论文文笔优美，语法严谨，受到法国老师的称赞，以为是有法国人帮忙改的。当熊庆来说是他自己写的时，老师惊奇地说，连法国人也写不出这么好的法文文章。

回来后他仍旧到清华大学教书。1937年云南省主席龙云想发展云南的教育，提出请他当云南大学的校长。熊庆来看了龙云的发展大学意见书，并且提出校务行政应由他全权处理，政府不可以干预，学校独立于政府控制之外。熊庆来以"桑梓亲切，各方友好，返滇服务，义不容辞"的思想，回乡办学，龙云接受了他的条件。

于是坐落在昆明西北的省立云南大学，在熊庆来上任后变成国立云南大学。当时政府拨给大学的经费不多，熊庆来设法争取到中华教育基金会中央庚子赔款董事会的一笔数目不少的补助，用来添置学校设备。又设法从内地请了一批卓越的教授学者来教书，如何鲁、萧蘧、顾宜荪、赵忠尧、蒋导江、严楚江、范秉哲、吴文藻（冰心的丈夫）、费孝通、吴晗、胡光炜、吕叔湘、崔芝兰、朱树屏、郑万钧、庄圻泰、彭桓武等。

熊庆来（前排中）在云南大学

在他的主持下,云南大学由之前的3个学院扩张为具有5个学院18个系3个专修科的综合性大学。在不到一两年的时间里,云南大学就从一个"未入流的简陋学校,跃变为文、法、理、工、医、农门类齐全,具有相当水平的大学,跻身全国有名的大学之列,直到被吸收进《大英百科全书》'中国大学'之中"。其中,到了抗战后期规模日趋完善的云大医学院,被当时的法国报纸称为"中国培养医药卫生人才的中心"。

熊庆来还为云南大学的校歌填词:

任云南大学校长期间的熊庆来(20世纪40年代)

太华巍巍,拔海千寻,滇池淼淼,万山为襟,
卓哉吾校,与其同高深。
北极低悬赤道近,节候宜物复宜人。
四时读书好,探研境界史无垠,
努力求新,以作我民,努力求真,文明允臻,以作我民,文明允臻。

有不少云南人抽烟抽得厉害,损财伤体。熊庆来当校长之后贴布告,大学生禁止抽烟,若发现要记过处分。他对学生说:"在我们云南有个吸烟的习气。无论是年老年少都爱吸烟,改掉它和我们解一道难题一样,需要决心和毅力。"

熊庆来从1921年第一次回国,先后任东南大学和清华大学算学系教授、系主任,1930年代理清华大学理学院院长,后又担任云南大学校长,这期间熊庆来从来没有利用职权谋取私利。

在东南大学时,物价一天三涨,货币贬值很快。他总是叫家人最后去领他的工资,宁可自己损失,也决不利用职权去提前领工资。

在清华大学教书时,每年招考新生的数学试题都是他拟定的。可是在大儿子秉信报考清华大学那一年,他拒绝出题,由别的教授出题目。在选新生、助教和选送出国的留学生时,他从来秉公处理,不讲私情,别人要"拜托走后门"对他是行不通的。他因此被一些人看成"不识时务者"。

在云南大学时,校园有许多枇杷树,有一次结果季节,有一个赵主任叫人采下枇杷拿出去卖,也给校长送了一筐。熊夫人说不要,可是赵主任却说这一点点给校长尝,没有称过,不好收费。熊庆来回家看到很生气,叫秉信和秉明把这筐枇杷送回去:"不收费,不要说一筐,就是一个也不能要。学校的东西,随随便便归了我们自己,这叫什么?这叫损公利己啊!我们刚开完校务会议,在我的提议下,把矿冶系的林主任辞退了,原因是学校买仪器,他吃了回扣,而且不止一次。这种事,我们不严肃处理,今后的校风是不堪设想的。"

时任云南大学校长的熊庆来的校长居所

当时是抗战末期,熊庆来为了支持前线抗日,节省汽油,决定不坐汽车,认为"一滴油就是一滴血"。我想又有人会认为这是不识时务者的做法吧!

熊秉明后来要报考大学,当时熊庆来是云南大学校长,他不允许儿子报考云南大学,后来秉明读了西南联大哲学系。这也是要破除中国的"一人得道,鸡犬升天"的"传统"。

在1949年他去法国开会,带了1 000美元的公款去巴黎为学校买书。其间,不幸半身不遂,右手和右脚有毛病,走起路来有一点跛,流落在巴黎,贫病交迫,生活要靠以前的同事和学生像陈省身、林家翘等来救济,可是那钱却始终未用。后来他买好了图书资料,特请一位留法归国学生带回北京,交政府转给云南大学。

回归祖国

熊庆来在法国生活困难,国民党方面的人像陈立夫、傅斯年等都来劝他到台湾去工作,说那里的条件和工作都好,蒋介石曾派陈果夫专程去邀请他。梅贻琦在台北创办了原子能研究所,邀请他做附属大学的教务长,而且连旅费都汇来,可是熊却把旅费退了回去。

祖国大陆许多人都希望他回去,1954年华罗庚率领中国代表团去瑞士参加世界数学大会,同时带了一封周总理的信给熊庆来。1957年4月周恩来又给他写了信,欢迎他回国。

中国驻瑞士大使馆根据周总理的指示,给熊庆来一笔安家费,以便购置他所需要的物品。但熊庆来只带了两个简简单单的箱子踏上回国的路程,国家的钱分文未动,全部还给国家。熊当时替法国杂志写函数论的专门文章,写完之后就飞回北京,那是1957年6月的事了。

熊庆来在20世纪50年代

政府把他安排在中关村中国科学院宿舍26楼101号,在一个月安顿之后中国科学院数学研究所举行了欢迎他回来工作的大会。在大会上他站着发言,虽然华罗庚所长请他坐下讲,他执意站着讲话:

"今日向科学进军,我得加入行列,更是兴奋,虽自知才拙,又为病累,但想到大数学家庞加莱说的几句话,终究不敢暴弃,他大概这样说:'科学上的胜利,有如战争中的胜利,其取得往往需要多数人的力量,冲锋陷阵的得有人,擂鼓鸣金的也不可少。'现在国家期待的是一个大的胜利,所有的力量都得用出,都会有作用,在这意义下,我也应该尽我所有的力量。因此我毅然应召返国,并诚恳表示,我愿将我的一点心得献给下一代的同志,我愿在社会主义的光芒中尽瘁于祖国的学术建设事业!

数学研究所工作同仁已成为一个争取刚才所说的大胜利的队伍,阵容整肃,人人精神焕发,跃跃欲试,又有个勇猛名将华罗庚同志带队,已有的表现不必说,将来的胜利自不待筮卜。我得参加这

华罗庚在 20 世纪 50 年代

样一个队伍,纵不能上前冲锋,在后擂鼓也是十分荣幸的……"

在热烈的掌声中,华罗庚所长紧紧地握住了熊老师的手。

他给在云南的秉信信中说科学院各级领导都很关心他,他因年纪大了,不便参加行政管理工作,也不愿意参加政治活动。他只想带几个学生从事数学研究,一切还等安排就绪。

熊庆来的专长是复变函数论,其突出贡献是建立了无穷级整函数与亚纯函数的一般理论。在他回国后的七年中,在国内外学术杂志上发表了近 20 篇具有世界水平的数学论文。

他曾以法国生物学家路易·巴斯德的话勉励年轻人:"巴斯德曾说过:'立志、工作、成功,这是人类活动的三大要素。立志是事业的大门,工作是登堂入室的旅程,这路程的尽头就有成功在等候着,来庆祝你努力的结果!'这段名言已成为我的座右铭。"

他常用巴斯德在国家经济大恐慌的关口拼命研究细菌学成功,从而消除了当时法国蚕瘟、酒腐两大危机,使法国有钱偿还敌国战争赔款的故事来激励青年科学家。

他在数学研究所当研究员,并担任了所务委员会委员、学术委员以及函数研究室主任等职。

怎样培养年轻一代的数学家

华罗庚曾说:"熊先生不是教我读书,而是教我写书。"

杨乐(右)和张广厚(1977)

在熊庆来去世之后,杨乐为《世界》杂志写了一篇《忆熊庆来先生》的文章,他写道:

> 我和张广厚同志于1962年考入数学研究所,成为熊庆来先生的研究生。当时他已是古稀之年,并且1950年初在巴黎时曾患脑溢血致半身不遂,行动不便,步履艰难。然而我们到所后不久,他便组织我们举办讨论会,报告亚纯函数的基本理论。
>
> 数学所距熊先生的家稍远,且位于四五层楼上,由于熊先生坚持每次讨论班都要亲自参加,所以我们在离他家较近的福利楼一层(当时科学院的工会俱乐部)商借了一个房间充作教室。
>
> 有时找不到车辆,熊先生便步行前往。对于普通人来说,这段距离大约七八分钟就可以走完,可是熊先生迈着艰难的步伐要走上四五十分钟,上下楼更是费劲,几乎一步一停,我们在旁边搀扶的年轻人都感到很焦急,可是他依然十分坚定

地向前走着。

……在他半身不遂后的近二十年中,一直坚持做研究工作。右手已不能握笔,他就用左手写字,右手勉强压纸,有时用左手非常费力地写了十多行字,压纸的右手却不慎将纸扯破,但他毫不气馁,又重新写起。撰写外文稿时,他缓慢地用左手一个字母一个字母地打字。就是这样,他依然做了很多研究工作,发表了不少学术论文。

我到数学所跟随熊先生学了九个月后,在亚纯函数的重值上有些心得和体会,便做了一些研究工作,写成文稿,送熊先生审稿。审完后,熊先生笑呵呵地拿出一束讲稿。

原来在一年前他曾在北京崇文门旅馆举行的函数论会议上报告过一项研究工作,那次报告内容与我文章中有一部分讨论的问题相同。崇文门会议时,我还在北大学习,而且适值寒假返回江苏,没有去听讲。熊先生一再说明我得到的结果比他精密,方法也不相同。此后,熊先生改进了他的结果与方法,撰写成论文发表在1963年的《中国科学》上。就在这篇论文里,他三处提到我对他这项研究工作的作用与影响。

熊先生是我国数学界的元老,而我则是刚踏上征途的新兵。即使仅以年龄而论,他也比我大了四十七八岁,然而在和我相处时他依然是那样谦逊。在学术上,他对别人的任何一点作用都认真地予以肯定,而对自己却要求很严格,这给我很深的教育,留下了难忘的印象。

熊先生对我们的学习与研究,要求十分严格。例如,当我撰写亚纯函数第一篇论文时,已写成文稿,熊先生审阅后对于所得的结果比较满意,但是希望我能举出具体例子说明定理的结论是精确的。

近代数学发展得十分抽象,理论也很深奥,要举出实例有时是相当困难的。当熊先生刚提出这个问题时,我简直感到束手无策,憋了好几天。如果不是老师的明确要求,作为刚开始学习做研究工作的我来说,也许坚持不下来。经过反复的分析、思考,终于举出适当的例子,对定理作了圆满的说明。

过去法国许多数学家在函数值分布论上有卓越的贡献,许多论文是用法文撰写的。1963年春天,熊先生要我将一项工作写成法文发表。这对我是一个难题。我在大学里仅读过一学期法文,经过努力勉强能读法文的数学文章,可是距离自己用法文书写还很远。

撰写时,几乎每句话都费了一番斟酌:语法上有否错误?是否符合习惯用法?有时还去查阅法国学者的论文,看他们是怎样陈述的。一连几个星期,费了很大的劲,才把初稿写成。在这个过程里,熊先生一直热情地鼓励我。最后又十分仔细地批阅,每一页文稿上都作了好几处的批改。作为用左手写字的老师,他该是花费了多大的工夫啊!

当我们用中文撰写论文时,熊先生也是要求非常严格,并作认真的批改。他主张用文言与白话相结合的方式撰写学术论文,以达到陈述精练的目的。他认为用文言撰写太"硬",读起来费力;纯粹用白话又太"软",不够简练。

在熊先生的长期熏陶下,我们逐渐养成了良好的习惯,每次撰写数学论文,从初稿到定稿总要认真修改三四遍,力求数学的表达方式达到完美的地步。

熊先生十分重视开展学术活动,活跃学术气氛。在他的热心倡导之下,北京地区从事复变函数论研究工作的同志每两周在他家里聚会一次举办讨论班。这个讨论班曾持续多年,一直到"十年浩劫"前夕才中断。

讨论班里除熊先生外有庄圻泰、范会国、赵进义等好几位老教授,有中年的讲师、副教授,也有年轻的助教、研究生,济济一堂,切磋学术。从熊先生算起,已经是师生四代,可称得上是

"数学上的四代同堂"。

这个讨论班对学术交流起了良好的作用。中、青年同志常常在讨论班上报告自己的研究成果以及国际上的新进展;老教授们都听得非常认真、仔细,有时还提出问题,发表评论。

报告结束后,熊先生、庄先生等经常要讲述一些问题的起源、历史背景,这些往往是书籍、论文里难以找到的东西。大家也借这个机会交流近况,互通消息。

在熊先生的积极推动下,六十年代初期的八年间曾经举行过四次全国性的或北京地区的函数论会议。他每次都认真准备,积极参加,并向会议提交学术论文。

熊庆来铜像

熊庆来的工作

熊庆来在 20 世纪 30 年代开始从事函数论方面的研究,一生中共发表具有创造性的论文 60 多篇,编写 10 余种书籍。在去世之前,他写了《亚纯函数与函数组理论》及《代数体函数论》两本书,可是却没法完成,这实在是很可惜的事。

熊庆来的学生张广厚(1937—1987),在去世之前写的《整函数和亚纯函数理论》一书,在 1988 年获得优秀科学书籍奖,该是继承他未竟的事业。

他的另外一个学生杨乐(1939—)和张广厚在 1965—1977

年在整函数和亚纯函数的值分布方面有重要的工作,解决了50年来一个"奇异方向分布"的难题。杨乐曾是中国科学院数学研究所副所长和所长。

在旧中国要从事科学研究的工作很不容易,有些从外国学了科技回来的人,要么"学非所用"当一个官,最后所学的东西就付之东流,和自己的工作没关系;如果从事教育工作,繁重的教学和行政工作把一个人拖累,最后也就远离科研。

熊庆来最早把近代数学引进中国,他一生抱着科学救国、教育救国的理想,直到晚年他仍想提拔栽培年轻的数学家。他曾对张广厚和杨乐说:"我已经老了,对你们没有多少具体帮助。但是老马识途,我愿意给你们领领路。"

"文化大革命"中,熊庆来受到冲击后逝世,1978年3月16日中国科学院为其平反昭雪,举行了骨灰安放仪式。在科学院副院长主持的熊庆来骨灰安放于八宝山的仪式上,钱三强这么总结熊庆来的一生和工作:

"熊庆来同志是一位优秀的数学家,又是出色的教育家,他把自己的毕生精力都献给了我国的科学与教育事业。他对我国近代数学的兴盛和发展做出了很大的贡献。

熊庆来同志在学术上有较高的造诣,专长于函数理论,先后发表学术论文50余篇。他早年对整函数亚纯函数一般理论的建立作了许多基础性的工作。在函数值分布论方面的贡献,受到国内外数学界的称誉。他最早在我国高等学校开创现代数学的研究,推动了我国数学学科的发展。

熊庆来同志治学严谨,重视基本理论学习和基础训练。在担任大学校长时,仍兼任数学教授,亲自授课。他善于开发,诲人不倦,奖掖后进,敢于不拘一格地大胆选拔人才。著名的数学家华罗庚同志就是熊庆来同志发现和选拔的。我国的许多科学家,也都得到熊庆来同志的教益。在晚年,熊庆来同志又亲自指导杨乐、张广厚的工作,使他们迅速成长,做出了具有世界先进水平的成果。对我国乃至对世界数学的发展有着卓越的贡献。

……熊庆来同志愈至晚年,仍壮心不已,克服身残多病的困难,孜孜不倦地致力于科研和培养干部,为科学事业献身。"

鹣鲽情深的夫妻

熊庆来3岁的时候,父母就按照当地的风俗,给他订了婚。这个女孩叫姜菊缘,和熊庆来同年同月早三天生,两人16岁时结婚。熊庆来3次赴法国,前后共18年,家中全赖姜菊缘独立支撑。

熊庆来的家是一个旧式的大家庭,有祖母、叔伯、父母和弟妹。

1913年,对熊庆来来说是一个双喜临门的年头。一喜,是他的长子熊秉信出生了;二喜,是他以第三名的成绩考取了出国留学生。熊庆来向全家人宣布了这个消息之后,没想到伯父竟不同意他去留学。

正在熊庆来感到有点为难的时候,没想到他的祖母竟然支持他去留学,这使熊庆来又感到了希望。熊庆来回到自己的房子里,见到妻子姜菊缘。姜菊缘是一位典型的贤妻良母,结婚以来,熊庆来一直在外面读书,在这个大家庭里,这个弱小的少妇,凭着她的聪颖,周旋于祖母、叔伯、父母和弟妹之间,深得大家的赞许。

姜菊缘一边服侍熊庆来洗脸,一边发自内心地对熊庆来说:"放心地走吧,家里的事不必挂念,我去说说,伯父会同意的,再说他也会听祖母的话。只要你用心读书,学得本事回来,大家都会高兴。"

熊先生去世之后,熊夫人写了《回忆迪之二三事》,其中写道:"我和我的丈夫迪之共同生活了42年(其中18年是他先后3次到国外去的时间,不计算在内)。在我们互敬互爱相敬如宾的日子里,他的为人给我留下了难忘的印象。

　　他很热爱学习,当我和他结婚不到一个月,他就到昆明读书去。祖母问他说是不是你们夫妻感情不好,他说不是,读书要紧。我们结婚三年半,他每年放寒假才回家。暑假他不回来。后来考取留学生,出国八年才回来。在国外留学时,他写信回来对父亲说:'戏院、酒店、舞厅男不喜入,谚语道一寸光阴一寸金,寸金难买寸光阴。努力读书为要。'另外他认为跳舞就会和外国女朋友要好,就要和她们结婚,丢掉家里的妻子,这是很不道德的……

　　……他工作很刻苦认真,在东南大学任教时,学生大都很聪明用功,如严济慈、胡坤升、赵忠尧等著名科学家都是那时的学生。由于那时在中国现代高等教育尚属初创,所以缺乏教材,他就自己编讲义出习题。他一人编好几种讲义还同时讲几门课(如微分方程、微积分、高等分析、球面三角、偏微分方程等),他出的习题很多,学生做得也快,所以他不仅编讲义的任务重,批改习题的任务也重。当时他又有严重的痔瘘,编讲义等都是在床上趴着写。每天还要到学校去讲课。虽有一助教,但因程度所限,不能帮助改习题而且还做习题让迪之改。所以他忙得很,每天工作到深夜。我也陪着他坐着。这时我替孩子编织毛衣等。在清华大学任教时,他也是废寝忘食。每天中午我们打三四次电话催他回家吃饭。在云南大学任校长时,也曾同时每周担任几小时的课,是义务没有额外报酬。因为他觉得学生的数学程度低,他要尽可能提高他们的学习质量。

　　1957年他回到祖国的怀抱,看到祖国欣欣向荣的景象,分外兴奋。作了不少诗和文章来歌颂新中国。当他从收音机听到我国第一颗原子弹爆炸成功的消息时,我坐在他旁边见到他情不自禁地站起来鼓掌,高兴地说:'我国也有原子弹了!'他虽半身不遂,仍孜孜不倦地用左手写论文。刻苦钻研数学,辛勤培养学生。在他已是七十高龄的时候,还接收了两名研究生——杨乐和张广厚同志。这是他一生中最后培养的两名学生。因他年老有病,领导照顾他在家里工作。每天吃过早饭他就伏在书桌上工作,下午晚上也是如此。自觉地积极地工作,为祖国贡献出所有的力量。在'文化大革命'中,虽受了不少折磨,但他始终没有怨言,总以国家和人民的利益为重。直到临终的前一天在他写的一个检查中,他还表示要为人民鞠躬尽瘁、死而后已……"

20世纪60年代熊庆来及夫人在北京

姜菊缘没有受过高等教育,熊先生始终"糟糠之妻不下堂",对夫人亲敬有加。在清华大学担任系主任的时候,熊庆来不时向校工订菊花放置在居所。云大石阶上每过节庆都能看到盆盆金色的菊花,原来这个也是沿袭他的习惯,这样算来这个习惯就已经延续了六十多年了。他喜欢菊花,因为他的夫人叫"姜菊缘",而且生日是九九重阳。每到金秋,他便买来菊花放置石阶两旁。

在他当东南大学教授时,物理系高年级有一个叫刘光的学生,是浙江金华人,时常看望熊庆来并解出熊给的难题,熊庆来觉得他是一个人才,可是家境贫苦,如果毕业之后能让他出国深造对祖国科学有帮助,于是找了几个教授,大家轮流负担刘光出国的费用。

有一次轮到熊寄钱,熊夫人向他提醒该寄钱了,他以为家里有一百元,可是由于熊经常生病,又不断支持生活有困难的学生,家里已没有剩钱,因此他决定把挂在墙上的皮袍子卖掉。熊夫人说这怎么行,他身体不好,没有御寒衣服会病倒,可是他却说天要转暖,可以不要穿,寄钱要紧,叫夫人卖掉。熊夫人收起皮袍子,找了一个熊的老同事,借了一百元,给刘光寄去,以后她又省吃省用,节约了一笔钱还给人家。

刘光后来成了著名物理学家,他不知道老师曾为他而卖袍子的事,十多年之后偶然和师母谈天才了解这事,感动得热泪盈眶。

熊庆来后来带秉明出国攻读博士学位时,熊夫人就带了三个孩子由北京搬到南京,在那里他们有几间小平房,为了增加收入,熊夫人把多余的房子租出去,并在自己房前开地种菜、养鸡,尽量节衣缩食,孩子们的许多衣服都是自己做,把积下来的钱汇给巴黎的熊先生。熊先生后来说:"没有我妻子的全力帮助,我是不会成功的。"

他第二次出国时已年近40,他以顽强的精神,经过两年的艰苦工作,完成了他一生最重要的研究成果并获得法国国家理科博士学位。

1949年熊庆来在巴黎参加联合国教科文组织的一次会议期间,不幸患脑溢血而致右半身瘫痪,但他并未向病魔屈服,以顽强的毅力用左手学会写字。法国著名数学家蒙代尔、阿达马等通过各种组织如法国研究中心、《数学》杂志编辑部为他争取一些医疗费。他右手不能写字,后用左手写了一封信给夫人:

菊缘贤卿:

我的病好了,大约再有一月可出院,院中看护照应颇好,院费因法师友关切设法可免交。此病由血压过高致脑溢血而半身不遂。经检查脑未甚受伤,右手足恢复情况尚好,左半身完全正常,扶梯栏杆可自行上下楼,惟右腿尚稍笨重,不能多走,右手活动有进步,惟手指尚硬,可拿较为粗之物,只得练习左手做书,此信为左手所写,你看如何……秉明在法于学甚勤,且愈深入愈觉所得之不足。现在家中由秉信儿接济未免过苦,以后我与明儿拟尽力节省,汇回一点以减家中困难。卿体望珍重,不时延医一看,惠女、群儿信正慰我,还望秉信、秉衡时有书来才好。

近安。外婆处望代禀候!

亲友均为致意

夫迪之左手书
一九五一·六·八日

一个坚强的人,不会容易被命运所压倒,生活的挫折能使弱者沉沦,可是对于一个坚强的人,是一种挑战,伤口愈合之后,他会顽强地站起往他的目的地前进。

熊庆来的孩子

熊庆来育有四男一女,老大叫熊秉信,是一位地质工程师,在云南老家工作。老二熊秉明,居住在法国,是一名艺术家,在巴黎东方语言学校当教授。老三熊秉慧,女儿,曾是邯郸一中的老师。老四秉衡在长沙铁道学院教书。最小的儿子是秉群。这些孩子学地质、艺术、生物、物理和电讯,没有一个人学数学。

熊庆来幼时的理想是学矿,最初留学去比利时是要学采矿的,但因为第一次世界大战,转到法国学了数学,秉信是长子,就遂了熊庆来年轻时的心愿,在清华大学地学系毕业成为全国知名矿床学家。1939 年,任云南省建设厅地质调查委员,1940 年初,调任云锡公司探矿处副工程师兼工务课长。新中国建立后,任云锡公司

1959年，熊庆来夫妇与儿孙合影。后排左起：女儿秉慧，小儿子秉群，长子秉信，秉信之次女有德

地质调查室主任。秉信非常博学，他懂英语、德语、法语、越南语，1962年，冶金部派其到越南援建，任地质专家组组长，次年归国。1964年初调任云南省有色局副总工程师、地质勘探公司总工程师，被选为中国地质学会理事、云南省地质学会第二届理事会副理事长、云南省人民代表、第三届全国人民代表大会代表、第四届云南省总工会委员。1972年恢复工作后熊秉信就想把失去的时间补回来，狂热地投入工作，1974年3月突发脑溢血，昏迷了一周。周总理亲自派曾经医治过熊庆来的北京脑科专家来抢救，但是已经晚了，秉信还是于1974年3月27日逝世，年仅61岁。

老二熊秉明，旅法著名学者，哲学家、雕塑家、画家、书法理论家、书法家、诗人。1944年毕业于西南联大，1947年到法国留学。1949年，转上法国巴黎国立美术学校学习雕塑。20世纪50年代起，从事艺术创作活动。

1962年起，熊秉明受聘于巴黎东方语言文化学院，任教授兼中文系主任，教授汉语和书法。法国的许多中国问题专家、研究中国问题的智囊团成员、法国总统的中国顾问、法国驻华使馆的官员，甚至法航能讲中文的服务员等等，都是熊秉明的学生。可以说，熊秉明在巴黎普及了中国文化。

熊秉明著有《张旭与狂草》（已编入法国高等汉学研究院丛书）《中国书法理论体系》，以及《关于罗丹——日记译抄》《展览会观念或者观念的展览会》《回归的雕塑》《诗三篇》等著述，打通了中西艺术的壁垒，建造起畅达的交融路径，在中西文化间构建了沟通、融合的桥梁。

1983年，因为对推动中法文化的交流发展做出卓越贡献，熊秉明获得了法国教育部颁发的棕榈骑士勋章。2002年12月14日，他因脑溢血突然去世，享年80岁。

秉明在一首诗中写道："我是中国文化的种子，

在法国的领土生根发芽，活了；

这是我用生命做的事业，是我生命的一部分；

我还是一头正着力奋蹄于祖国大地的孺子牛。"

2007年8月4日，秉明骨灰被安放在昆明玉案山公墓，与他的父亲熊庆来和母亲姜菊缘及哥哥秉信做伴。

熊秉明夫人陆丙安率长子和次子全家当天来到云南大学，向该校捐献了熊秉明的4件雕塑作品、熊庆来写给熊秉明的61封书信及熊庆来撰写的7篇数学论文。这61封书信写于1937年4月28日至1967年5月30日期间。4件雕塑分别为《鲁迅像》《熊庆来像》《楚图南像》及《归途》。

老四秉衡1930年出生。他是激光全息专家，中国全息协会顾问、云南省科协荣誉委员、纽约科学院成员、国际工程光学学会（SPIE）及其全息技术专业委员会成员。他解放前即加入中国共产党，曾先后在昆明、个旧、蒙自等地从事工人运动、学生运动以及

秉明骨灰与他的父亲熊庆来和母亲姜菊缘及哥哥秉信做伴

农村武装斗争工作。解放后先后在昆明团市委、易门矿务局和西南有色公司工作,1957年作为调干生在云南大学物理系学习,毕业后分配到省外高校工作。1987年为实现父辈服务桑梓的愿望,回到昆明,调云南工学院,创建激光研究所,任激光研究所所长。曾任昆明理工大学激光研究所荣誉所长。

最小的儿子秉群小学和中学是在昆明度过的。从昆明师院附中毕业后,熊秉群考入重庆大学电机系,后来院系调整,转到北京邮电学院有线通信工程系。毕业后留校任教,一干27年。在这期间,他当过长途电信教研室、多路电信教研室的副主任,当过学院教务处长。1989年,熊秉群赴美国参加中国高级管理培训班后,出任邮电部邮电科学研究院院长。曾担任上市公司大唐电信的总裁。获1998年度美洲中国工程师学会"杰出成就奖"。

熊庆来重视教育他的孩子,从不强制他们接受他的意见。

1932年7月熊庆来参加了国际数学会在瑞士举行的世界数学家大会,他是作为中国的代表前往苏黎世。这是中国数学家首次参与国际数学家大会,会议结束之后,他打算留在法国两年攻读博士学位。他带了才9岁的秉明做伴,在巴黎靠近巴黎大学的卢森堡公园附近租了房子,每天就到庞加莱研究所工作。

熊庆来由于做研究,晚上很迟睡觉,早上起床很迟。一大清早秉明起床后就自己烧好咖啡,吃片面包,和房东的两个孩子去学校上课。中午他回来找爸爸一起去拉丁区的一家中国餐馆吃饭,只有晚餐才自己烧。

秉明从小就是个独立生活能力很强的孩子,有一天他半夜醒来,看到爸爸还在熬夜,就问爸爸:"你这样工作不是很苦很累吗?"

熊庆来笑着说:"不,不,一点不累。没有人强迫我这样做,相反,我觉得很快活,因为我对数学有兴趣。任何科学研究,最重要的是对自己所从事的工作有没有兴趣,也就是有没有事业心,这不能有丝毫的勉强。譬如我搞这数学,可以两天两夜,甚至三天三夜,趴在桌子上,写呀,算呀!因为我有兴趣,我急切地要得出我所需要的结果。只要你钻进去了,甚至着了迷,乐也就在其中,可惜你现在还没有这种体验。"

熊庆来和秉明

病逝

"文革"开始,许多人遭受批斗,熊庆来看到这种混乱现象,精神受了刺激,高血压病越来越重。结果在1969年2月3日的深夜,他躺在床上动了一下,姜菊缘忙问他是不是要小便,熊庆来既不说话也没有动,她急忙去请一位熟识的大夫来看,不料他已在凛冽的寒风中与世长辞了,时年76岁。

熊庆来的长孙女熊有曾追忆:说到1969年2月3日,这一天自己失去了两位亲人。一位是对自己疼爱有加的爷爷,另一位是自己慈爱的外公(袁嘉谷的长子)。"我对这一天的记忆太深刻了,当时除了奶奶外,只有在北京邮电学院做讲师的小叔叔在北京。爷爷去世的消息是小叔叔发的电报,全家人听到这个噩耗,陷入了极大的悲痛中。"当时,熊有曾一家住在昆明人民东路伍家庄1号的院子里,因为当时的特殊情况,家人不但不可能到北京奔丧,还不敢把悲伤写在脸上。"父亲熊秉信把楼上的窗帘严严实实地拉上,再把爷爷和外公的遗像摆在窗帘下,一家人对着两位老人的照片三鞠躬,以表对老人的思念和哀悼。"

他的遗体送到北京八宝山殡仪馆准备火化。华罗庚刚好从外地推广优选法回来,一知道消息,不顾疲劳,马上乘车赶到。华罗庚下了车,拄着拐杖,一面哭一面奔向焚化间。在那里有许多尸体并排躺着,等待火化。华罗庚为了要见恩师最后一面,弯下腰来,掀开一具具尸体的盖面布,寻找熊庆来的遗体,最后看到瘦削蜡黄的熊教授的遗容,失声痛哭,向恩师遗体鞠了三个躬,最后悲痛离开。后来他还写了一首《哭迪师》的诗,表达悲痛之情。

熊庆来去世时,他的许多友人、学生都不知道。比方说北京大学数学系教授庄圻泰(1909—1997),在1927年进入清华大学,先读工程系,1928年熊庆来由南京转到清华大学成立算学系,他才转入该系学数学,1932年毕业任该系助教,1934年进清华大学理科研究所,在熊庆来的指导下学习和研究亚纯函数的值分布理论,以后留学法国获得博士学位。庄教授在1980年3月《回忆老师熊庆来先生》一文写道:"我与先生相处多年,深知先生为人忠厚,先生的健康状况不好,青年时代在国外留学曾经吐血,常见他用手掌按在胸上,老年时患高血压、糖尿病及半身不遂各种疾病,他说话、写字、走动都很吃力,但他仍努力克服困难,坚持工作。

在'文化大革命'前夕,我曾在路上遇到先生和他的家属,这是我最后一次见先生。经过'文化大革命'一段漫长的时间以后,我才知道先生早已因病去世。先生的一生是辛勤工作的一生,他为我国的数学事业的发展,做出了不可磨灭的卓越贡献。"

秉明花 39 年为父亲塑像

在北京中关村科学院数学研究所的图书馆及云南大学的主楼会议院矗立着两座熊庆来的塑像。这两座铜铸的像是熊庆来的儿子熊秉明在法国花 39 年的时间精心雕塑而成。

1992 年 11 月 20 日,中国发行了《中国现代科学家》纪念邮票第三组,熊庆来是第一枚,并在云南大学举行了熊庆来塑像的揭幕仪式。

熊庆来雕塑

《中国现代科学家》纪念邮票第三组第一枚——熊庆来

熊秉明从巴黎电传讲话,在大会上由他的弟弟熊秉衡教授宣读,讲述他为父亲塑像的动人经过:

父亲的塑像

我把这一座父亲的像献给故乡,献给故乡的云南大学。

我着手塑造的时候是1953年4月,父亲尚在巴黎。

完成的时候是今年,1992年4月,先后用了三十九年。

不过,我真正能面对着父亲制作的时间只是三十九年中的头四年。1957年父亲从法国回到北京,我们从此没有能再见面……三十五年间,我只能凭记忆,凭我对他的了解,在探索中,断断续续地经营打磨。

雕刻的技术,雕刻的观念,因岁月的增长,不断地在变化,工作的着眼点也随着有所不同:

一时着眼于他的严肃的方面;

一时着眼于他的亲切平易的方面。

一时念及他的刚毅、坚韧;

一时念及他的笃实、温厚。

一时着重于雕刻的立体感、坚实感;

一时着重于塑面的生动、细腻感。

这样不断地改来改去,就像近代著名雕刻家杰可梅谛所说的:做一千年也做不完。

但是今年一月,我又把父亲的像从地下室搬上来,放到雕刻架上,忽然发现自己的眼睛很明亮,不但清楚地看到该怎么改,而且看到了结束的可能。进行加工的时候,颇有得心应手的顺畅。做了两个月,知道可以打住了。约朋友来看,他们也表示首肯。四月送铜厂,浇铸了两座铜像。五月底,得到中国国际航空公司同意,免费由我随身带到北京。

就这一年国内纪念父亲诞辰一百周年。我把一座赠送中国科学院数学研究所；一座赠送云南大学。

数学所和云大代表父亲平生事业的两个方面：他以数学为终生事业；又以教育后进为不可旁贷的责任。他曾把生命力量最旺盛的十二年交付给建设和发展云大。今天有一座像放置在北京数学研究所图书馆里；又有一座放置在云大会议院的廊厅里，我感到深心的快慰。这几天我又翻阅罗丹和格赛尔的对话录。罗丹说，为自己的亲人所做的像往往是最成功的，固然因为最熟悉，但另一方面也因为没有任何夸张与粉饰的必要。

在制作的过程中，我没有想到过有一天这塑像会成为一座纪念像。凡为纪念而制作的像，有类乎古代写墓志铭，不免对墓主加以赞扬歌颂，所谓"谀墓"，雕刻家会力求塑出巨大光辉的形象。我没有过这意图。我相信我的父亲他不会乐意。我想表现出我从小所认识的父亲。这里有严肃与平易，有刚强与温厚，在表面的平静与含蓄下面潜藏着对科学真理的执着追求，对祖国与乡土的深厚的爱。这里有对生命本身的诚实和信念。

在座有曾经认识先父的，或曾与他共事，或是他的学生，我希望他们能从这塑像追忆起他当年的神态和他为人为学的风格。

至于年轻的一代，对他们来说，这铜像的人物已属于相当遥远的历史，我希望他们知道这是近代中国科学史上奠基的一代。1921年他在南京东南大学创办数学系，1926年到北京清华大学创办数学系。1936年创办《中国数学学报》。最后二十年间，他虽半身不遂，行动不便，但一直继续研究工作，指导研究生，所有的论文都是以左手奋力写出来的。这老祖父的一代怀有拓荒者的勇猛和抱负，我希望今天的学子们走过这铜像之前，不觉得有断沟，有距离，而能够感到前行者对来者殷切期待的目光。

熊庆来奖学金

云南的横断山脉地区,矿产丰富。由于地形、大气环流和纬度的关系,西双版纳适宜种植树胶、茶、胡椒、咖啡豆、腰果等热带经济作物,可是却由于交通不便,人才缺乏,资金不足,经济、文化比沿海诸省大大落后。

1987年中国科学院学部委员钱伟长教授被云南省书记邀请去云南做一些调查,希望能提供一些开发的方案,改变贫困落后的情况。当年钱伟长实地考察的区域人口有1 100万人,年人均收入在125元贫困线以下的就有400多万人。钱伟长提出困难的关键:交通不方便,一方面资金不足,国家、省里拨下去的各项补助款没有用在发展生产方面,另一方面,人才缺乏,科技力量薄弱,信息不畅。

定居在北京的熊庆来夫人姜菊缘,1988年已是95岁高龄,仍关心家乡人民的生活。尽管她的生活并不宽裕,但为了继承熊庆来遗志,她把熊庆来生前的字画卖掉,把全部所得两万元捐赠给云南大学,倡议设立了"熊庆来奖学金"。

云南大学在设立该奖学金的决定中说:

"熊庆来先生是我国著名数学家、教育家、现代数学的耕耘者,曾为我国的科学教育事业做出了贡献,培养了许多优秀科技人才,桃李众多。

1937年至1949年熊庆来受聘担任云南大学校长,即为'教育学术为百年大计',为提高云南高等教育的水平及地位呕心沥血,广集博学,'以期蔚为西南学术中心',用学术带动科研,进而促进了云南经济文化的发展,受到社会一致的好评。

为了纪念熊庆来先生,弘扬他的科研治学精神,鼓励学生振兴祖国、勤奋学习、全面发展、早日成才,根据熊庆来先生夫人姜菊缘的倡议,经学校研究,决定在云南大学设立'熊庆来奖学金'……"

1988年7月18日,第一届授奖仪式,由杨振宁担任授奖仪式主席,他说:"今天的授奖体现了一个时代的交替,表明了熊庆来先生的毕生追求和事业后继有人!

就人口而言,云南相当于一个欧洲大国,一定不乏大批优秀人才,如果对教育予以特别的重视,潜心培养和发掘年轻的人才,那么,将来在科技学术方面成大器的人,一定会很多。"

1989年熊夫人辞世,享年96岁。在去世前能为家乡的文化教育做出一些贡献,熊夫人很高兴。

1990年9月30日,"熊庆来奖学金"第二届颁奖,杨乐、陈省身、熊秉明分别从北京、美国、法国赶来参加。陈省身还祝愿:"希望云南成为21世纪数学大国中的数学大省。"

我仅希望能有一部拍摄熊庆来事迹的电影,在银幕上重现这位甘于淡泊、一生为中国科学教育事业献身的数学家的伟大形象。

熊庆来传记

5 中国卓越数学家苏步青

> 鼓励学生超过自己,又对学生提出严格的要求,使他们感到有压力。这是培养学生成为数学人才的一种值得重视的经验。
>
> ——苏步青
>
> 为学应须毕生力,攀高贵在少年时。
>
> ——苏步青

贫寒出身的老数学家

复旦大学名誉校长、中国数学会名誉理事长、中国科学院院士苏步青(1902—2003)是一位德高望重的老数学家。他除了当民盟中央副主席之外,也是中国第七、八届全国政协副主席。

苏步青出生在浙江省平阳县腾蛟镇带溪乡的一个农民家庭,他父母生了13个子女,他是次子。童年就要帮助家人割草、喂猪、放牛。由于家庭贫穷,6岁未能上学。他每天放牛路过私塾,就偷偷跑到窗口去偷看偷听老师教书。后来父亲看到他这么爱念书,就在他9岁时全家吃杂粮,省下大米,借了几块钱,挑了一担米,带他到离家100里的平阳县唯一的一所小学当插班生。

他认识了一些字后,就自己找书看,读《三国演义》《水浒传》,甚至连小孩子不容易懂的《聊斋志异》也被他翻阅了一二十遍。

振作读书,发奋图强

平阳县的语言有一个奇特的现象:在乡下,人们常讲闽南话,因为两三百年前,闽南漳州、泉州、南安等地有一批人为了避倭乱移民到那一带,所以在浙南闽北交界地区有一些人是讲温软的闽南话;而在县城里的人则是讲音量大而发音怪的温州话。这两种语言的差距就像意大利语和俄罗斯语。开始苏步青从穷山沟里来到县城,就像刘姥姥进大观园事事感到新奇,整天玩耍无心读书,再加上语言隔阂,结果期末考试,是全班32人中最后一名。

第二年,离他家乡10多里的水头镇,办起了一所中心小学,他的父亲把他转到那儿上课,老师讲书是用闽南话,苏步青上课听得懂了。可是由于家穷被老师看不起,有一次在作文时,苏步青认真地写了一篇文情并茂的文章,老师却说他抄袭,后来问明,但老师仍不公正地批个"差"的分数,这损害了小苏步青的自尊心,以后他不听课,并尽情玩耍,当然这学年他又是考最后一名。

第三年来了一个叫陈玉峰的新老师,发现了他的问题,就劝告他应该人穷志不穷,努力读书好好向上,不然浪费了农民爸爸的血汗钱,辜负了父母对他读书识字的期望,以后目不识丁怎能改变贫苦的命运。

苏步青看到陈老师对他有爱心并加勉励，决定收敛贪玩的心，振作起来发奋图强，不要让陈老师失望。除了读课本之外，他也读了一些古典小说，并且开始读《东周列国志》，有些字不懂，他步行几十里山路，向人借《康熙字典》。放假，他就回家放牛，在牛背上背诵《千家诗》《唐诗三百首》。他的记忆力特好，过了不久，他就能把杜甫、李白的诗背诵如流。这学年结束，他考得第一。以后求学，每次考试都是第一名。

13岁那年春天，苏步青小学毕业，距离暑假考中学有半年的时间，他就把《左传》从头到尾熟读。1914年，他以优秀成绩考进了温州的浙江省第十中学。最初他立志读完《资治通鉴》，将来当一名历史学家。可是在初二时学校新聘了一位从日本留学回来的杨老师，这位老师觉得积弱的中国靠古老的历史和文学是救不了的，只有科学才能救中国，这想法影响了苏步青。

"苏步青，我觉得你的历史和文学都学得挺好，可是我觉得你在学数学方面会有发展前途，今后应该多钻研数学，少看历史和诗词的书。"杨老师借给他看科学杂志，鼓励他学科学。

于是苏步青的读书兴趣逐渐由文学转到理科，特别是对数学很有兴趣。他为了证明著名的欧几里得几何的一个定理"任意三角形内角之和等于180°"，废寝忘食，找到了20个不同方法的证明，后来写成了一篇论文，送到浙江省的一个学生作业展览会上展览。

他所在中学的校长洪彦远毕业于东京高等师范学校，是中国最早去日本学习数学的少数留学生之一。他兼教平面几何，听到杨老师讲他班上15岁的苏步青勤奋好学的事，对苏步青关注起来，常在同学自修时过来看他的作业本，每看一道题，就露出一丝笑容，有时频频点头。洪校长几何教得极好，非常欣赏苏步青的解法。有一天，洪校长把他叫到办公室，问了他一些学习及家庭情况之后，便觉得这孺子可教，而且可能是未来的国家栋梁，便对他说：

"我要调离学校,到教育部去工作。你毕业后可以到日本去学习,我一定帮助你。"

少年负笈赴东瀛

对于洪校长的鼓励及器重,苏步青很是感激,这使他更勤奋地读书及钻研数学。当年中国教育是实施中学四年制,苏步青17岁以第一名的优异成绩毕业。

这时,他想起了洪校长的嘱咐,便写信给在教育部工作的洪彦远,表示想出国留学,可是却没有钱,想请他资助。过了不久,洪彦远就汇了200银圆给他,并且勉励他为国争光。苏步青捧着这笔巨款,激动地滚下热泪,洪校长的钱是"及时雨",这是改变他一生的转折点。

1919年7月的一个秋天,苏步青乘日本海轮,从上海去往日本。洪校长寄了临别赠言:"天下兴亡,匹夫有责,要为中华富强而奋发读书。"后来苏步青回忆往事写了《外滩夜归》的诗句:"渡头轻雨洒平沙,十里梧桐绿万家。犹记当时停泊处,少年负笈梦荣华。"

1919年的中国是被列强任意宰割、任意瓜分的半封建半殖民地国家。英、美、法、日、意、德皆在中国有租借地,在上海的外滩公园就挂着"华人与狗不得入内"的牌子,在黄浦江上停泊的是英国、美国、日本等国家的军舰。而他到日本去每次都从黄浦江进出,每逢冬天都看见南京路上有冻死的人,他坐在日本的海轮上想:"我们自己还不会造船,有一天我们自己能造轮船就好了!"

到日本后,他先去东京的东亚日语补习学校学习了一个月,后由熟人介绍住进一个日本家庭。他向房东学日文时,不仅早上和她一起去菜市场买菜,练习日语会话,并且晚上听她读报、讲故事,还自己预习功课，准备投考东京高等工业学校。很快他便掌握了初级的日本语言能力。

在异国为中国人争气

1920年2月，东京高等工业学校举行招生考试，考生应该在3小时内做完24道题。而苏步青只用1小时就全部解决了。接着是口试，目的是考查学生口头解答问题的能力，他应付自如。结果他以第一名的成绩考入日本东京高等工业学校电机系。当时许多中国人要入校，一般都要花一年半到两年半去学日文和补习一些入学考试的科目，而苏步青却创下以3个月时间的准备就进入学校的新纪录。由于成绩优异，他三次拿到奖学金。

他在这所名牌大学毕业之后又决定报考日本东北帝国大学数学系。该系招收9名学生，报考的却有90名之多。考试结果，中国留学生只有他一个人被录取，他的"微积分"和"解析几何"都得了100分，是考生中的第一名。

初进东北帝国大学时，有一次老师让学生们用一个下午的时间做题目。老师留下题目就走了，苏步青自以为了不起，一个人坐在没人敢坐的第一排。两个钟头后，老师回来，首先看他的作业，一边看一边摇头："什么东西？这根本不是数学。"这时他才恍然大悟，以前在工科大学学的数学是不严格的，不符合现代数学的精神。

于是，他除了上课外，大部分时间都在图书馆里。读到三年级时，由于国内发生战争，公费中断，生活无着落。数学系主任林鹤一每月从自己的薪水取出40元给苏步青，并开玩笑说："等你发了财还我。"后来又让他管理图书兼校对《东北数学杂志》。这期间苏步青还通过卖报及送牛奶赚取生活费。

1931年获日本理学博士学位

林鹤一还介绍苏步青到一位医科教授的家为其儿子补习数学。最后他还提议把自己教的一门课让给苏步青教,这在当时一些歧视中国人的教授看来是一件荒谬的举动,因此这提议在教授会审议时遇到反对。可是由于林鹤一的坚持,终于获得通过。当时日本报章曾登载此事并慨叹:"非帝国之臣民,却当了帝国大学的讲师。"

他在大学三年级时,在日本学士院院士藤原松三郎辅导下,用英文写出第一篇代数方面的论文。论文发表在《日本学士院纪事》上,为中国人争了光。

接着他进入大学的研究院深造,他的导师是曾留学德国的洼田忠彦(Tadahiko Kubota)教授,这位教授是日本著名的微分几何学家。在他指导之下的4年,苏步青连续发表了30多篇论文。结果在1931年得到日本理学博士学位。

他的老师是怎样训练苏步青的呢?老师对他要求严格,每周要他汇报学习情况,存在什么问题,对这些问题有什么想法。这就使他能独立思考,学会解决问题。

有一次他遇到一个难题,解不出来,就去问洼田老师。老师不直接给他答案,要他去看一本巨著——沙尔门和菲德拉的《解析几何》,这书有三巨册共2 000页。开始时苏步青觉得老师不肯给自己教导,心中有些不愉快,可是又不得不去啃这书。两年后,他读完这本书,问题解决了,而他的基础更踏实了,以后终身可受用,他这才明白老师的良苦用心。

当时他是第二个在日本获得数学博士学位的中国人,第一位是他的学长陈建功,后来两人回中国一起创办浙江大学数学系。

苏步青的数学成就

1983年日本数学学会在广岛大学举办数学年会,中国数学会代表团应邀参加,苏步青是团长,团员有胡和生教授和王元教授。

在大会上,苏步青自我总结自1926年开始的50多年的学术活动,围绕微分几何学的各专题,可大致分为5个阶段:

(1) 1926—1930,主要搞仿射微分几何;

(2) 1930—1940,重点研究射影微分几何;

(3) 1940—1950,转入以一般空间微分几何为重点;

(4) 1950—1966,主攻射影共轭网理论;

(5) 1966以后,计算几何领域。

到1983年,他已发表153篇论文,写成专著和教材10部。他被称誉为"经典微分几何学派"在中国的首创人。

微分几何是用现代的分析、代数、拓扑等工具来研究空间形式的一门学科,中国在"文革"以前,这方面的基础理论曾接近和部分赶超过世界水平。"文革"期间由于科研停顿,这方面的工作就落后了。

几何大家陈省身认为,苏步青利用几何图形奇点的特性来表现整个图形的不变量是他的工作特色。许多搞局部微分几何的学者,往往把奇点丢掉;而苏步青却从奇点来发掘隐藏的几何性质,思维方法很独特。

1987年9月23日,是苏步青85岁生日,也是他执教、研究数学60周年,复旦大学和上海数学会举行祝贺苏步青60年教学与科研的会议。在大会上他的得意弟子谷超豪说:"苏老是国际上公认的几何学权威,他的仿射微分几何和射影微分几何的高水平工作,至今在国际数学界占着无可争辩的地位。"

苏步青对中国数学学科的建设建立了功勋。在浙大、复旦,他为创建国内外有影响的学科呕心沥血,为中国教育事业的改革也做出了不可磨灭的贡献。

他从1966年以来搞计算几何,是他和学生刘鼎元把代数曲线论中的仿射不变量方法引入几何计算。他们利用这方法于船体放样,为造船工业做出了贡献,从而缩短了船体建造周期,提高了船体建造的质量,节省了材料和工时消耗。

到了1983年,他们把这些理论应用于汽车车身外形的设计。在20世纪90年代,他们又把这些计算几何的理论和方法应用到开发建筑、服装、内燃机等行业的计算机辅助设计系统上,使得设计师可以在电脑的屏幕上修改设计方案。

苏步青强调应用数学的研究。他不赞成许多数学家互不相谋,自钻在非常特殊的题目中,以致数学的整个领域呈现一片混乱不堪的无政府状态。

他认为数学要联系实际,联系中国经济发展的实际。数学与经济不是没有关系,而是大有关系,因此应该想到应用的问题。

严师出高徒

苏步青曾经说过:"鼓励学生超过自己,又对学生提出严格的要求,使他们感到有压力。这是培养学生成为数学人才的一种值得重视的经验。"

他创建了中国的微分几何学派,并培养出许多优秀的学生,其中有熊全治、张素诚、杨忠道、谷超豪、胡和生等。

他有15个学生是中国大学的数学系主任。在中国数学界有名的100多位数学家中,有30多位是他悉心培养过的学生。

在国内外从事科研及教学的著名数学家,如熊全治、杨忠道、夏道行、龚昇、秦元勋等,都是被他教导过的得意门生。

抗日战争爆发,由于日寇飞机轰炸杭州,浙江大学师生往内地迁移。东北帝国大学再次聘请苏步青回校任数学教授,而且他的日籍太太的父亲病危,也要他们火速到仙台去。他对妻子说:"你回日本吧!我要留在自己的祖国。"他的妻子说:"你不走,我跟着你,也不走。"苏步青就把刚刚分娩的妻子以及孩子送到平阳的乡下避难,自己只身和浙大西迁的队伍,跋涉五千里路,最后到达贵州省遵义的湄潭。

暑假里他回平阳,把妻儿接到湄潭,与生物学家罗宗洛同住在一所破庙里。当时穷得没钱买米,吃了几个月番薯干蘸盐巴。他有一个孩子就因营养不良,出世不久就夭折了。

可是就在这种困难的环境下,他还坚持教书及做研究。晚上就在烟熏昏暗的桐油灯下,伏在摆菩萨的香案上看书写论文,经常工作到晓鸡初啼才罢休。白天他在夫子庙里办几何学的讨论班,小小的条桌旁坐着四个学生——张素诚、白正国、吴祖基和熊全治。这四个人后来都成为有名的数学家:张素诚是中国科学院数学研究所研究员;白正国曾当杭州大学数学系系主任;吴祖基后来是郑州大学数学系系主任;熊全治曾担任美国利哈伊大学(即理海大学)数学系系主任,是国际数学杂志《微分几何》的创办人。

就是在这样的条件下,他创立了中国的微分几何学派。

1980年,他的得意门生熊全治从美国来复旦大学讲学一个月,在上海时写了一首七绝给老师:

八十超稀祝期颐,芬芳桃李满园时。
科学研讨拓荒者,化雨春风一代师。

熊全治回忆在湄潭苦学的日子,以及和老师在山洞里开几何研讨会的情景。有一次轮到他第二天在讨论班做报告,可是他却有困难,想请苏老师通融改期。

苏步青对他在最后时刻打退堂鼓很生气,觉得他不负责任,对他进行了严厉的批评。他只好回去连夜准备,结果"赶鸭子上架",第二天竟顺利地交出报告。

熊全治说:"幸亏40年前苏先生那次痛骂一顿,使我清醒过来,否则也许不会有今天这样的建树。"

他的另外一位得意学生谷超豪也有类似的经验。谷超豪(1926—2012)是浙江温州人,1943年报考浙江大学数学系,1946年直接得到苏步青的教诲。在培养学生时,苏步青重视学生的治学态度和独立思考问题的能力。有一次他拿了一篇相当艰深的论文,要谷超豪一个月内读懂。通过谷超豪的表现,苏步青知道他吸收能力强,思维敏锐,理解问题有深度,因此把他作为重点对象培养,后来指导他对"K-展空间"做研究。为了扩大他的知识面,除了让他参加微分几何的讨论班外,还让他参加陈建功的函数讨论班,后来还建议他去苏联进修和研究李-嘉当拟群。谷超豪在苏联取得了数学理学博士学位。

谷超豪在1959年回国后,除了做微分几何的工作外,还转入偏微分方程,以后又搞杨振宁的规范场论和理论物理。他还培养出李大潜和俞文魳等高徒。

谷超豪的妻子胡和生也是苏步青的弟子,在她当学生时,苏步青让她读德文版的专著《黎曼空间曲面论》,并且要她每星期汇报一次。有一次,胡和生到时没来报告,苏步青很生气地来到她的学生宿舍敲门。胡和生看到老师用严厉的眼光责备她,连忙解释,为了准备报告,熬了通宵,直到凌晨才睡,谁想却睡过头了。苏步青看桌上还亮着的灯,及摊开的书本和笔记,知道她没有说谎,可是却没有安慰她,仍然要她把报告做完。

后来她写出了"仿射共轭联络的扩充"的论文,苏步青帮她仔细修改,论文发表后,在国内外产生了相当的影响。

春风桃李,诲人不倦

从年轻一直到年老退休,苏步青无时无刻不在为培养中国的数学人才而努力。

中国在 20 世纪 50 年代向苏联老大哥学习,为了从苏联引进数学教材,本来会日文、英文、法文、德文和意大利文的苏步青开始学习俄文,并且把俄文数学书如《解析几何》《几何基础》翻译成中文,提供给浙江大学及其他高等学校作为数学教材。

到了 60 年代中期的"文化大革命"期间,他被定为"国民党残余势力"、"反动学术权威",不允许他从事教学和科研工作,但他还是想法子帮助一些想做数学的年轻人。

1969 年春天,他被安排在"理科大批判组"翻译数学资料。和他同一组的青年数学教师许永华,偷偷地告诉他自己私下研究近世代数,担心写的论文无处发表。

苏步青就鼓励他:"让他们去反对,你搞你的。有空到我家走走,也许我能帮你一点忙。"许永华就把自己的一些论文交给苏步青看。

过了几天,在一个黑夜,苏步青打着手电筒,摸黑到许永华的家,从口袋掏出许永华的论文交回给他。

许永华打开一看,论文上面多处留着老师工整的字,连一些错误的标点都改正了。

后来在苏步青的推荐下,许永华的第一篇论文在 1975 年《数学学报》上发表,其中的两个定理引起国外数学界的兴趣和重视,国外数学家称之为"许永华-富永(H. Tominaga)定理"。

1981年年初,许永华被提升为复旦大学数学系教授。

为中学教师举办讲习班

苏步青在不同场合以敢讲话而闻名。在政协委员的座谈会上,他提出要提高中国中学教育的质量,关键是提高教师的质量。

1983年他退居二线,从一些中学了解到,有的教师的数学水平不高,对学生所提的问题答错了,他觉得有必要提高教师的素质。因此,他产生了为中学教师举办讲习班的心意,指导他们用高等数学的观点来看待初等数学,以提高数学水平。

在上海市教育局和上海科协的组织下,他组织了三次讲习班,第一次讲"等周问题",第二次"拓扑学初步",第三次"高等几何",每一次有60位中学教师来听讲。

当时他已83岁,上海市教育局领导怕他身体不行,建议每次由他上一小时课,助手上一小时课,他却全部包下来。

为了准备教材,他早在半年前就动笔写,而且还拿其中的材料对复旦大学数学系部分高年级学生讲,通过观察这些学生的反应,对讲稿做修改和补充。为了便于教学,他还制作一批示教图,讲课时通过投影仪边放映边讲授。

他虽然退休,可是仍爱教书,他写道:"安得教鞭重在手,弦歌声里尽余微。"比方说在讲"拓扑学初步"时是数九寒冬,在离上课前还有20分钟,苏步青已到讲课地点上海教育学院,走进教室在黑板上画起12面体图形。

他的助手刘鼎元副教授要先帮他画,他说:"不必,我还画得动,很快就可以完成。"他能自己动手,就不假手于他人。

9时整,正式上课。他站在讲堂上,身体挺直,精神抖擞,时而比划,时而手写,洪亮的声音传遍整个大教室。

"我们试说有一位老太太,要到20个庙去烧香,庙与庙之间开辟12面体式的通道,一个庙只烧一次香,不能重复,怎样走才是最佳路线?"

他就是用这样通俗有趣的方式,把深奥的拓扑学理论介绍给中学教师。讲习班办了3个多月,每周一次讲两个小时。他把教材整理出版,这样其他不能来听讲的中学数学教师也能看到。

学员们零距离感受到一个大数学家是怎样讲课的。苏步青备课认真,讲话生动活泼,清晰有条理,黑板字一板一眼不潦草,而且懂得怎样激发听众的兴趣,使他们深受教育,深感从中可以学习优良的教学方法。

每次上完课后,苏步青都要和学员交谈,及时了解学员的学习程度。

苏步青对一些劝他不要太劳苦自己的朋友说:

"我苏步青剩下的时间都是人民的,举办讲习班就是做一点力所能及的工作。我这也只是'千金买马骨',希望能有更多的大学老师为培养中学教师做有益的工作。"

他就是这样地无私奉献于中国的数学教育。

再教育于江南造船厂

1972年,苏步青到江南造船厂去接受批判和再教育。当时他已是70岁了!

在造船厂里,工人对他还是很尊敬,称他"先生",要他给他们上与造船有关的数学课,免他去从事体力劳动。苏步青就替他们上了6个月的微分几何课。可是工人、技术员因程度不够,反映听不懂他讲的东西。

这时他反复考虑这样的问题:"为什么自己的数学知识不能直接为社会主义建设服务呢?"他后来发现是自己研究的东西脱离了实际。长期搞的是纯数学研究,从来没有接触到应用数学,真正面对实际产生的问题需要应用时却无能为力。因此他认为自己必须从头做起,深入了解问题来源。

他带了学生刘鼎元、华宣积、忻元龙等一起,爬上船台,与工人、技术员一起劳动,了解他们的实际需要。有一天,他到船体放样车间跟班劳动,了解到他们的辛苦,决心用现代科学技术进行船体放样改革。

最后他成功地和工人、技术员合作,把数学方法运用于船厂的技术革新。

他到上海工具厂工作,又为大家讲"微分几何"。

在"文革"期间,有许多不相识的年轻人写信给他,并寄给他论文,他偷偷写信去鼓励他们,并记下一些有才能的年轻人名字和地址。"文革"结束后,他推荐这些人去读研究生,这些人中有些成了后来中国数学界的精英。

写诗和数学研究

苏步青小时放牛,在牛背上背诵《千家诗》和《唐诗三百首》,古代诗人的写作技巧及"诗中有画"的意境使他钦佩不已。比如王维的"大漠孤烟直,长河落日圆",把整个塞外壮丽景色呈现面前,而且对仗工整,令人觉得中国文字的意境之美。温庭筠的"鸡声茅店月,人迹板桥霜"这两句诗只有名词,而没有动词,却把乡野的冷清描绘得如画一般。

可是由于后来相信科学能救国,从中学毕业以后的二十年间,几乎不读文史诗词,一直到抗日战争时,他才开始常吟诵唐宋诗词,连清朝的《二十四家词集》在没有标点的情况下也通读了一遍。

这时他写了不少诗,填了一些词,例如在1938年底,他为躲避日寇,全家搬到家乡水头小南浦底的亲戚家居住,晚上听到燕子搏翼的声音,第二天就写了《燕子》一诗:"燕子来何处,深宵宿我家。声嘶知路远,翼破想风斜。故里堂今废,新巢愿尚赊。江南云水足,莫再向天涯。"

1940年宾阳失守,匆忙出宜山,晚上抵达六寨已是除夕,他怆然写了《己卯除夕》一诗:"瘴云蛮雨绕危楼,岁暮边城动客愁。画角声声催铁血,烽烟处处缺金瓯。贾生有泪终空洒,柳子安愚欲久留。梦里江南茅草岸,垂杨何日系归舟?"

他通过写诗词,表达对日本侵略者的愤怒,表现流离失所的痛苦,以及对抗战必胜的信心。他看到中学生有投身从军者,就写诗赠送:"屏障洛阳犹被遮,几多壮士上轻车。中原逐鹿猖夷骑,东土睡狮警塞笳。不是空言能救国,终期胜战早还家。书生事业今仍在,漫把戎衣得意夸。"

在四处逃难、流离失所的抗战时期的一个端午节,他写了这样的诗:"今节又重午,年年感慨多。空传哀楚赋,不见汨罗人。缠粽金丝细,浴兰香汗匀。龙舟何处觅,故里尚沉沦。"

在1986年时,有一个记者问他:"您是研究数学的,偏重逻辑思维,而诗歌是属于形象思维,写诗和数学研究有何相通之处呢?"

他回答:"这个问题,实际上是数学和诗歌的关系问题。我认为,数学是数学,诗歌是诗歌,两者截然不同,但它们今时体现在我身上,自有我的体会:

其一,搞数学的人,不能整天在数学里打圈转,我喜欢在休息的时候读点诗词,借以调节大脑的作用,像听一段轻音乐一样。

其二，数学是讲究逻辑推理的，诗歌也不能没有逻辑性。别的不说，押韵和平仄，就很有规律。不讲究格律，诗的味道就大为逊色，就会变成'味同嚼蜡'。

其三，读诗、写诗仅仅是我的业余爱好，并不妨碍科学研究的时间。"

事实上，苏步青就是靠读诗、写诗来作为生活的调剂，不管是在学校、宿舍，还是出差外地，旧体诗集常常陪伴他，给他增添生活乐趣。他爱喝酒，可是他说每当读到好诗佳句，就觉得味醇美甘甜，胜过绍兴陈酒。

台湾行

1945年9月，苏步青以接收委员的身份去台湾接收台湾大学，同去的有罗宗洛、蔡邦华、陈建功等。

当他知道要被派去台湾接收台大，就写了一首诗："乘槎汉使日边来，祖国旌旗岛上开。惟有夷兵三十万，一齐掉泪望乡台。"他在上海等了半个月，才东渡到台湾。

来到台北看到日本人的酒家，他写道："岛国南来路几千，轻车夜系酒家前。绿灯商女知何事，犹舞东流旧管弦。"

他听当地人讲三百年前郑成功反清复明的史事，就写下："古灯台下海云生，海鸟归飞入废城。国姓爷来三百岁，行人多少立安平。"

1946年3月苏步青到台湾，他写道："蜀云黔雨久离居，竹席纸窗三月余。望隔层楼青椰子，潮生曲水赤鲷鱼。心悲形役聊从俗，老被人嘲尚读书。惟有归欤新赋好，宁忘安步可当车。"

从台湾回大陆,他乘飞机从台北到上海。在飞机上看到底下"美丽宝岛"的景色,他写了两首诗:

"一机起东海,双翼拂烟霞。过眼乡关隔,回头岛国赊。云藏青雁荡,雨湿古龙华。未必无愁思,薄寒江树斜。"

"不尽河山影,都从足下生。天开云路阔,翼顺雨丝横。破浪其他日,乘风快此行。太虚如可极,稳坐胜长鲸。"

1949年,国民党当局撤退时,给他两张飞机票要他到台湾去,可是他却留在大陆,他要迎接新中国的到来。

苏步青的大哥苏步皋小时读书成绩很好,都以第一名毕业于平阳县立第一高等小学及浙江省立第十中学。他少年时代到日本著名的东京工业大学留学,由于成绩优异,获得该校创立25周年纪念奖。毕业后在日本纸厂实习,苏步青去日本读书,大哥可说是带路人。

步皋回国时先在上海、杭州的造纸厂工作,以后任军政部上海兵工厂、制药厂技师兼代主任,专门制造无烟火药。在北伐时,他多有发明,供应军需。1937年卢沟桥事变,他创制人造汽油,供给国军使用,以后任浙江省化学工厂厂长,创制三酸硝碱,在军用和民间工业方面贡献很大。

抗战胜利后,台湾光复,苏步皋应台湾省长官公署的邀请,到台湾工作。最初在台湾林业试验所,后任工矿公司高级工程师,以及台南油料厂、沙鹿油脂厂及南港橡胶厂等厂的厂长。

苏步青在浙江大学任教期间,教授微分几何学共16年。为了备好课,他总是把最新的研究成果写进教材。例如在1928年外国的一些新成果,就已被他写进1931年的讲义中。

当年浙江大学草创时期,数学参考书极其匮乏,他为了学生研究的需要,曾利用暑假去日本,在母校的图书馆里一字一句地抄回来48篇论文,足有20多万字。以后他就靠这些资料从事研究及带领学生。

1948年,他的讲义《微分几何学》由正中书局出版,陈省身还为此写了英文介绍说:"这是一本少有的微分几何教材,它对培养数学人才必将发挥很大的作用。"

事实上,这本书在台湾长时期被用作微分几何的课本,像项武义等数学家在年轻时都受到这本书的启发。

1988年,该书被翻成白话文重新出版,一本数学教科书四十多年后仍发挥作用,实属少见。

养生之道

苏步青幼年由于家境贫寒,营养太差,身体瘦弱,进入浙江省第十中学念书,就参加足球运动以锻炼体质。到了日本读书,尽量参加大学的体育活动:打乒乓、打网球、划船、溜冰、摩托车越野等。

他知道从事数学研究的人,往往坐的时间长,思考问题的时间多,没有健康的体魄很难持久工作。因此不管在什么时候和环境,他都坚持锻炼身体。

他在75岁之前,不管春夏秋冬,每天都要用冷水洗身。即使在冬天零下5度的天气,也要淋洗5分钟冷水,然后用毛巾把全身擦红。因此他很少感冒。

每天早上一起来,他就练习

苏步青在游普陀山时写的诗歌

"练功十八法"。天晴则在户外环境幽静、空气清新的地方练;遇到下雨就在室内或避雨的走廊练,每天坚持不懈。因此他走路轻快,到了80岁时,上五六层的楼房也不喘气。

除了练功之外,他每天还坚持步行两三公里。

他的身体健康情况真是令人吃惊:84岁之前没有住过医院,牙齿坚固,没有掉一颗或补一颗,88岁还可以爬上黄山。

他自己说几十年来坚持体育锻炼,并不是为了求长寿,而是把锻炼身体与为祖国的事业联系在一起,有了好身体就可以为国家的科学、教育事业多做点工作。他在81岁退到二线之后,觉得自己有余力,提出为上海市的中学数学教师举办培训班,以提高高中数学师资水平。

苏步青退休后当复旦大学的名誉校长,每天总要到学校去,从家里步行到复旦大学,来回行程约两公里,他每天就是安步当车,从不间断。晚饭后,还要带着小孙子在住宅四周走几圈。

如果外出开会,他往往就绕宾馆或者会场散步,以这种运动来休息,说既可放松精神,也可以促进血液循环。

他在1975年底曾患脑血栓,右手、脚都出现瘫痪症状。这20年来,除了按时服用丹参等中药外,还在晚上睡下和早晨起床前做按摩保健功。

每天早晨起床后,他吃一碗稀饭、一个鸡蛋和一杯牛奶,每天还要喝一两优质白酒,以促进血液循环。

日常饮食他坚决不吃动物内脏,当然他也认为人要保持健康,就必须品尝各种食物,不可偏食,这样才能获得比较全面的营养。他对吃抱着这样的看法:"不愿吃的东西要吃一点,喜欢吃的东西要少吃一点。"

他说"练功十八法"是很普及的保健功,许多人都会做。如果要看这功的效力就必须做到常年不懈,不能三天打鱼、两天晒网。

对年轻人的期望

苏步青从事数学教育近 60 年,一直刻苦学习严格要求自己,也严格要求学生,他说:"要多读书,要精读,学了就用,用中再学,使学生尽快超过我。这些年来,一批又一批的人才被培养了出来,人家说'名师出高徒',不,是'严师出高徒'。高徒多起来了,就把我这个老头奉为'名师',那就是:高徒出'名师'。"

在 1987 年的教师节,他感慨赋诗一首:"三秋回首感怀深,转瞬教师节又临。改革九州红胜火,铺基四化贵于金。为民服务倾全力,举国勤培惜寸阴。欲尽余微垂老日,树人犹是百年心。"

在 20 世纪 80 年代,个别杂志和中学教师由于数学知识水平不够,向学生宣传三等分任意角的问题是一个还未解决的几何问题,有些中学生居然发现了能三等分角的方法,于是寄信给苏步青要求他帮助审稿,这种信多达 300 多封。苏步青只好写信、写文章告诉这些数学爱好者,不要在这个问题上浪费时间,这个问题早已用近世代数的理论解决了。

在"文革"时,有许多青少年没有读书学习,后来要学习却困难重重,有些人受到挫折就妄自菲薄。

苏步青鼓励他们:"青年人,一时落后了,不要怕。后来居上,历来都有嘛。我欣赏《三字经》上说的:苏老泉,二十七,始发愤,读书籍。这个苏老泉,一直被耽误到 27 岁才读书,后来可是大文豪啊!名列唐宋八大家。

年轻人千万别自惭形秽,只要花出极大的努力,经受艰巨的考验,具备一定的条件,人人可做苏步青,而且超过苏步青。这是一定的。"

他鼓励学生热爱科学,要有献身的精神,他曾幽默地说:"学问主要在乎你喜欢不喜欢。如果真正喜欢的话,总是有时间来钻研的。你们瞧,为什么青年人再忙总抽得出时间来谈恋爱呢?这就是因为喜欢。"

他鼓励年轻人应该兴趣广些,不要生活太枯燥,索然无味,无论以什么为职业,都应当懂得各方面的基本知识。

他说:"基础很窄的人派不了多大的用场;兴趣太偏,对专业不利,所谓'高而细,则易倒也'。"

他曾经写了一首七绝:"历史长途走不完,高山外有更高山。直须磨尽皮和骨,养大儿孙好接班。"

20世纪90年代,随着经济改革的不断推进,拜金主义、享乐主义向青年人侵蚀,以前聪明的学生要读数学,现在却反过来不想念数学了。而一些人还用"穷得像个教授,傻得像个博士"这样的俏皮话来表达"读书无用论"。

对一些短视的年轻人,他希望他们认识到"为学应须毕生力,攀高贵在少年时",风物宜放长远量,不要追逐虚浮的享乐主义。

6 中国数学史家钱宝琮

积人积智几番新,算术流传世界珍。微数无名前进路,明源活法后来薪。存真去伪重评价,博古通今孰主宾。合志共谋疑义析,衰年未许作闲人。

——钱宝琮

小鸟无大志,亦无身外欲。翱翔数仞间,迎风避炎燠。掠水惊渊鱼,濯足波心碧。倦飞入林去,一枝栖已足。燕雀各自适,何必羡黄鹄。

——钱宝琮,1935年

中国算学与印度、阿拉伯、日本及西洋各国算学均有授受关系。

——钱宝琮

人类有"求真、求美"之天性,则有科学、艺术。中国士人知真、美之可贵,当以为真和美不宜分离。

——钱宝琮

正和欧美教材有其优点和缺点一样,苏联教材也有它的优缺点。现在把苏联教材捧上了天,似乎好得不能再好;把欧美教材踩下了地,坏得一无是处,这种不加分析的态度,我就不赞成。

——钱宝琮20世纪50年代初对于教材问题的发言

在学术上并不存在青年人、老年人的关系,应该展开争论。如果什么都听老年人的,那么就会一代不如一代。老年人也不应该以长者自居,不肯听取青年人的意见。当然,老先生可能有些经验,这是应该尊重的。

——钱宝琮20世纪60年代对弟子何绍庚的谈话

李约瑟推崇的杰出人物

钱宝琮

钱宝琮(1892—1974),字琢如,浙江嘉兴人。中国数学史专家,数学教育家。中国古代数学史和中国古代天文学史研究领域的开拓者之一。1907年,他考入苏州的江苏省铁路学堂土木科。1908年,他抱着"科学救国"的愿望考取浙江省公费留学生,到英国伯明翰大学学土木工程,那时才16岁。1911年6月,钱宝琮获得理学学士学位,并就读于曼彻斯特工学院建筑系。但因家境问题未能继续读研究院课程,于1912年2月回国。

回国后,钱宝琮曾先后在多所大学任教,而且很快就从工程领域转向了数学教育领域,并于1928—1929年任浙江大学数学系首任系主任。27岁开始对中国数学史产生兴趣。他一头扎在数学古籍中,翻译《九章算术》,考据宋元数学,探究节气变化。

最早用科学研究方法研究中国数学史的不是中国人,而是美国的史密斯(D. E. Smith)和日本的三上义夫(Mikami Yoshio,

1875—1950)。1912年史密斯在美国《科普月刊》(The Popular Science Monthly)上发表了短文"中国数学",第二年出版的史密斯和三上义夫合著的《日本数学史》(A History of Japanese Mathematics)中提到了中国数学史,而三上义夫的名著《中国和日本数学的发展》(The Development of Mathematics in China and Japan)最早系统论述中国数学史。此书是三上义夫的代表作,于1913年以英文出版。全书47章,分为两部分:第一部中国数学史21章,内容包括《周髀算经》、《九章算术》、《海岛算经》、刘徽割圆术、《孙子算经》、《张邱建算经》、《五曹算经》、《夏侯阳算经》、杨辉、秦九韶、《数书九章》、李冶、朱世杰、《四元玉鉴》、《数理精蕴》等。

三上义夫生于日本广岛县的一个地主家庭,幼年酷爱数学与语文。早年入学东北町大学附中,中学未毕业就考入东京数学院学习数学,阅读了一些英文、德文数学书籍。1905年转而研究日本数学史和中国数学史,饱读汉文和古籍。1911年入东京帝国大学哲学系。1913年用英文发表其成名作《中国和日本数学的发展》,影响了中国中算史的奠基者李俨和钱宝琮等人。他为促进中国和西方的数学文化交流做出了重大贡献。

三上义夫

那时中国有一个搞铁路工程的工程师李俨(字乐知,1892—1963),由于喜欢中国数学古籍,平日搜购钻研,想修治中国数学史。他曾在1915年写信给史密斯,打算和他合编英文的中国数学史,可惜第一次世界大战爆发,这计划只好中止。1916年,他发表了第一篇数学史论文"中国算学史余录",三年后另外一篇重要论文"中国数学源流考略"发表。李俨在1917年论及以往的中国数学史研究时说:"吾国旧无算学史。阮元《畴人传》略具其雏形,可为史之一部,而不足以概全。"而且,"顾吾国史学,往往于一人之生卒年月略而不详。有清一代诸畴人,多仅记其事迹而略其时代。"

李俨的《中国算学史》　　　1928年钱宝琮给三上义夫的信

差不多同时,从英国留学回来的钱宝琮喜欢中国数学古籍,也对中算史兴趣浓厚。2002年陈省身说:"钱宝琮先生是有名的中国数学史家,专治中国算学史,在这方面是很有创见的。钱先生又是著名的数学教育家,是我大学的启蒙老师。"

1927年4月,在南开大学任教的钱宝琮,收到了李俨先生的来信。我们可以从钱先生的回信中,得知这两位中国数学史研究先驱当时的研究心得与成果:

乐知先生:

　　八年前于《北大月刊》,得读大着,欣慰无已!琮之有志研究中国算学,实足下启之。数年以来,考证古算,得有寸进,皆足下之赐也。复经茅以升博士、裘冲曼先生、郑桐荪先生通函介绍,足下曾两次惠书,琮实无状,未为一复。陈世仁《开方捷

法　弧矢割圆》一册,去夏琮于暑假回南时托人抄写代寄,既付邮局矣。以所托之人,未将尊处地点写明,未得送达,退回敝处。琮返校后,又以时局不靖,恐有遗失,因循未寄。疏懒之罪,琮何敢辞!今足下复欲以大着《算学史》原稿,不耻下问,更使琮惭愧无地。俟大稿自北京寄来后,当拜读宏论。敢竭驽钝,略贡刍荛,以赎前愆,未悉执事能许之否也。琮十年以来,从事搜集中国算学史料,为写中国算学发达史之预备。最初以为中国算学,头绪纷挐,宜由分科研究入手。故有《方程术》、《百鸡术》、《求一术》、《计数法》、《周率研究》等篇,录登《学艺》杂志及《科学》杂志,以提倡中国算学史料之考证。继以算学全史不甚明了,则所述各科源流,支离割裂,不能免误。琮以前在《学艺》发表诸文,今日再为覆视,觉遗漏及武断处甚多。皆宜再事修正。故近年有所撰述,皆未发表。最近以科学社及南开大学理科之要求,勉将《〈九章算术〉盈不足术流传欧洲考》及《明以前中国算书中之代数术》二篇分别送出,不久当可公诸同好也。尝读东、西洋学者所述中国算学史料,遗漏太多,于世界算学之源流,往往数典忘祖。吾侪若不急起撰述,何以纠正其误!以是琮于甲子年在苏州时,即从事于编纂中国算学史全史。在卢永祥、齐燮元内战期内撰成《中国算学史》十余章。乙丑秋来此间教读。理科学生有愿选读中国算学史者,琮即将旧稿略为整理,络续付油印本为讲义。每星期授一小时,本拟一年授毕全史。后以授课时间太少,不克授毕。故讲义只撰至明末,凡十八章,印就者只十六章,余两章虽已写成,而未及付印。

……琮年二十,毕业于英国伯明翰大学之土木科。回国后本拟于工程界服务。然以机会屡失,未能如愿。民国元年以后,任苏州工业学校教员。最初担任土木工程课程。后乃改教算学。对于纯粹算学之研究,琮本无甚根柢。中国旧学如文字校勘、经史训诂、历史、舆地、天文历法等学问,尤属门外汉。近十年来以研究中国旧算学有兴趣,且知欲研究中国算书,非从考证入手不可。故于诸种旧学,未敢自弃。皆稍稍涉猎,以图寸进。友朋中同好者甚少。偶有一得之愚,竟无可与商酌者。知有西算而不知中国有算学者,无论矣。前辈先生中略知中国算法者,往往不事考证,知其流而不能溯其源。精于训诂史地者,复于数理之事非所素习,皆不能为琮助也。此琮所以有编纂中国算学史之心,而付梓则尚需稍待时日,徐图改善也。辱承以大著下问,拜读后定可得益不少。琮数年来未能解决之诸疑问,当可迎刃而解矣。拙稿虽未写定,似亦不宜久秘,兹特捡呈一份,并附注最近意见数条。乞便中逐条教正,俾得交换知识,而收集思广益之效。尚希时赐玉音,以匡不逮。幸甚幸甚!《开方捷术》一册挂号寄呈,藉作贽敬,亦请哂纳。专此布陈。顺候撰安!

钱宝琮顿首
(民国)十六年四月二十九日

英国著名的中国科技史家李约瑟(Joseph Needham)在他的巨著

1964年,李约瑟夫妇访问北京,受到郭沫若(前左三)、竺可桢(前左二)和钱宝琮(后左一)等人的会见(照片由英国李约瑟研究所友情提供)

《中国科学技术史》一书里谈到数学的部分时对钱宝琮推崇万分:"在中国数学史专家中,有两个杰出人物,一个是李俨,一个是钱宝琮。钱氏的著作,在量的方面虽不及李氏多,但同样是优秀的作品。"

著名数学家吴文俊院士1992年在《纪念李俨钱宝琮先生诞辰100周年国际学术讨论会贺词》中指出:"李俨、钱宝琮二老在废墟上挖掘残卷,并将传统内容详作评介,使有志者有书可读有迹可循。以我个人而言,我对传统数学的基本认识,首先得于二老著作。使传统数学在西算的狂风巨浪冲击下不致从此沉沦无踪,二老之功不在王、梅(指清初天算大家王锡阐、梅文鼎)二先算之下。"又说:"几乎濒临夭折的中国传统数学,赖王梅李钱等先辈的努力而绝路逢生并重现光辉。"

出身不富裕的家庭

钱宝琮生于光绪十八年(即1892年)。祖父钱笙巢原来是小商人,后经商致富,购买了田产并开米行、油行。他生了五男一女,钱宝琮父亲迪祥排行最小,只读过私塾,以后成人从未工作,靠所分的二百多亩田产田租过活,并不富裕,后来供养钱宝琮及弟、妹上学,还要靠向亲友借贷才能维持。

钱宝琮

钱宝琮的母亲陈兰徵,略识文字,为人淳朴,待人宽厚。钱宝琮的父亲虽然是一个小地主,可是经常阅读上海的《新闻报》和一些进步报刊,以了解国家大事和世界潮流,思想比较开通,相信"维新能救中国"的道理。他希望自己的孩子长大之后,要学习新知识,学习科学,熟悉"洋务",最好做一名工程师，为国家振兴实业。因此宝琮和他的弟妹从小就到新式学校去受教育。宝琮6岁在私塾开蒙，读过《论语》《孟子》等古代典籍，也学过算术、地理、历史、英文等新课程。

1903年，11岁的他考入嘉兴府秀水县学堂学习，至1906年冬达相当于旧制中学毕业的程度。1907年春又考入苏州的江苏省铁路学堂土木科，学习成绩优异，时常获奖。在那里他曾参加抗议清政府丧权辱国借款筑路的运动。

1908年夏天，浙江省第一次招考20名留欧美的官费生，钱宝琮参加考试因数学成绩特优而被录取，那时才16岁，是年纪最小的一名。9月，与后来成为各界英才的翁文灏、胡文耀、徐新陆等8位考生由上海启程，搭乘"利照"号大轮赴欧洲。他10月初进入英国伯明翰大学土木工程系，当时英文还讲得不好，可是他却跳级进入二年级学习，令当时一些英国人觉得惊异。他不到3年就毕业，获得理科学士学位。在回国之前，他又到曼彻斯特工学院建筑系学习，但因家境问题未能续读研究院课程，于1912年2月回国，当时他还不满20岁。

最初他先在杭州的浙江省民政司工程科任职，想谋取工程师职位，后愿望未能实现。他年纪轻不善官场应酬，又不想做官，遂即自行离职往上海南洋公学（现上海交通大学前身）附属中学任数学教员。同年8月，经唐在贤介绍到苏州的江苏省立第二工业学校（后改组为省立苏州工业专门学校）任教，讲授土木工程兼代土木工科主任，一年后辞去代主任职务。1916年前后，学校增加数学课程，钱宝琮自荐兼教初等代数。此后，他教数学的兴趣越发浓厚，至1920年他在校每周20学时课就完全是教数学了，并且兼任该校附属高中部教务主任，兼教高中数学。1925年8月，经姜立夫介绍，北上天津任南开大学数学系教授，开设微积分、微分方程、整数论、数学史和初等力学等课程。

怎么会对中算史产生兴趣

此时,钱宝琮已在从事中国数学史研究。他自己曾说:"1919年的五四运动大大启发了我。我到书店去买新出的杂志看,并且买全部再版的《新青年》,尤其喜欢看胡适、钱玄同等的文章。我那时忽略了陈独秀、李大钊等的文章……我得到了'新思想'后,推翻以前的'保存国粹'的想头,渐渐知道'整理国故'、'发扬国学'的必要。努力学习清代汉学家的考证工作,准备研究中国古代数学的发展历史。"他常到书店收集中算古籍,为研究中国古代数学的发展历史做准备。

20世纪20年代初,钱宝琮陆续有研究论文问世。"九章问题分类考"、"方程算法源流考"、"百鸡术源流考"、"求一术源流考"、"记数法源流考"和"朱世杰垛积术广义"6篇分科探讨源流的论著,发表在1921年和1923年的《学艺》杂志上,这是他最早的一批数学史研究文章。

中华学艺社于1927年决定将此6篇作为该社第15期学术汇刊,以《古算考源》书名出版。1928年他在《古算考源》一书的序里提到:"宝琮年二十,略知西算。任教苏州工业学校时,偶有旧书肆购得中国算学书数种。阅之,颇有兴趣。遂以整理中国算学史为己任。"钱宝琮又撰写了《校正与增补》7条,附录于那6篇之后。1930年6月商务印书馆发行了该书,并于1933年和1935年两度再版。

钱宝琮年轻时怀着"科学救国"、"教育救国"的想法,对明朝徐光启论说中国数学从唐元开始衰退,一直到明朝而不振,感慨万分。他认为:"在五百年前我国尚为世界一先进国家,至今则近世科学不能与西洋各国并驾齐驱,文化落后为天下笑。"并对这个问

 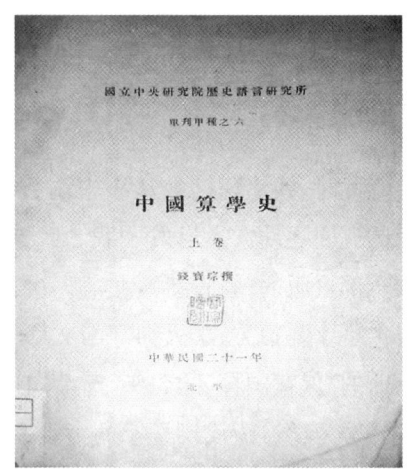

钱宝琮的第一部数学史专著《古算考源》(1930年第一版)　钱宝琮《中国算学史》上卷(1932年出版)

题之根源做了探讨,如"中国人自发之科学知识,皆限于致用方面而忽略纯粹科学之探讨。中国四千年真积力久之文化,大致与罗马帝国文化趋向相同,而缺少古希腊人与文艺复兴时代以后之欧洲人学术研究之精神"。他还试图提出解决问题的"办法":"文化界工作者当知埃及、巴比伦、希腊、罗马各国学术之所以始盛而终衰,欧美列强及日本之所以崛起于近世,勿再以'中学为体,西学为用'为口头禅,则文艺复兴之期当不在远。"他认为数学的发展不可能是孤立的,与其他学科像天文历法都有关系,因此他写了"甘石星经源流考"、"太一考"、"汉人月行研究"、"论二十八宿之来历"、"授时历法略论"、"盖天说源流考"、"从春秋到明末的立法沿革"等重要论文。

此后,他继续在中国数学史和中国天文学史领域辛勤耕耘数十年,获得了丰硕的成果,为中国科学史这一学科的建设和发展做出了巨大的贡献。他虽痛惜中国古代数学的辉煌难以为继,却坚决尊重学界规则,反对将一般形式的"勾股定理"的发现权归中国古人。

任南开大学数学系教授

1925年8月,经姜立夫介绍,钱宝琮结束了他苏州工业专门学校13年的教学生涯,接受张伯苓校长的聘书,担任私立南开大学算学系教授。姜立夫(1890—1978),浙江省平阳县人,数学教育家,南开大学数学系的创始人,曾任中央研究院数学所所长。

这年秋天,南开大学科学馆"思源堂"落成,于校庆6周年纪念日开幕。"科学馆之设立在中国为创举。"南开大学也经"胚胎"、"发育"的初创阶段,转向"成长"的发展时期。是年,教育部视察员来校视察设备、行政、教员、学生、经费、校风等后,在北京《晨报》对记者"总评"南开:"就中国公私立学校而论,该校整齐划一,可算第一。"南开大学《理科学会周年纪念册》对那两年算学系的情况则有如下记述:

姜立夫

"十四十五年间理科学生人数逐渐增多。算学为理科各系基本学程,教授时间不敷分配,乃先后增聘靳荣禄及钱琢如两先生。靳先生留校半年,曾授实变函数论,惜授未毕,以事他去。犹幸钱先生继来,添授中国算学史及整数论等,均受同学之欢迎,姜先生始得休息之机会。姜先生来校六年,操劳过度,甚感疲乏,是年秋乃应厦门大学之聘,告假一年,藉以调换空气。在此期中算学功课由钱先生及教员申又枨先生分担。"

由此可见:钱宝琮的到来,对当时的算学系说来,可谓"雪中送炭",改变了南开大学算学系"一人一系"的局面。靳荣禄在20世纪60年代以靳宗岳的名字在新加坡南洋大学数学系教书,曾担

钱宝琮1927年摄于天津

任过系主任。

1925—1926学年,姜立夫和钱宝琮共事甚欢。姜讲授平面解析几何学、高等微积分、复变函数论,钱讲授代数方程解法、最小二乘法和中国算学史。两位教授协作共为理科学生讲授初等微积分,钱还接替原由靳荣禄、刘晋年所任的初等解析算学。这一年,钱宝琮每周最多9学时课,时间比较充裕,于是编写出《中国算学史讲义》并出版了油印本。他的中国算学史课讲述"中国自上古至清末各期算学之发展,及其与印度亚拉伯(今译阿拉伯)及欧洲算学之关系",很受学生欢迎。

江泽涵听过这门课。他毕业后随姜立夫到厦门工作时,曾给钱先生写信向他请教,说想跟钱谈教学史的问题。钱宝琮后来给江复信,说:"你暂时不要谈,不要搞数学史,你还是忙你的吧!"半个多世纪后,江泽涵回忆说:"所以我把学习中国数学史搁下来了。不过,想学点数学史的念头,从那时就有了。"

钱宝琮在南开,先后开设了代数方程式解法、微分方程式解法、整数论、最小二乘方术、初等和高等微积分和初等力学、初等解析算学等课程。当时在南开一起教书的还有饶毓泰(1891—1968)、杨石先(1896—1985)、蒋廷黻(1895—1965)、汤用彤(1893—1964)、徐谟(1893—1956)、竺可桢(1890—1974)、范文澜(1893—1969)等。当时南开大学数学系以脚踏实地见长,培养出陈省身、江泽涵、吴大任、申又枨等不少著名数学家。

苏步青说:"在豺狼当道、军阀误国、帝国主义列强劫掠中华的苦难岁月里,宝琮先生经常在课堂上用生动的语言、典型的事例,满腔热情地宣讲中华民族的悠久历史和灿烂文明,介绍中国古代光辉的数学成就,教育学生正确认识我们的伟大祖国,珍视中华民族优秀文化传统,鼓励学生奋发图强,争取成为对祖国繁荣昌盛有所贡献的有用之材。既教书又教人,结合教学培养学生的爱国主义思想,正是他教学工作的一大特色。"他还说:"宝琮先生数学教学工作的另一特色是重视实际,重视计算。他讲授微分方程,不仅教给学生复杂的数学理论,还阐述微分方程怎样来自实际,它的解又有什么物理意义,使学生获得比较全面的知识。一般教师谈到求代数方程的近似根问题,经常取整系数方程作示例。而宝琮先生认为实际问题很少恰恰有系数为整数的情形,因而喜欢采用系数为小数的题目,藉以提高学生的实际计算能力。在当时风气偏重理论的情况下,这种理论联系实际培养基本技巧的想法和做法,是非常难能可贵的……"

钱宝琮很注重教学方法,特别是非常注意调动学生学习的自觉性和主动性,善于启发学生自己的思路。他讲课深入浅出,通俗易懂,旁征博引,把比较枯燥抽象的数学内容讲得透彻生动,饶有风趣。

苏步青还这样评价钱宝琮:"在平常与学生接触时,宝琮先生平易近人,有说有笑,谈古论今,妙趣横生,使学生对他怀有浓郁的亲切感。这种十分融洽的师生关系,是搞好教学工作的重要基础。"

钱宝琮这时加强了关于数学中外交流史的研究。他为南开中学高中丙寅班数理化学会所作的演讲"印度算学与中国算学之关系",就刊载在1925年12月的《南开周刊》上。他认为,中国古代数学是世界数学史的一部分,它曾通过印度和阿拉伯传到欧洲,对世界数学的发展做出了贡献。因此,研究中国古代数学史必须把这个问题弄清楚。1927年6月,他在《科学》月刊上发表"《九章算术》盈不足术流传欧洲考"也是由此出发的。钱宝琮的研究实事求是,影响深远。他主编的《中国数学史》于1964年出版。其中,曾用一章篇幅论述并连举出14项证据,证明印度数学曾经受到中国数学的影响。这个论断,近一二十年已逐渐为国内外学者所接受。在南开大学时期,他还进行了有关天文历法的研究,其成果在20

世纪三四十年代相继问世。

这一时期，钱宝琮一人住南开。他有时去宙纬路的嘉兴同乡——老同学陈宝桢家。钱宝琮和陈宝桢是旧时同学，所以常去陈家。一次，他看到陈之长子陈省身读的数学课本有霍尔和奈特的《高等代数》，觉得陈省身数学程度不差，便用嘉兴话说："这先生是考究的。"并鼓励陈省身投考南开大学。他对陈省身说，"可以同等学力资格，直接投考南大一年级。"陈省身采纳了这一重要建议。

20世纪60年代，陈省身已成为国际著名的数学大师，他在台湾回忆少年往事曾经说过："因为只上过四年中学，北洋只准我考预科，南开却许我考本科，等于跳了两班。这自然对我后来之进南开，有很大的关系。"

1926年秋，姜立夫去厦门大学任教。这时吴大任、陈省身等人考入南开大学理科，都成为钱宝琮的学生。钱宝琮是算学系唯一的教授，他1926—1927学年讲授了初等微积分、高等微积分、微分方程、整数论和初等力学五门课。陈省身先选了他的初等微积分，不久因怕做化学实验，退选定性分析，又选其初等力学。陈说自己"惟每跟数学有关"的课就没有困难，因此学得轻松、主动。吴大任则有记述：当时算学系图书甚丰，"中算旧书约五百册"，"钱琢如先生担任算学史，来校已历二年，师生相得甚欢"。这一学年初，理科同学的"科学研究会"改组为"理科学会"，凡理科同学皆为会员。与此同时，理科教授组织的"教授学术讨论会"，亦于每两星期举行一次。"其内容为各教授将各人研究心得，或将科学界近状作有系统之研究，宣读于众，以作讨论资料，其目的在欲为将来进行科学研究先树基础。"杨石先教授开"首讲"后，钱宝琮于10月21日作题为《余分记法之源流》的第二次演讲，邱宗岳、饶毓泰、李继侗、陈问聃、竺可桢诸教授均相继报告研究心得。翌年5月，钱又作"金元之际中国代数术"学术报告。他孜孜不倦地在南开致力科学教育和研究工作两年，令师生难以忘怀。

钱宝琮教书善于启发学生的思路,能把枯燥无味的数学,用深入浅出、通俗易懂的方法,再加上幽默的语调,讲得生动有趣。

他对学生要求严格,好学生、好的学习方法及解题方法,一定在课堂上表扬。对一些学习马虎的学生,写的科学作业中若有文句不顺或写错别字,也要受到他的严厉批评。但平时与学生接触,他却平易近人,有说有笑,关心他们。

在浙江大学任教

1927年9月,钱宝琮与竺可桢、汤用彤等同去南京第四中山大学(后改为中央大学)工作,任数学系副教授。后因对于大学里的派系斗争感到厌倦,又经姜立夫介绍,于1928年8月转任杭州浙江大学文理学院数学系副教授,后升任教授,其间于1928年起任浙江大学数学系主任,为浙江大学数学系的创建和发展,做出了重要贡献。但仅任职一年即行辞去这一职务。钱宝琮在1928年参加筹建第三中山大学文理学院(这是浙江大学的前身),并担任首届数学系主任。浙大学子、科学史家许良英先生在给钱宝琮之孙钱永红的信中写道:钱宝琮"早年留学英国,学的是工程,回国后教数学。浙大1928年设立文理学院后,聘他为数学系主任。以后陈建功在日本获数学博士,你祖父把数学系主任让给他。几年后,陈建功又把系主任让给更年轻的苏步青。你祖父开的这个好头,令人钦佩。你祖父给我的印象是淡泊名利,朴实无华,体现了一个真正科学家本色"。

1939年,学生张素诚、方淑姝、周茂清和楼仁泰在广西宜山毕业,钱先生欣然赋诗《欢送数学系毕业同学,以四生姓氏为韵》,以祝贺陈建功、苏步青两位教授桃李天下。他还亲笔书写此诗分送四生。诗中也反映了浙大"西迁"的艰苦,对学生寄予厚望:

象数由来非绝学,群材挺秀我军张;天涯负笈传薪火,适意规圆与矩方;

黉舍三迁乡园异,师门四度日星周;竿头直上从兹始,稳卧元龙百尺楼。

经过钱先生和后来校方聘请的陈建功、苏步青等先生近10年辛勤耕耘,浙江大学数学系颇具规模,享誉国内外。

在抗日战争时期,浙江大学在校长竺可桢(1890—1974)的带领下,被迫四次西迁。他们曾到过江西的泰和、广西的宜山及贵州的遵义、湄潭等地。竺校长带领七百多位师生,艰苦万分,每到一地,因地制宜,或在破庙或在山洞开课。竺校长任劳任怨,为学生、老师的生活安全而操心,却无暇顾及自己和家人,他的夫人张侠魂和幼子竺衡就是在泰和患恶性痢疾而逝世的。他不止一次在自己的日记本上记载着教师家眷的人口数,及生活有无困难,对于民间疾苦也关心。到了赣江上游的泰和,知道江水年年泛滥危害百姓,就发动土木系师生一起建造一条防洪长堤,制服水患。在宜山住下时,日军在校舍投下了一百多颗炸弹,竺可桢提出"求是"作为校训,要学生有奋斗、牺牲、革命和科学的精神。

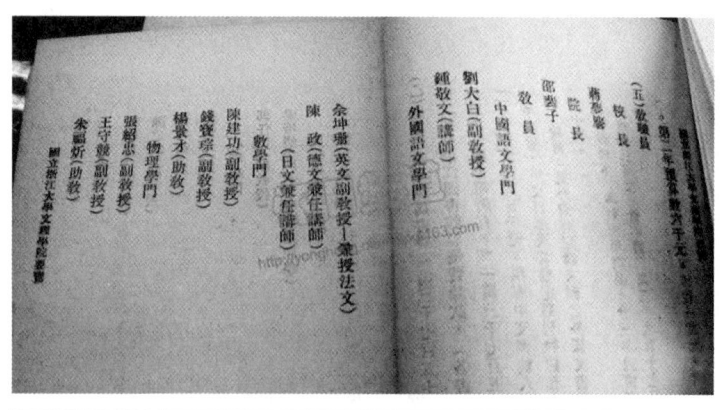

《国立浙江大学文理学院要览》(1929年版)

浙江大学欢迎苏步青加入数学系(1931年),前排左四为苏步青,左五为钱宝琮,左三为陈建功

1937年拍摄的全体师生的合影相片(前排左八为钱宝琮)充分反映了数学系的兴旺现象

1938年5月,钱宝琮主动为学生熊全治争取中英庚款资助,终获竺可桢校长批准。

抗战期间,钱宝琮一家于1937年冬随浙江大学西迁,辗转浙江建德、江西吉安、泰和,广西宜山,贵州遵义、青岩、湄潭、永兴等地,在很艰苦的条件下开展教学和研究,其间曾兼任浙江大学永兴分部一年级主任、湖南蓝田师范学院数学系代理主任等职。抗战胜利后，浙江大学师生员工陆续返回杭州，钱宝琮也于1946年夏回到杭州，仍在浙江大学执教，讲授数学。

从20世纪20年代到40年代，钱宝琮曾参加中华学艺社（周昌寿介绍，1921年）、中国科学社（茅以升介绍，1923年）、中国天文学会（何鲁介绍，1927年）和中国数学会（是发起人之一，上海，1935年）等重要学术团体，并曾担任数学名词审定委员会委员、中国数学会评议会评议员、《科学》杂志和《数学杂志》编辑等。1956年奉调进京，任中国科学院中国自然科学史研究室（自然科学史研究所前身，时属中国科学院历史二所）一级研究员、中国自然科学史研究委员会委员、《科学史集刊》主编等职。他是国际科学史研究院（巴黎）通讯院士（1966年）。

钱宝琮业余从事中国数学史研究，并对古代天文、历法有研究。从1921年开始，在《学艺》《科学》等杂志上发表对中国古算研究的论文，1930年、1932年相继出版了《古算考源》《中国算学史》（上卷）等著作。

他从英国回来之后，不再穿西装。在当年，许多国人以穿西装为时髦，可是他却认为中山装和西装一样好，他到外国留学是为了学习科学知识，而不是为了学习西方的生活方式。

浙江大学在抗战前期尚不能与其他著名国立大学比肩而立。在竺可桢任校长的13年中，浙大经历艰苦卓绝的抗日战争，四迁校址，在千里跋涉中艰难办学。竺可桢校长在"求是"的校训下，选贤任能，聚集起一大批一流教授人才。到了抗日战争结束时，这所还在西南一隅的浙大，已跨入中国一流大学的行列。1944年，李约瑟博士两次到贵州湄潭、遵义参观考察浙大的科研情况。他对钱宝琮甚为敬重，对中国人民在那么困苦的日子还能从事科研教学，并且获得优秀成果极为称赏，他说浙江大学是"东方的剑桥"。

钱宝琮爱写诗，1941年，在贵州湄潭过的日子非常艰苦，大家是靠地瓜（闽语：番薯）蘸盐巴过日子，而且他要养老母及七个儿

女,全家十口,只靠一个人的工资维持。他当年写了一篇《煨红薯》,今天读来,那种苦中作乐、忧中自嘲的乐观精神,跃然纸上:

甘脆肥脓肠腐,淫邪奢侈身煎。此日当共艰苦,养生还须养廉。何不回家吃煨薯,温淳细腻味香甜。手灼热,口流涎,晚食先逢可口,充饥十足安全。

教学讳言新义,讲坛敷说陈编。任尔金针度与,总如投石深渊。何不回家吃煨薯,温淳细腻味香甜。下教室,莫留连,老母倚间候望,呼儿自取炉沿。

天下滔滔皆是,时艰泄泄无然。哪顾他家恩怨,要全自己性天。何不回家吃煨薯,温淳细腻味香甜。风飒飒,雨绵绵,闭户自尝珍味,会心不落言筌。

有时兴来访友,主宾让座推迁。商略湄红潭绿,诙谐北陌南阡。何不回家吃煨薯,温淳细腻味香甜。风窗下,行灶前,适意原足千古,谁谙礼数周旋。

懒残煨芋衡岳,李泌异而问焉。胜地高人雅事,偏为名利拘牵。不如在家吃煨薯,温淳细腻味香甜。此时乐,不羡仙,且喜天伦共叙,遑论贵贱他年!

阿三晚温唐史,阿四知慕宋贤。五儿勤习象数,年轻未解穷研。山妻捧出煨红薯,温淳细腻味香甜。书桌上,油灯边,分食每人半个,夜凉肚暖安眠。

浙江大学西迁遵义、湄潭后,始获安定,教授们工作之余,过从渐多,相互切磋诗艺,诗兴盎然。在钱宝琮、苏步青的组织倡导下,于1943年2月28日自愿成立了湄江吟社。吟社社员初为七人,继增为九人,"旨在公余小集,陶冶性情,不有博弈,为之犹贤。"1943年2月至10月,吟社共举行8次诗会,轮流作东,拈阄择韵,赋诗填词100余首,汇集成册,题名《湄江吟社诗存》第一辑,实现了吟社"记存一段文字因缘,藉为他日雪泥之证"的初衷。

首次社课,以朱文公诗"无边光景一时新"七字为韵,自由命题。钱宝琮得五言七首:

山川兴不孤,翰墨以相娱。文物湄潭盛,归心无日无。
湄江旧盟友,和韵欲蝉联。语妙能医俗,移情水竹边。
文会事寻常,难期在异乡。南明大错辈,邑乘乞余光。
休笑广文冷,废书迷簿领。洗眼看青山,初昏足烟景。
俟命心暇逸,焉知马得失。达人观万物,成毁通为一。
曲辕不材木,行者诟厉之。荣悴寄于社,保无翦伐时。
贻讥等自郐,困穷犹在陈。闲愁无处着,诗思得常新。

第三次集会是4月18日,以送春为题,限"何"字韵。钱宝琮先生作《送春得何字》:

声声布谷唤伊何,燕语莺啼怨正多。芳草有心难报答,落花有意但婆娑。惜阴欲奏通明殿,向暮空挥返日戈。文士不忘春浩荡,尚余来月号清和。

无书无米的艰苦日子

1937年11月,日军侵占嘉兴,钱家被烧毁,他二十多年收藏的250多种古代数学书全成灰烬。1946年,他在回忆时写了这样的诗句:

丈夫不得志,但有书作伴。虽非群玉府,涉猎见璀璨。丁丑倭寇深,四海蒙国难。兵氛满家乡,流亡空里闲。吾庐乃焚如,烈焰何人煽。最怜环堵书,弃置任凌乱。网罗垂廿年,缥缃毁一旦。善初鲜有终,多聚不如散。去国日悠悠,回望再三叹。余年二十七,始读《畴人传》。象数学专门,不绝仅如线。千古几传人,光芒星斗灿。每获算氏书,什袭森爱玩。册府宝元龟,残帙备明算。集成历法典,史志赖贯穿。编目若水齐,辑遣海山馆。珍本或丛残,故纸多断烂。同具汲古功,奚为分畔岸?九数培本原,四元畅条段。钻研意颇严,创述迹重按。尚论昔贤踪,文献得殊观。自谓坎井乐,一鳖希久擅。所憾闻见窄,未能破万卷。搜奇日有益,积薪更何惮。不图天压之,藏舟遁夜半。群籍古无存,一辞谅难赞。久客坐蹉跎,东归增愤惋。饮啄愧残生,杜陵有明断。

在避战祸的日子里,自己所藏的珍贵书籍被日本侵略者的炮火毁于一旦,他写了《无书叹》一诗:"西征客似打包僧,维护巾箱力不胜。汲古苦无深井绠,守残空对短檠灯。关山万里成何事,著述千秋愧未能。犹有闲情亲笔砚,推敲诗眼学模棱。"

苏步青当年写了一首《水调歌头》,庆贺钱宝琮任教浙大15年:"白露下湄水,早雁入秋澄。桂香鲈美时节,天放玉轮冰。求是园中桃李,烟雨楼头归梦,一十五年仍。何物伴公久,布履读书灯。西来客,吟秀句,打包僧。文章溯古周汉,逸韵到诗朋。好在承欢堂上,犹是莱衣献彩,瑞气自蒸蒸。回毂秀州日,湖畔熟莼菱。"

在1940年,钱宝琮随浙大来到贵州青岩。他以一首《吃饭难》的诗,记录了当时极为清贫的生活:

黔南物力艰,生计慎挥霍。迩来困征输,物价尤腾跃。旅食至青岩,米贵不亚筑。谁怜臣朔饥,委顿侏儒禄。五人共膳食,日计升半粟。何以佐白粲?四簋一羹臛。太常多斋日,下箸厌蔬簌。白菜黄豆芽,番薯胡芦菔。点缀肉零星,量少味自薄。相互劝加餐,努力果吾腹。五人月百金,肥甘尝不足。有家固多累,无家累更酷。故人具鸡黍,推食食茕独。欲使饕餮徒,染指鼎中铼。风味本家常,鋪啜叨口福。主人殊殷勤,难为客不速。时或过酒家,开樽招近局。翁意不在酒,而在鹅与肉。肴骴和椒麻,烹制拟巴蜀。食单无多味,遑论备珍错。所费已不赀,即此难频数。长安居不易,其病在征逐。今之声色场,无以娱耳目。徒为糊口计,遭遇乃穷蹙。明年舍之去,还就浙水曲。置我莼鲈乡,饮膳恣所欲。

这里所写的,与他在1949年写的"最怜教育家,有似丧家狗",对曾经经过那段流离困苦的人来说,回想起来还是令人心酸。

1945年端午时节,钱宝琮在贵州湄潭,思念故乡嘉兴,赋《端午》诗一首:

三百六十日,斯辰殊可珍。挺生王镇恶,愤死屈灵均。慷慨摧强虏,忠诚却暴秦。余情千载下,肝胆欲轮囷。

钱宝琮存稿百余首,自题《骈枝集》,后以《钱宝琮诗词》为名刊行。

诗友苏步青题签的《钱宝琮诗词》

战后的日子

抗战胜利后,特别是新中国成立后,工作条件有改善,他在报刊上发表了一系列介绍中国古代数学成就的文章,还专门从杭州浙江大学到上海的大学去讲授中国数学史。

返浙后,钱萌发了从事专业研究的想法。竺可桢担任中国科学院副院长后,直接请示周恩来总理并与教育部协商,极力推荐钱宝琮到自然科学史研究室从事数学史研究。1956年,他奉调进京,成为一级研究员,终于实现了自己的愿望,从此专心致志地从事科学史研究,先后发表重要论文10余篇。著有《中国数学史话》《算经十书》(校点),主编《中国数学史》《宋元数学史论文集》《算术史》(稿本未发表,"文革"中遗失)。他平日除了从事科学史研究工作,也到北京师范大学开设为期一年的数学史课程,后来这些讲稿就成为《中国数学史话》的材料。只要有机会能做中国数学史宣传普及的工作,他一定会不辞劳苦去做的。

竺可桢

钱宝琮敢说真话,认为抗战当时学校的课程中,科学训练与人文陶冶未能会通,"有志学理者忽视文艺,有志学文者忽视科学",造成二者"分道扬镳",后果恶劣。20世纪50年代初,他对于教育界几乎全盘"苏化"的现象提出质疑,在一次讨论苏联教材优越性的座谈会上,他发言说:"正和欧美教材有其优点和缺点一样,苏联教材也有它的优缺点。现在把苏联教材捧上了天,似乎好得不能再好;把欧美教材踩下了地,坏得一无是处,这种不加分析的态度,我就不赞成。"

他用几十年时间校点的《算经十书》由中华书局出版,他主编的《中国数学史》和他组织的《宋元数学史论文集》,也相继于1964年和1966年由科学出版社出版。在完成这些工作之后,钱宝琮接着提出了编撰《明清数学史论文集》的计划,并打算在这些专题研究的基础上,重新增订《中国数学史》。遗憾的是,这种研究数学史

钱宝琮1951年全家福：钱宝琮母亲(坐者)，钱宝琮(右四)，钱宝琮夫人(右五)，小女儿钱灿(左一)

的可喜局面没有维持多久，十年浩劫突然开始，于是研究工作被迫全部陷于停顿。

当时，由于钱宝琮做了大量的专业数学史研究，并得以发表，在国内外学术界产生了很大影响。1966年10月15日，钱宝琮当选为国际科学史研究院通讯院士。

"文化大革命"期间，钱宝琮被打成"资产阶级反动学术权威"受到迫害。1969年底，他被"疏散"到苏州其子克仁处。此时，相伴54载的钱夫人朱慧真因忧虑成疾，已于前一年去世。

2009年1月2日《嘉兴日报》记者访问钱宝琮的孙子钱永红，谈到他祖父被迫"疏散"离开北京来到苏州的情景：

"'文革'期间，驻中国科学院哲学社会科学部的军宣队要求所有研究人员去河南的五七干校劳动改造。当时，无论思想通不通，都已报名，唯独祖父纹丝不动。不少好心人怕他再次挨批，劝他报名。祖父说：'我年近八十，生活尚难自理，报名岂非徒具形式，还是讲一点实际好。'他向军宣队提交了'疏散'至苏州我父亲家的申

钱宝琮(前排左二)于1970年在苏州最后一次与家人合影,前排右二为儿子钱克仁,右一为幼孙钱永红

请书。1969年12月31日,祖父孤身一人乘火车南归。

在我家那几年,祖父喜欢给我讲述中国历史上具有世界意义的科学成就,跟我谈起与华罗庚的学术交流,与陈省身家的交情等。在那个'知识越多越反动'的年代,祖父的讲述成了我最初的科学知识启蒙。

1971年春,祖父中风在床。两年后,他大小便失禁,生活上我照顾得更多,所以他对我感情很深。1973年12月28日晚,再次中风病重的祖父一直喊我的小名'娃娃',我母亲问他有什么事要说,祖父仍然只喊我小名,没有再说过一句话。八天后祖父在医院过世,想是他那夜要交代我什么吧。我在心里是把编撰《一代学人钱宝琮》当作他当年给我的嘱托。"

1974年1月5日,钱宝琮病逝于苏州医学院第一附属医院,享年82岁。去世后骨灰安葬于八宝山革命公墓。

钱宝琮先生从教前后40余年,桃李满天下。在他的学生中,有著名数学家陈省身、江泽涵、吴大任、申又枨、孙泽瀛、程民德、张素诚、谷超豪等,著名数学家华罗庚也以师长事之,对他十分尊崇。

钱永红费时六年精心编撰的《一代学人钱宝琮》

钱永红费时六年精心编撰《一代学人钱宝琮》,作为《李俨钱宝琮科学史全集》的补遗,收录了钱宝琮各时期的论文、讲演稿、教学讲义、书信、诗词等文献,内容涵盖数学史、天文历法、物理学史、音律、数学教学法、科学史理论,以及数学大师、著名学者、钱宝琮门人弟子回忆钱先生的论文、诗词、书信、读书(听课)笔记和钱永红整理的《钱宝琮年谱》等内容,共计 83 万字,于 2008 年 11 月由浙江大学出版社出版。

下面是钱宝琮先生在中国数学史研究方面的主要著作。

1. 钱宝琮. 古算考源. 上海:商务印书馆,1930(1933 年和 1935 年二次再版).

2. 钱宝琮. 中国算学史(上卷). 北平:国立中央研究院历史语言研究所(单刊甲种之六),1932.

3. 钱宝琮. 中国数学史话. 北京:中国青年出版社,1957.

4. 钱宝琮主编. 中国数学史. 北京:科学出版社,1964.(曾任东京大学中国思想史研究室主任的川原秀成教授在 20 世纪 80 年代初曾在杜石然先生的指导下学习中国数学史,并把钱宝琮的《中国数学史》翻译成日文。)

5. 钱宝琮校点. 算经十书. 北京:中华书局,1963.

6. 中国科学院自然科学史研究所. 钱宝琮科学史论文选集. 北京:科学出版社,1983.

7. 钱宝琮等. 宋元数学史论文集. 北京:科学出版社,1966.

8. 钱宝琮. 百衲本宋书历志校勘记. 文澜学报,1936,2(1):

1—14.

9. 钱宝琮. 曾纪鸿《圆率考真图解》评述. 数学杂志, 1939, 2(1): 102—109.

10. 钱宝琮. 科学史与新人文主义. 思想与时代, 1947(45): 1—5. (修订稿收入华夏图书出版公司《现代学术文化概论》, 1948.)

11. 钱宝琮. 张衡《灵宪》中的圆周率. 科学史集刊, 1958(1): 86—87.

12. 钱宝琮. 沈括. 中国古代科学家. 北京: 科学出版社, 1959.

13. 钱宝琮, 杜石然. 试论中国古代数学中的逻辑思想. 光明日报, 1961 年 5 月 29 日.

14. 钱宝琮. 有关《测圆海镜》的几个问题. 宋元数学史论文集. 北京: 科学出版社, 1966.

15. 浙江大学校友总会. 钱宝琮诗词. 杭州: 浙江大学出版社, 1992.

16. 郭书春, 刘钝. 李俨钱宝琮科学史全集. 沈阳: 辽宁教育出版社, 1998.

钱宝琮研究数学史的特点

华罗庚对钱宝琮的工作有这样的评价:"我们今天得以弄清中国古代数学发展的面貌, 主要是依靠李俨和钱宝琮先生的著作。"

30 多年前我在巴黎见到吴文俊教授。他也极力称赞钱宝琮的工作, 他说《中国数学史》是一本不朽的数学史著作。后来他又写文称赞:"这本书论断推理可靠, 是最好的一部中国数学史专著, 堪称这方面的经典著作……以我个人而言, 我对传统数学的基本认识, 首先得于二老(指李俨和钱宝琮)著作, 使传统数学在西算的狂风巨浪冲击下不致从此沉沦无踪, 二老之功不在王、梅(指清初数学家王锡阐、梅文鼎)二先算之下……几乎濒临夭折的中国传统数学,赖王梅李钱等先辈的努力而绝路逢生并重视光辉。"

1992年8月在北京,国际数学史学会、中国科学技术史学会、中国数学会和中国科学院自然科学史研究所联合举行了《纪念李俨钱宝琮诞辰100周年国际学术讨论会》,以纪念这两位著名数学史家的杰出贡献。

梅荣照在1992年12月276期台湾《科学月刊》上撰文谈论钱宝琮研究中国数学史的主要特点是:

一、重视史实的考证,善于突破中国数学中的重大问题。钱先生认为,史实的源流和年代是中国数学史研究最基础的一步。他的早期论文如"九章问题分类考"、"方程算法源流考"、"百鸡术源流考"、"求一术源流考"、"记数法源流考"、"《孙子算经》考"、"《夏侯阳算经》考"、"《周髀算经》考"等就是代表作,至今仍有参考价值。《算经十书》校点则是他三十年来这种工作总结性的重大成果。这些工作需要知识面广,尤其是历史知识、古汉语知识、古文献知识和现代科学知识等。在这些工作的基础上,他善于抓住中国数学史上的重大问题做研究,例如"增乘开方法的历史发展"、"汪莱《衡斋算学》评述"以及对祖冲之的"开差幂"、"开差立"的解释等,就是这方面的代表作。这些工作对中国数学史研究的深入和提升十分重要。

二、重视与中国数学史有关的学科史的研究。钱先生认为,中国数学的发展不可能是孤立的,与其他自然科学如天文历法、物理学中的音律、度量衡等都有着非常密切的关系,尤其是天文历法。因此他在研究中国数学史的同时,花了很大工夫研究天文历法,他在这方面的论文如"汉人月行研究"、"论二十八宿之来历"、"授时历法略论"、"盖天说源流考"、"从春秋到明末的历法沿革"等,是相当重要的。物理方面,如"《墨经》力学今释"、"《宋书·律志》校勘记"等,也相当有水平。

三、重视数学中外交流的研究。钱先生认为,研究中国数学史并不是单纯弄清中国数学方面有几个世界第一,这种研究所以有意义是因为中国数学是世界数学的一部分,它曾通过印度和阿拉伯传到欧洲,对世界数学的发展有贡献。对于中国数学与印度数学的关系,他是下过苦功的。早在1925年《南开周刊》就发表了"印度算学与中国算学之关系"一文;1964年他主编的《中国数学史》专门用一章来讨论中、印数学交流,其中举出十四项具体事实,证明印度数学曾受到中国数学的影响。在这方面,虽曾遭到一些非议,但他坚持实事求是,既反对民族虚无主义,也反对大国沙文主义,使中国数学史研究沿着正确的方向发展。直到现在,他关于中、印数学关系的观点,已得到愈来愈多国内外学者的认同。

四、重视中国数学思想史的研究。钱先生认为,中国古代数学史研究已经历半个多世纪,现在的任务已不仅是说明中国古代有什么样的数学,而要进一步探讨它为什么是这样的;它与古希腊数学有截然不同的特点,主要是与社会条件和哲学思想有关。因此,他在晚年极力主张研究中国数学思想史。他主编的《中国数学史》就是企图用辩证唯物主义和历史唯物主义的观点,来阐明中国古代数学的发展。"试论中国古代数学中的逻辑思想"、"宋元时期数学与道学的关系"、"《九章算术》及其刘徽注与哲学思想的关系"等,就是有关数学思想史的论文,其中第二篇是针对李约瑟在《中国科学技术史》数学卷中的有关观点,提出完全不同的看法。

五、主张编写高水平的中国数学史专著。他主张,研究中国数学史一定要写成专著,而专著的编写一定要在大量的专题研究的基础上进行,并经多次这样的循环,才能写出高水平的专著。他的《中国算学史》就是在1932年以前大量专题研究的基础上写成的;同样《中国数学史》也是在此书以前大量研究工作的总结。此书出版以后,他又提出按宋元、明清、魏晋南北朝、秦汉与先秦等若干个断代,深入研究,写出专题研究论文集。《宋元数学史论文集》

和《明清数学史论文集》就是按照他的这一思想写出的。经过这种断代的研究,再重新修订一部高水平的《中国数学史》。

六、善于发挥集体的力量。他平时经常和大家一起讨论学术问题,对具体的科研任务,他是采取亲自领导、分工合作的方法。《中国数学史》和《宋元数学史论文集》的编写,就是这样完成的。他在《中国数学史》定稿时,曾写过一首诗颂扬这种合作的情景:"积人积智几番新,算术流传世界珍,微数无名前进路,明源活法后来薪,存真去伪重评价,博古通今孰主宾,合志共谋疑义析,衰年未许作闲人。"只有"积人积智"才能"番新",也只有"合志共谋"才能做到"疑义析",这是钱先生研究方法中非常可贵的一点。

七、敢于和善于展开学术讨论和学术评论。他对自己写出的论著,发表前后都能主动征求别人的意见(包括未入门或刚入门的青年人在内),当他听到或看到别人提出意见时,总是流露出高兴与满意的神情,特别听到反面的意见也是如此。例如他写的"《九章算术》及其刘徽注与哲学思想"一文,当时在《科学史集刊》编委会上被否定,但他并没有因为自己是该刊主编而坚持发表或表示不高兴。他任《科学史集刊》主编期间,对稿件从没有不提出意见而径行退稿的;审稿时对任何人都是一视同仁,既不畏权势,又不压制后学。他正是通过这样的学术讨论和学术评论,来不断提高自己著作和整个中国数学史研究的水平。

【附注】

2011年6月9日,钱永红提供钱宝琮相关信函资料、照片,并对此文详细校读改正,衷心感谢。

7 数学界的莫扎特——陶哲轩

> 大众对数学家的形象有一个错误的认识：这些人似乎都是孤单离群(甚至有一点疯癫)的天才。他们不去关注其他同行的工作，不按常规的方式思考。他们总是能够获得无法解释的灵感(或者经过痛苦的挣扎之后突然获得)，然后在所有的专家都一筹莫展的时候，在某个重大的问题上取得了突破的进展。这样浪漫的形象真够吸引人的，可是至少在现代数学学科中，这样的人或事是基本没有的。在数学中，我们的确有很多惊人的结论、深刻的定理，但是那都是经过几年、几十年，甚至几个世纪的积累，在很多优秀的或者伟大的数学家的努力之下一点一点得到的。每次从一个层次到另一个层次的理解加深的确都很不平凡，有些甚至是非常的出人意料。但尽管如此，这些成就也无不例外地建立在前人工作的基础之上，并不是全新的。(例如，怀尔斯解决费马最后定理的工作，或者佩雷尔曼解决庞加莱猜想的工作。)
>
> ——陶哲轩

数学界的莫扎特

成立于1660年的英国皇家学会(The Royal Society),是世界上历史最悠久、最著名的学术团体之一,目前有1 400多位会员,其中包括60多位诺贝尔奖得主,甚至不乏历史上伟大的科学家,如牛顿、达尔文和霍金等人。2007年陶哲轩当选为英国皇家学会会员,年仅32岁。美国国家科学院于2008年4月29日公布新增选的一批院士名单,也有陶哲轩。

陶哲轩2000年获塞勒姆奖(Salem Prize),2003年获克雷研究奖(Clay Research Award),因为他对分析学的贡献,其中包括挂谷猜想(Kakeya conjecture),他还获得麦克阿瑟天才奖的50万美元奖金。他在取得菲尔兹奖(Fields Medal)之后,由于报章、杂志以及电视的宣传,许多人都很想知道这位"数学界的莫扎特"是怎么教书的?注册上他一门课的就有100个学生,而窗外据说还有35名学生在窥看他教书。

在洛杉矶加州大学他身着阿迪达斯运动衫、牛仔裤和破旧的运动鞋,看起来就像个研究生,如果外面的旅客来参观大学会认为他是学生而不知是位名教授。

陶哲轩于1975年7月17日生于澳大利亚阿德莱德。7岁开始自学微积分,8岁半升入中学,9岁去学院上数学课,11岁读微积分。1986年,11岁的他就在华沙获得了国际奥数铜牌;1987年在哈瓦那,他获得银牌;1988年,未满13岁的他在堪培拉获得金牌。这一纪录至今无人打破。陶哲轩20岁获得普林斯顿大学博士学位,那时他每天都在玩计算机。他无疑是个天才,24岁时被加州大学洛杉矶分校聘为正教授。他是第二位获得菲尔兹奖的华人。他解决了几个著名的猜想。陶哲轩从事调和分析、偏微分方程、解析数论、算术数论,以及照相机的压缩传感原理、黎曼几何等多个领域的研究。

他的导师是沃尔夫奖(Wolf Prize)获得者伊莱亚斯·斯坦(Elias Stein)。斯坦说过,陶哲轩是百年难遇的奇才。他的同门师兄、也是菲尔兹奖的获得者查尔斯·费弗曼(Charles Fefferman)说:"陶哲轩是当代的天才。"

陶哲轩

加州大学洛杉矶分校数学系前主任约翰·加尼特(John Garnett)说:"他就像莫扎特,数学是从他身体中流淌出来的,不同的是,他没有莫扎特的人格问题,所有人都喜欢他。他是一个令人难以置信的天才,还可能是目前世界上最好的数学家。"

获得菲尔兹奖

2006年8月22日,在西班牙首都马德里举行的国际数学家大会(ICM2006)开幕式上,美国普林斯顿大学数学家安德烈·欧克恩科夫(Andrei Okounkov)、俄罗斯数学家格里高利·佩雷尔曼(Grigori Perelman)、美国加州大学洛杉矶分校数学家陶哲轩、法国巴黎第十一大学数学家温德林·维尔纳(Wendelin Werner)共同分享了四年一度的菲尔兹奖。

陶哲轩曾在ICM 2002上做过一小时报告。听到自己获奖时,他最初的反应是非常惊讶。他对《星岛日报》记者说:"几天以后,我才开始适应……"当一位友人发电子邮件向他祝贺时,他回复说:"现在我仍在继续进行我的研究项目,我想要解决的那些难题,并没有因为获奖就魔法般地自动得到解决。"

2006年国际数学家大会海报

获得菲尔兹奖之后,陶哲轩接到许多道贺的电话和电子邮件。他在自己的网页上写道:"感谢每个人……这对我非常重要,遗憾的是我不能一一答复,但我真的非常感动(我现在得先休息会儿)……就我个人的观点,格里高利·佩雷尔曼的工作才是过去10年里最重大的数学成就,他证明了庞加莱猜想,和他同时获奖,我真是惭愧。"

给陶哲轩的颁奖词是:"因为他对偏微分方程、组合数学、调和分析和堆垒数论方面的贡献。"陶成为该奖项70年来最年轻的获奖者之一。美国数学学会(AMS)对陶的评价是:"他将精纯的技巧、超凡入圣的独创及令人惊讶的自然观点融为一体。"

著名数学家、普林斯顿大学教授费弗曼的评价则是:"如果你有解决不了的问题,那么找到出路的办法之一就是引起陶哲轩的兴趣,莫扎特的音乐只有一种风格,陶的数学却有很多种风格,他大概更像斯特拉文斯基。"费弗曼是陶哲轩的大师兄,20岁在普林斯顿大学获博士学位,22岁在芝加哥大学成为美国历史上最年轻

三位2006年菲尔兹奖得主合影,从左到右为欧克恩科夫、维尔纳、陶哲轩(佩雷尔曼缺席大会)

的正教授,29岁获1978年的菲尔兹奖。

数学小天才

陶哲轩是家中的长子。他的父亲陶象国出生于上海,和母亲梁蕙兰均毕业于香港大学。陶象国后来成了一名儿科医生。梁蕙兰是物理和数学专业的高才生,曾做过中学数学教师。1972年,夫妇俩从香港移民到了澳大利亚。

"我一直喜欢数字。"陶哲轩说。2岁时,他拿着数字积木教比他大的小朋友数数,他很快学会拼写,能用字母积木拼出单词 dog 或 cat。他把玩具当作学习的工具了。

2岁生日过完几个月,陶哲轩对父亲办公室里的一台打字机发生兴趣,他不辞劳苦地用一个手指头敲出了儿童书上一整页的内容。父母很快就意识到把他拉回"正常"状态是犯傻。买来的一些幼儿读物都被证明太浅了,于是他们鼓励儿子自己阅读和探寻,但非常小心避免让他过早接触太抽象的"功课"。"回过头看,如果你发现了一个天才,最重要的是给他自由,让他玩,让他有时间想自己的东西,否则,他的创造力很快会枯竭。"陶象国对记者说。3岁时,陶哲轩已经显示出相当于6岁孩子的读写和算术能力。

3岁半时,早慧的陶哲轩被父母送进一所私立小学。然而,研究天才教育的新南威尔士大学教授米拉卡·格罗斯(Miraca Gross)在陶哲轩11岁时发表的一篇论文中写道,陶哲轩的智力明显超过班上其他孩子,但他不知道怎么与那些比自己大两岁的孩子相处,而学校的老师面对这种状况也束手无策。

几个星期以后,陶哲轩退学了。陶象国夫妇从这次失败经历中吸取的一个宝贵教训是:培养孩子一定要和孩子的天分同步,太快太慢都不是好事。陶象国对记者说:"我们决定还是让他去上幼儿园。"幼儿园里有陶哲轩的同龄人。

陶哲轩两岁开始认字看书,上幼儿园的一年半里,他还在母亲指导下完成了几乎全部的小学数学课程。母亲更多是对他进行启发,而不是进行填鸭式的教育。而陶哲轩更喜欢的也似乎是自学,他贪婪地阅读了许多数学书。

小时候的陶哲轩

"很大程度上,他是看《芝麻街》起步的,我们基本上把《芝麻街》当保姆用的。"陶象国介绍了这部有着30多年历史的美国布袋偶电视片,建议大陆引进这个用于儿童早期智力开发的有趣节目。

陶象国夫妇还开始阅读天才教育的书籍,并且加入了南澳大利亚天才儿童协会。陶哲轩也因此结识了其他的天才儿童。据测试,陶哲轩的智商介于220至230之间,如此高的智商百万人中才会有一个。

还有1个月才满5岁的陶哲轩曾经和一群7岁到9岁的天才儿童一起学习。当时,老师问孩子们,9,18,27,36这组数字接下来是什么,陶哲轩想了想就答道"45,54",因为这些数字都是按照9的倍数递增排列的。

5岁生日过后,陶哲轩再次迈进了小学的大门。这一次,父母考察当地很多学校后,最终选择了离家2英里的一所公立学校。这所小学的校长答应他们,为陶哲轩提供灵活的教育方案。刚进校时,陶哲轩和二年级孩子一起学习大多数课程,数学课则与5年级孩子一起上。

6岁时,他在家看手册自学了计算器BASIC语言,开始为数学问题编程。他那篇关于"斐波那契"程序的导言太好玩了,以至于1984年被数学家克莱门特完全引用。

7岁时,陶哲轩开始自学微积分。"这不是我们逼他看的,是他自己感兴趣。"陶象国说。而小学校长也意识到小学数学课程已经无法满足陶哲轩的需要,在与陶象国夫妇讨论之后,他成功地说服附近一所中学的校长,让陶哲轩每天去中学听一两堂数学课。

在数学和科学课程上,他以自己的步调学得飞快,而其余课程跟大家一样。英语课上,他不得不为作文而手忙脚乱。写"我的家庭"时,他在家里从一个房间到另一个房间,记下一些细节,并排了一个目录。

"我到现在还没摸清作文的窍门,我比较喜欢明确一些定理规则然后去做事。"事实上,陶哲轩谦虚了,即使在英语和社会学——这两门"弱项"上,他也比同龄人超前了4年。

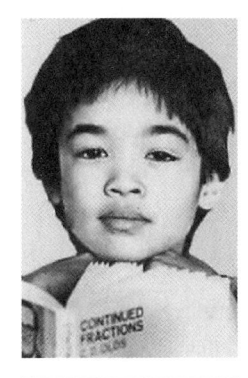

很小就自学连分数

7岁半时,他到当地高中上数学课;8岁零3个月,他出了第一本书,关于怎样用BASIC程序计算完全数。"他依然是一个活泼、有创造力的、有时也爱恶作剧的孩子。"

陶哲轩9岁开始学大学数学课程,这时他编写了一个BASIC程序,可以按用户需求提供斐波那契数列。但是,在开始这个程序

1983年,7岁的陶哲轩跪在椅子上和中学生一起参加数学考试

之前,用户必须输入发现该数列的意大利数学家斐波那契的出生年份。如果输入了正确年份,程序就开始运行。如果输入的年份过早,屏幕上会跳出:"对不起,他还没出生呢,再试试。"要是输入的年份太迟,就会出现"不,他已经在天堂了"的字样。

1985年初,陶哲轩10岁生日前几个月,他有三分之一时间在弗林德斯(Flinders)大学度过,学大二的数学、大一的物理。余下时间在高中学12年级的化学、11年级的地理和拉丁文、10年级的法语、9年级的英语和社会学。他仍然与高中同学交朋友。此时他已在奥数竞赛中拿奖了。

父亲最初想,陶哲轩只是早点毕业而已,但与一些教育专家谈过话后,他改变了想法。"少年时拿到学位,做一个打破纪录者,这毫无意义。我把知识比作金字塔,基石打得宽阔坚实,金字塔才能建造得更高。如果你像建一个柱子一样一心只想快点往上,到了高处就会摇晃,然后坍塌。"

陶哲轩在斯坦利教授主持的 SAT - M(大学学术水平测试——数学部分)中得了破纪录的高分760分。陶象国问他想要什么奖励。"他一下子愣住了,可能觉得这问题比 SAT 的数学题更难。几秒钟后,他说他想要冰箱里的一块巧克力,这块巧克力已经放了一段时间,大家都快忘记了。我拿给他,他掰了半块给我,转身去看他正读的那本物理书去了。"

墨尔本大学卓越数学教育国际中心主任高德里(Garth Gaudry)教授对陶哲轩的成长具有非常特殊的影响。陶哲轩12岁之后,高德里每周三的下午都和他会面,讨论数学问题。高德里经常问他一些很难的问题,而陶哲轩总会给出漂亮的解答。他的思维方式非常与众不同,他能够洞悉到别人还没有意识到的问题。高德里把陶哲轩带入了真正的数学研究领域,他还是陶哲轩的硕士导师。

这期间,美国约翰斯·霍普金斯大学的一位教授将陶象国夫妇和陶哲轩邀请到美国,游历了3个星期。夫妇俩曾请教费弗曼和其他数学家,陶哲轩是否真的有天才。"还好我们做了肯定答复,否则今天我们会觉得自己是傻瓜。"费弗曼回忆说。

一年后,陶象国夫妇面临一个重大抉择:陶哲轩什么时候升入大学?格罗斯教授在她的论文中写道,陶哲轩的智商介于220至230之间,如此高的智商百万人中才会有一个,他也完全有能力在12岁生日前读完大学课程,打破当时大学毕业生年纪最轻的纪录。

但他们觉得没有必要仅仅为了一个所谓的纪录就让孩子提前升入大学,而是希望他在科学、哲学、艺术等各个方面打下更坚实的基础。虽然他很聪明,但他14岁才去学院上课,因为"没有必要那么早去学院上课,要做好研究就像建金字塔,要有雄厚的基础,才能建造得高"。

此外,陶象国认为,让陶哲轩在中学阶段多待3年,同时先进修一部分大学课程,等到升入大学以后,他才可以有更多的时间去做一些自己感兴趣的事情,去创造性地思考问题。

9岁智商高达220,全澳第一。9岁多时,他未能入选澳大利亚代表队去参加国际数学奥林匹克竞赛。但接下来的3年中,他先后3次代表澳大利亚参赛,他在1988年获得金牌时,尚不满13岁。陶哲轩还有两个弟弟,都是智商180,其中一位是澳大利亚的国际象棋冠军,并且拥有非凡的音乐才能,一部管弦乐作品听一遍就能在钢琴上弹奏出来,但患有自闭症。他后来拿到数学博士学位,现在澳大利亚一家国防科技机构工作。两个弟弟同时参加了1995年的多伦多国际奥数竞赛。他们解题时采用同样的方法,得到同样的分数,最终双双获得铜牌。老三奈杰尔告诉父母"我不是另一个 Terry",所以,陶象国夫妇放缓他的速度,他拿到经济学、数学和计算机的博士学位,现在是澳大利亚 Google 公司的一名计算机工程师。

陶哲轩对记者说:"很多奥数奖牌得主后来没有继续数学研究的原因之一是,数学研究和奥数所需的环境不一样,奥数就像是在可以预知的条件下进行短跑比赛,而数学研究则是在现实生活的不可预知条件下进行的一场马拉松,需要更多的耐心,在攻克大难题之前要有首先研究小问题的意愿。"

记者问:"您在非常年轻时成为国际数学奥林匹克的获奖者,您是怎样对数学产生兴趣的?比如说,您是天生对数学有兴趣呢还是您遇到了一位特别好的老师?"

陶哲轩答道:"父母告诉我,我在两岁时就被数学迷住了,当时我就试图用数字积木教其他小朋友计数。我记得当我还是一个孩子时,我就迷上了用数学符号控制的模型和智力玩具。上大学后,我开始欣赏数学背后的意义和目的,以及数学是怎样与现实生活和一个人的直觉联系起来的。实际上,今天我喜欢这种深层次的数学更胜于问题的解决或表面符号。

我认为,发展数学兴趣所要做的最重要的事是有能力和自由与数学玩。比如为自己设计一丁点挑战,或设计一个小小的游戏等等。对我来说,拥有一位好导师非常重要,因为这让我有机会讨论数学中的快乐。当然,正规的课堂环境最适合于学习理论和应用,以及从整体中认识所学的科目,但它却不是学习如何做实验的好地方。也许,一种有益的素质是聚精会神的能力,还有就是一点点的倔强。因此,我常常在一个非常简单的问题上花很多时间,直到我弄明白这个问题的来龙去脉。当你准备向更高水平进军时,这真的有帮助。"

和中国一样,澳大利亚参加奥数的选手也需要集训,但集训的时间并不是很长。陶哲轩说,他当时参加了为期两周的训练营,"我们白天练习解题,晚上玩各种游戏"。

"他主要是喜欢做数学,而不是为了获奖去做数学。"陶象国说。很多人问陶象国,为什么陶哲轩不会说中文。陶象国的解释是,他和妻子发现陶哲轩的二弟陶哲渊有自闭症以后,担心同时讲英文和中文不利于哲渊的成长,在家里就只说英文了。

杰出的工作

陶哲轩是一位解决问题的超人,他杰出的工作影响了数学的几个领域。他结合纯粹工具的力量,像非凡的天才一样提出新观点,其自然而然的见解让其他数学家惊叹:"为什么其他人之前没有看到?"他的兴趣跨越多个数学领域,包括调和分析、非线性偏微分方程和组合论。

2004年他与数论学家本·格林(Ben Green,1998年菲尔兹奖得主高尔斯的学生)合作,将遍历理论与解析数论相结合,攻克了超级数论难题——厄多斯-图兰(Erdös-Turan)猜想:素数数列有任意长的等差子数列。3,5,7,就是由3个素数构成的等差数列。很久以前,数学家就认为由素数构成的等差数列有可能任意长且有无穷多组。1939年,一位荷兰数学家科尔皮(Johannes van der Corput)证明:由3个素数组成的等差数列有无穷多组。从2002

年开始,陶哲轩和格林着手研究由 4 个素数构成的等差数列是否也有无穷多组。2004 年,本·格林和陶哲轩发表一篇论文预印稿,宣称他们证明了存在任意长的素数等差数列。论文中引用了陈景润的两个定理,一个是"1+2"的定理,另一个是对应于"1+2"的孪生素数定理。为此,格林被授予 2004 年克雷研究奖(陶已因其在分析上的突出成就拿过此奖)。

陶哲轩说:"我喜欢与合作者一起工作,我从他们身上学到很多。实际上,我能够从谐波分析领域出发,涉足其他的数学领域,都是因为在那个领域找到了一位非常优秀的合作者。我将数学看作一个统一的学科,当我将某个领域形成的想法应用到另一个领域时,我总是很开心。

当建立真正的友谊,而不是纯粹商业交易的时候,我觉得这种合作是最愉快的生产。特别是,不应该担心项目太多及如何分摊信贷或工作量,一个人应该永远试图尽可能明确传达给其他合作者自己的想法。至少我的一个合作者坚持严格秉承'哈代-利特尔伍德(Hardy-Littlewood)协作规则';有时我们不遵守这些规则,

站在许多数论公式前

但在大多数情形我们一定按照他们的精神。"

他究竟怎样做研究

陶哲轩说:"我并没有任何神奇的能力。我看着一个问题,而这个问题像是我曾经解过的问题,我就会想,之前用过的方法也许在这里也会有用。当所有的尝试都失败时,我就会想一些小技巧,试着取得一些小进展,但是仍然不是正确的解答。我就这么把玩着这题目好一阵子,直到我解决它为止。

多数的数学家在面对一个问题的时候,都会试着直接去解决它。但是就算他们能解出来,他们也许还没有能全盘地了解他们做了什么。在我尝试解决问题的细节之前,我会先设定我的策略,一旦我有了解题的策略,就算是很复杂的问题也能被拆解成许多的小问题。我从来不满足于只是解决问题,我总是想看看,如果我对问题做一些改变,那会发生什么事。"

他对数学的态度日趋成熟。回想当年一连串的数学竞赛、论题会、考试,"就像快跑比赛。而在真实的数学世界里,数学研究应该像马拉松"。但是,陶哲轩也说:"如果你想学好数学,必须从一些最基本的训练开始,好比你想成为一个钢琴家,就得从大量的练习曲开始,虽然这些训练往往是乏味的。"

现在正接受戴维和露西尔·帕卡德(David and Lucille Packard)基金会资助的陶哲轩这样说:"当我实验足够了,我就会对这个问题取得深入的了解。之后,一旦有类似的问题出现,我就会知道哪些技巧可以用,而哪些不能用。"

陶哲轩又补充道:"这无关聪明或是反应快速,就像爬一座陡峭的山,如果你非常强壮而且动作迅速,又有很多的绳子,那会很有帮助。但是你仍然需要规划出一条可行的登山路径,这才能让你成功地登顶。能快速地做计算和知道很多的事实就像是一个有着力量、反应快捷且带好工具的登山人。但是你仍然需要计划（这是艰难的部分），而且要能综观全局。"

这些年来，他对数学的看法已经有了改变。他说："当我小的时候，我对数学有着浪漫的想法，总是认为艰难的问题都是灵感来的时候灵光一闪解决的。那总像是——'让我们试试这个试试那个，看看能不能有所进展，或是，这没用，试试别的，突然，噢，这有个快捷方式'。当你花了足够久的时间，你总是会在某个时间经由一个后门做出通往困难问题的进展。最后，通常你会觉得——'噢，我解决这个问题了。'"

陶哲轩总是专注在一个问题上，但是仍然会在脑中摆着十几至二十几个问题。他说："希望有一天，我可以找到方法，把它们都解决。如果有个问题看起来是可以解决的，但是却解决不了，那会让我寝食难安的。"

以下是他对新闻记者的问题的回答。

问："您怎样寻找下一个新问题？ 您怎么知道某一个问题真的有趣？"

陶哲轩回答道："通过与其他数学家谈话，我会得到许多问题和合作者。我可能比较幸运，因为我最初的领域调和分析与数学的其他领域（偏微分方程、应用数学、数论、组合数学、遍历理论等）有如此之多的联系和应用，因此，我从不缺少需要解决的问题。有时，通过系统地调查某个领域并发现文献中某个缺陷或空白，我能偶然地发现一个有趣的问题，比如，类推两个不同的对象（如两个不同的偏微分方程）并比较两个对象已有的正反结果。

我喜欢探讨一些模糊和普通的问题，比如'如何控制发展方程的长时间动力学问题？'，'什么是从组合数学问题中分离出结构的最好办法？'我被这些问题所吸引，因为通过迫使某人开发出解决其中一个问题的新技术，有可能推动问题的发展，而这些问题会以简单的方式(如玩具模型的方式)出现,这就避开了所有困难而仅剩下一个。当然,尽管根据以往的经验,某个问题的解决看似比较容易,但通常事先不会知道困难是什么。我还是一个交叉学科研究的狂热爱好者——从一个领域获得思想和见识,再将它们应用到其他领域。比如,我与本·格林在素数等差数列方面的研究思想部分地来源于我试图理解弗斯滕伯格(H. Furstenberg)的遍历理论用于证明施米列迪(Szemeredi)定理时背后的想法,结果这种想法与格林为解决这个问题而长久思考的数论与傅里叶分析的论证非常吻合。"

陶哲轩于 2007 年 4 月在麻省理工学院演讲

问:"数学中有'热门话题'这种说法吗?如果有,您认为我们现在的'热门话题'是什么?"

答:"我真的只熟悉我所从事的数学领域,所以我无法说出其他领域的'热门'是什么。但是在我的领域,非线性几何偏微分方程是冉冉升起的新星,最具戏剧性的是佩雷尔曼用里奇(Ricci)流来解决庞加莱猜想,如今在几何学、分析学、拓扑学、动力系统和代数的方法间有越来越多的融合。组合论方法应用于数论,人们通过先对相当多的任意集合(如正密度整数集)建立结果来发现关于特殊集合(如素数集)的结果,现在也是相当活跃的,此外组合方法可以为其他方法提供一个颇为不同的工具(包括遍历理论),这些我们最近在解析数论中曾应用过。"

问:"您怎么看待数学与公众之间的关系,这种理想的关系应该是怎样的?"

答:"这种关系在不同的国家间有很大的差异。在美国公众中有种含糊不清的观点,认为数学在某种程度上对各种'高科技产业'来说是'重要的',但数学很'难',最好让专家来做。因此,公众支持资助数学研究,却少有兴趣去发现数学家究竟在做什么。最近,大量的电影和其他媒体都涉及数学家,但不幸的是几乎没有一部能对数学本身以及它所做的东西有精确的理解。我不希望看到数学被过多地神秘化,我希望数学能被更多的公众所接受,尽管我本人不知道如何实现这些目的。"

陶象国认为,一流数学家喜欢与陶哲轩合作的一个重要原因是,他在合作中不是利用别人,而是激发合作者的才能。"哲轩从来没有和别人争执过,他想的都是怎么开开心心地和别人合作,而不是互相指责,争权夺利。中国的数学家们如果多一些合作,少一些争执,中国的数学才会有更快的发展。"

陶哲轩谈什么是好的数学

我们都认为数学家应该努力创造好数学。但"好数学"该如何定义?甚至是否该斗胆试图加以定义呢?让我们先考虑前一个问题。我们几乎立刻能够意识到有许多不同种类的数学都可以被称为是"好"的。比方说,"好数学"可以指(不分先后顺序):

好的数学题解(比如在一个重要数学问题上的重大突破);

好的数学技巧(比如对现有方法的精湛运用,或开发新的工具);

好的数学理论（比如系统性地统一或推广一系列现有结果的概念框架或符号选择）；

好的数学洞察（比如一个重要的概念简化，或对一个统一的原理、启示、模拟或主题的实现）；

好的数学发现（比如对一个出人意料、引人入胜的新的数学现象、关联或反例的揭示）；

好的数学应用（比如应用于物理、工程、计算机科学、统计等领域的重要问题，或将一个数学领域的结果应用于另一个数学领域）；

好的数学展示（比如对新近数学课题的详尽而广博的概览，或一个清晰而动机合理的论证）；

好的数学教学（比如能让他人更有效地学习及研究数学的讲义或写作风格，或对数学教育的贡献）；

好的数学远见（比如富有成效的长远计划或猜想）；

好的数学品位（比如自身有趣且对重要课题、主题或问题有影响的研究目标）；

好的数学公关（比如向非数学家或另一个领域的数学家有效地展示数学成就）；

好的元数学（比如数学基础、哲学、历史、学识或实践方面的进展）；

严密的数学（所有细节都正确、细致而完整地给出）；

美丽的数学（比如拉马努金的那些令人惊奇的恒等式；陈述简单漂亮、证明却很困难的结果）；

优美的数学（比如保罗·厄多斯的"来自天书的证明"观念；通过最少的努力得到困难的结果）；

创造性的数学（比如本质上新颖的原创技巧、观点或各类结果）；

有用的数学（比如会在某个领域的未来工作中被反复用到的

引理或方法);

强有力的数学(比如与一个已知反例相匹配的敏锐的结果,或从一个看起来很弱的假设推出一个强得出乎意料的结论);

深刻的数学(比如一个明显非平凡的结果,比如理解一个无法用更初等的方法接近的微妙现象);

直观的数学(比如一个自然的、容易形象化的论证);

明确的数学(比如对某一类型的所有客体的分类;对一个数学课题的结论);

其他。

如上所述,数学的质量这一概念是一个高维的概念,并且不存在显而易见的标准排序。我相信这是由于数学本身就是复杂和高维的,并且会以一种自我调整及难以预料的方式而演化;上述每种质量都代表了我们作为一个群体增进对数学的理解及运用的一种不同方式。至于上述质量的相对重要性或权重,看来并无普遍的共识。这部分地是由于技术上的考虑——一个特定时期的某个数学领域的发展也许更易于接纳一种特殊的方法;部分也是由于文化上的考虑——任何一个特定的数学领域或学派都倾向于吸引具有相似思维、喜爱相似方法的数学家。这同时也反映了数学能力的多样性:不同的数学家往往擅长不同的风格,因而适应不同类型的数学挑战。

我相信"好数学"的这种多样性和差异性对于整个数学来说是非常健康的,因为这允许我们在追求更多的数学进展及更好的理解数学这一共同目标上采取许多不同的方法,并开发许多不同的数学天赋。虽然上述每种质量都被普遍接受为是数学所需要的质量,但以牺牲其他所有质量为代价来单独追求其中一两种却有可能变成对一个领域的危害。考虑下列假想的(有点夸张的)情形:

——一个领域变得越来越华丽怪异,在其中各种单独的结果为推广而推广，为精致而精致，而整个领域却在毫无明确目标和前进感地随意漂流。

一个领域变得被令人惊骇的猜想所充斥，却毫无希望地在其中任何一个猜想上取得严格意义上的进展。

一个领域变得主要通过特殊方法来解决一群互不关联的问题，却没有统一的主题、联系或目的。

一个领域变得过于枯燥和理论化，不断地用技术上越来越形式化的框架来重铸和统一以前的结果，后果却是不产生任何令人激动的新突破。

一个领域崇尚经典结果，不断给出这些结果的更短、更简单以及更优美的证明，却不产生任何经典著作以外的真正原创的新结果。

在上述每种情形下，有关领域会在短期内出现大量的工作和进展，但从长远看却有边缘化和无法吸引更年轻的数学家的危险。幸运的是，当一个领域不断接受挑战，并因其与其他数学领域（或相关学科）的关联而获得新生，或受到并尊重多种"好数学"的文化熏陶时，它不太可能会以这种方式而衰落。这些自我纠错机制有助于使数学保持平衡、统一、多产和活跃。

现在让我们转而考虑前面提出的另一个问题，即我们到底该不该试图对"好数学"下定义。下定义有让我们变得傲慢自大的危险，特别是，我们有可能因为一个真正数学进展的奇异个例不满足主流定义而忽视它。另一方面，相反的观点——即在任何数学研究领域中所有方法都同样适用并该得到同样资源，或所有数学贡献都同样重要——也是有风险的。那样的观点就其理想主义而言也许是令人钦佩的，但它侵蚀了数学的方向感和目的感，并且还可能导致数学资源的不合理分配。真实的情形处于两者之间，对于每个数学领域，现存的结果、传统、直觉和经验（或它们的缺失）预示着哪种方法可能会富有成效，从而应当得到大多数的资源；哪种方法更具试探性,从而或许只要少数有独立头脑的数学家去进行探究以避免遗漏。比方说,在已经发展成熟的领域,比较合理的做法也许是追求系统方案,以严格的方式发展普遍理论,稳妥地沿用卓有成效的方法及业已确立的直觉;而在较新的、不太稳定的领域,更应该强调的也许是提出和解决猜想,尝试不同的方法,以及在一定程度上依赖不严格的启示和模拟。因此,从策略上讲比较合理的做法是,在每个领域内就数学进展中什么质量最应该受到鼓励做一个起码是部分的(但与时俱进的)调查,以便在该领域的每个发展阶段都能最有效地发展和推进该领域。比方说,某个领域也许急需解决一些紧迫的问题;另一个领域也许在翘首以待一个可以理顺大量已有成果的理论框架,或一个宏大的方案或一系列猜想来激发新的结果;其他领域则也许会从对关键定理的新的、更简单及更概念化的证明中获益匪浅;而更多的领域也许需要更大的公开性,以及关于其课题的透彻介绍,以吸引更多的兴趣和参与。因此,对什么是好数学的定义会并且也应当高度依赖一个领域自身的状况。这种定义还应当不断地得到更新与争论,无论是在领域内还是通过旁观者。如前所述,有关一个领域应当如何发展的调查,若不及时检验和更正,很有可能会导致该领域内的不平衡。

  上面的讨论似乎表明评价数学质量虽然重要,却是一件复杂得毫无希望的事情,特别是由于许多好的数学成就在上述某些质量上或许得分很高,在其他质量上却不然;同时,这些质量中有许多是主观而难以精确度量的(除非是事后诸葛)。然而,一个令人瞩目的现象是:上述一种意义上的好数学往往倾向于导致许多其他意义上的好数学,由此产生了一个试探性的猜测,即有关高质量数学的普遍观念也许毕竟还是存在的,上述所有特定衡量标准都代表了发现新数学的不同途径,或一个数学故事发展过程中的不同阶段或方面。

快乐家庭

陶哲轩从小长在澳大利亚,热爱澳大利亚文化,他幽默地说:"这不代表我时常和野外的鳄鱼们相扑,但我确实喜欢 Vegemite(这是一种食物酱)肉馅饼、澳式足球、欧式足球、板球、撞球,和澳洲人和蔼、诚实及轻松的文化。"

由于不会中文,陶哲轩无法直接了解中国文化。不过,父母的中国背景多少对他产生了一些间接影响。他说:"在我成长过程中,中国和澳大利亚文化对我都有熏陶,我不知道自己是否能够区分其间的差别。"

陶象国则提到,陶哲轩从中国文化里学到的一点是保持谦逊,从不自大。

在加州大学洛杉矶分校任教以后,陶哲轩认识了听他课的一位韩裔女孩。这位女孩名叫劳拉(Laura),主修工程,年龄比他小三岁。后来,两人开始交往,并结婚,生有一子。劳拉目前是美国宇航局喷气推进实验室(JPL)的一名工程师,参与了火星探测计划。

陶象国说,陶哲轩一家是快乐家庭生活的一个好典型,"我们和哲轩都觉得,做人最重要的是快乐"。

从2007年开始,陶哲轩开始将自己给博士开的数学课的讲义贴在博客上,读者可以上网 http://www.math.ucla.edu/~tao/ 查看。

2008年6月18日初稿,2010年11月28日修改,2011年5月17日增补

8 南宋大数学家秦九韶

> 周教六艺,数实成之……大则可以通神明,顺性命,小则可以经世务,类万物,讵容以浅近窥哉?
>
> ——秦九韶《数书九章·序》

> 数理精微,不易窥视,穷年致志,感于梦寐,幸而得之,谨不敢隐。
>
> ——秦九韶《数书九章·序》

> 秦九韶能于举世不谈算法之时,讲求绝学,不可谓非豪杰之士。
>
> ——清代数学家陆心源

> 秦九韶在《数书九章》里,写下了他在数学研究中的巨大成就,如大衍求一术、正负开方法、一次方程组解法等,在世界数学史上是有很高的地位的。
>
> ——钱宝琮《秦九韶〈数书九章〉研究》

秦九韶的《数书九章》是一部划时代的巨著,内容丰富,精湛绝伦。特别是大衍求一术(不定方程的中国独特解法)及高次代数方程的数值解法,在世界数学史上占有崇高的地位。

——梁宗巨

秦九韶与李冶、杨辉、朱世杰并称宋、元数学四大家。他所论的"正负开方术",被称为"秦九韶程序"。现在,世界各国从小学、中学到大学的数学课程,几乎都接触到他的定理、定律和解题原则。高一年级(人教版)《数学》中有秦九韶算法。

值得一提的是,2016 年高考数学文、理两套试卷 2(适用地区:甘肃、青海、内蒙古、黑龙江、吉林、辽宁、宁夏、新疆、西藏、陕西、重庆)中再次出现了中国古代数学知识——中国古代数学名著《数书九章》中的秦九韶算法问题,如理科(8)题[同文科(9)题]以程序框图的形式考查了计算多项式值的秦九韶算法。堪称弘扬中国古代科技文明的创举!

(9) 中国古代有计算多项式值的秦九韶算法,右图是实现该算法的程序框图。执行该程序框图,若输入的 $x=2, n=2$,依次输入的 a 为 2,2,5,则输出的 $s=$

(A) 7
(B) 12
(C) 17
(D) 34

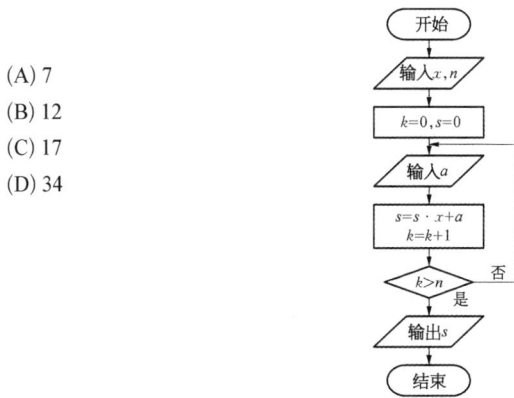

理科(8)题[同文科(9)题]以程序框图的形式考查了计算多项式值的秦九韶算法

美国著名科学史家萨顿(G. Sarton, 1884—1956)说过, 秦九韶是"他那个民族, 他那个时代, 并且确实也是所有时代最伟大的数学家之一"。美国波士顿科技馆的塑像群里有四位中国数学家, 古代的也只有秦九韶一人, 另外三位是华罗庚、陈省身和丘成桐。可是 700 多年来他被视为"暴如虎狼, 毒如蛇蝎, 非复人类"的大混蛋。钱宝琮(1892—1974)在《秦九韶〈数书九章〉研究》《宋元数学史论文集》将秦九韶的为人概括为"为人阴险, 为官贪暴"。20 世纪下半叶在中国学术界占主导地位的看法是秦九韶"成就极大, 人品极坏"。为什么这样呢?

秦九韶的争议人生

秦九韶出生在南宋的一个官宦家庭, 父秦季槱, 字宏父, 普州(今四川安岳)人。绍熙四年(1193), 与乔行简、崔与之、陈亮等同年登进士第。1208 年, 秦九韶生于普州, 是家里的第二个儿子。嘉定五年(1212)六月, 秦季槱接替刘光祖知巴州, 很有可能, 秦季槱此时才将母亲、妻子和秦九韶接到巴州团聚。嘉定十二年三月乙亥, 兴元军士权兴等作乱, 秦季槱守巴州失陷, 他才和母亲、妻子、秦九韶回到临安。嘉定十五年后, 擢升工部郎中、秘书少监兼国史院编修官、实录检讨官、直显谟阁。宝庆元年六月, 以直显谟阁知潼川府, 绍定二年五月(1229), 秦季槱以显谟阁奉祠临安府, 许奕除宝谟阁直学士知潼川府。嘉熙二年(1238), 秦季槱在临安辞世。

秦季槱回朝廷相继做了工部郎中和秘书少监, 给秦九韶提供了良好的学习环境。秦九韶充分利用父亲掌管天下城郭、宫室、舟车、器械、符印、钱币、山泽、苑囿、河渠之政, 以及营造工程、皇家古今经籍图书、国史实录、天文历数之事等有利条件和机会, 集中精力, 向太史局的吴泽、靳大声、杨忠辅、刘孝荣等有学识的太史、官吏、学者学习。

"少长,英悟绝出,日诵千余言,过目不再览,乡里称为神童。年十五,著韩愈论,抑扬顿挫,有作者风。"秦九韶年少"不闲于艺,因得访于太史,又尝从隐君子受数学","性极机巧,星象、音律、算术以至营造等事,无不精究。"秦九韶随父亲在临安期间的数年间,已经把全部精力用在学习上。他通过向多方面的人学习,逐渐成为一名学识广博的青年学者。

公元1225年,秦九韶随父亲至潼川(今四川三台县),担任过一段时间的县尉。公元1236年,元兵攻入四川,嘉陵江流域战乱仍频,秦九韶不得不经常参与军事活动,正如他在《数书九章》的序言中写道:"际时狄患,历岁遥塞,不自意全于矢石间,尝险罹忧,荏苒十祀,心槁气落。"战乱频繁,潼川已难安居,于是秦九韶再度出川东下,先后担任过蕲州(今湖北蕲春)通判及和州(今安徽和县)守,最后定居湖州。嘉熙二年(1238),秦季槱逝世,秦九韶回临安吊丧。吊丧期间曾在杭州西溪上设计修建一座桥,后来被朱世杰命名为"道古桥"。

南宋理宗淳祐四年(1244)八月,秦九韶在建康府(今江苏江宁县)做官(通直郎),十一月因母去世离任,回湖州吊丧。在此期间,他将自己潜心研究的各种实践中的数学成果集撰成书。淳祐七年(1247)九月,在湖州完成了《数书九章》(当时称为《数学大略》)十八卷,自述"历岁遥塞,荏苒十禩"。宝祐二年(1254)到建康出任沿江制置司参议,宝祐六年(1258)出任琼州守,南宋理宗景定元年(1260)出任梅州(今广东梅县)守,后卒于梅州。《宋史》无传。

因在天文历法方面的丰富知识和成就,秦九韶曾受到皇帝召见,阐述自己的见解,并呈有奏稿和"数学大略"(即《数书九章》)。虽然秦九韶受到了当时最高统治者的如此礼遇,但《数书九章》在数学上的巨大成就,并没有引起社会的巨大轰动,而是陷入一片沉寂,甚至原稿几乎流失,书名记载也不确切。直到明永乐年间,在解缙主编《永乐大典》时,记书名为《数学九章》。又经过一百多年,经王应麟抄录后,修改为《数书九章》。至此,秦九韶在数学方面的造诣与贡献,才慢慢被世人了解与传颂。

关于秦九韶数学成就之外的为人,南宋词人周密(1232—1298)的《癸辛杂识续集》和刘克庄文集中的"缴秦九韶知临江军奏状"有着不少记载。在他们的记叙中,秦九韶行为乖戾,因而多次被褫去官职或取消任命。

《鄞县志》介绍,同代人刘克庄说他"暴如虎狼,毒如蛇蝎",是"不孝、不义、不仁、不廉"的代表。

宝祐二年(1254),秦九韶回到建康,改任沿江制置使参议,不久去职。此后,他极力攀附和贿赂当朝权贵贾似道。宝祐六年(1258)任琼州守,但三个月后被免职。刘克庄说秦九韶"到郡(琼州)仅百日许,郡人莫不厌其贪暴,作卒哭歌以快其去",周密亦说他"至郡数月,罢归,所携甚富"。

1250年,秦九韶出任江宁(今南京)知府。在任期间,他用计侵占了上司的田产。第三个儿子看不惯秦九韶的行为,对其进行劝诫。秦九韶恼羞成怒,待儿子返回四川后,急匆匆把一名有武艺的属下叫到身边,让属下杀掉三儿子。秦九韶还向属下列出三种刺杀方案:下毒,逼自杀,江中溺死。属下在追杀三公子时心有不忍,向三公子说明原由,并与三公子一起亡命天涯。秦九韶见属下久久不来复命,心知有变,悬重金捉拿儿子和属下。

由于《宋史》中没有秦九韶的传记,所以,他的生平显得扑朔迷离。秦九韶18岁就统帅私人武装,为人"豪宕不羁",如果将他和意大利文艺复兴时期的那些风云人物相比,竟有几分相似:他多才多艺,懂得星占、数学、音乐、建筑,还擅长诗文,会骑术、剑术、踢球等等。同时又利欲熏心,骄奢淫逸,热衷于做官,一心往上爬。秦九韶做过几任地方官。

从1239年开始,秦九韶便想方设法巴结庆元知府吴潜,后来吴潜为相,秦九韶也因此官运亨通。不仅如此,秦九韶的生活十分奢华，他常常滥用职权贩盐、贩布等，并从中牟取暴利。在南宋统治集团内部的激烈斗争中，吴潜被罢官贬谪，秦九韶也受到牵连，被贬至梅州。最后死在梅州任上。他最高做到大约相当于今天局级的官职。

郭书春以秦九韶的九段系文辩诬

中国科学院自然科学史研究所研究员郭书春（1941—　）指出，认为余嘉锡、钱宝琮等学者评价秦九韶主要依据刘克庄、周密对秦九韶的指控，而没有将这些指控放到南宋末年南宋统治集团与蒙古贵族的斗争、南宋统治集团中主战主和两派的激烈斗争、南宋末年政治腐败吏制黑暗的社会背景下考察。实际上，刘、周追随投降派贾似道，秦九韶支持抗战派吴潜，他们是政敌，政敌的指控是不可信的。秦九韶的所谓"劣迹"不可贸然相信。同时，数学史界对秦九韶《数书九章·序》中的九段系文一直缺乏研究，而这九段系文恰恰反映出秦九韶是一位具有实事求是的科学态度和创新

郭书春与夫人

精神,关心国计民生,主张施仁政,支持抗金、抗元战争的政治抱负,并将数学看成实现这些主张的有力工具的学者。

郭书春说:"如果认真研究一下秦九韶的《数书九章·序》,尤其是其中的九段'系',那么一位正直的秦九韶的形象便会展现在我们面前。"

下面是秦九韶的九段系文:

时淳祐七年九月鲁郡秦九韶叙。且系之曰:

一

昆仑磅礴,道本虚一。
圣有大衍,微寓于易。
奇余取策,群数皆捐。
衍而究之,探隐知原。
数术之传,以实为体。
其书九章,惟兹弗纪。
历家虽用,用而不知。
小试经世,姑推所为。

述大衍第一。

二

七精四炁,人事之纪。
追缀而求,宵星昼晷。
历久则疏,性智能革。
不寻天道,模袭何益。
三农务穑,厥施自天。
以滋以生,雨膏雪零。
司牧闵焉,尺寸验之。

积以器移,忧喜皆非。

述天时第二。

三

魁隗粒民,甄度四海。
苍姬井之,仁政攸在。
代远庶蕃,垦菑日广。
步度庀赋,版图是掌。
方圆异状,斜窳殊形。
蠭术精微,孰究厥真。
差之毫厘,谬乃千百。
公私共弊,盖谨其籍。

述田域第三。

四

莫高匪山,莫浚匪川。
神禹奠之,积矩攸传。
智创巧述,重差夕桀。
求之既详,揆之罔越。

崇深广远，度则靡容。
形格势禁，寇垒仇墉。
欲知其数，先望以表。
因差施术，坐悉微渺。
　　述测望第四。

五

邦国之赋，以待百事。
田亥经入，取之有度。
未免力役，先商厥功。
以衰以率，劳逸乃同。
汉犹近古，税租以算。
调均钱谷，河蔺之扞。
惟仁隐民，犹已溺饥。
赋役不均，宁得勿思。
　　述赋役第五。

六

物等敛赋，式时府庾。
粒粟寸丝，褐夫红女。
商征边籴，后世多端。
吏缘为欺，上下俱殚。
我闻理财，如智治水。
澄源浚流，维其深矣。
彼昧弗察，惨急烦刑。
去理益远，吁嗟不仁。
　　述钱谷第六。

七

斯城斯池，乃栋乃宇。
宅生寄命，以保以聚。
鸿功雉制，竹个木章。
匪究匪度，财蠹力伤。
围蔡而栽，如子西素。
匠计灵台，俾汉文惧。
惟武图功，惟俭昭德。
有国有家，兹焉取则。
　　述营建第七。

八

天生五材，兵去未可。
不教而战，维上之过。
堂堂之阵，鹅鹳为行。
营应规矩，其将莫当。
师中之吉，惟智仁勇。
夜算军书，先计攸重。
我闻在昔，轻则寡谋。
殄民以幸，亦孔之忧。
　　述军旅第八。

九

日中而市，万民所资。
贾贸滞鬻，利析锱铢。
滞财役贫，封君低首。
逐末兼并，非国之厚。
　　述市易第九。

2004年4月9日,在浙江省湖州市召开"全国第三次秦九韶学术研讨会",第一天是大会学术报告,上午只有3人,每人40分钟,第一个做学术报告的是数学史家、中科院研究员郭书春,他的论文题目是《重新品评秦九韶》。第二位是著名数学史家李迪,报告为《〈数术大略〉与〈四元玉鉴〉早期流传的推测》;第三位则是杨国选,在大会上宣读论文《秦九韶在四川》。

2014年8月11日在《中国社会科学报》上,郭书春发表《是"毒如蛇蝎"还是"瑰奇仁人"?——为秦九韶辩诬》:"对于秦九韶的人品,历来褒贬不一。同代人刘克庄说他'暴如虎狼,毒如蛇蝎',稍后周密的记载也是负面的。清代学者焦循等为秦九韶辩诬,认为他是'瑰奇有用之才'。1946年余嘉锡发表《南宋算学家秦九韶事迹考》,以刘克庄的奏状与周密的《癸辛杂识》互相印证,说秦九韶的罪状'固非横肆诬蔑'。此后,钱宝琮则说秦九韶'为人阴险,为官贪暴'。20世纪下半叶这种观点在学术界一直占据主导地位。"

郭文指出:

秦九韶将数学的作用概括为"通神明,顺性命"和"经世务,类万物"大、小两个方面。然而,他通过自己的数学研究坦承对其"大者""肤末于见",而专注于"小者"。这反映了他具有实事求是、不慕虚荣的科学精神。

秦九韶非常关心国计民生,把数学作为解决生产、生活中实际问题的有力工具,充分表现了他对国家、民众有强烈的责任心。

更重要的是,秦九韶强烈反对政府的横征暴敛,豪强的强取豪夺,大商贾的囤积居奇,主张施仁政的思想贯穿于整个《数书九章》之中。他的九段"系"文明确谈到"仁"或"施仁政"的有四次。

还有,秦九韶主张抗北,在《数书九章》中特设"军旅"类,有十一个军旅问题,要用到勾股、重差、开方等比较高深的方法,这在中国古代是罕见的。这是他将数学知识用于战争实践的结晶。

这两种截然相反的形象,哪一种更符合历史真相呢?

应该说,余嘉锡、钱宝琮等学者对焦循等人的批评有一定的道理。正如追随贾似道的人不见得全是投降派一样,追随吴潜的人,也不见得全是正人君子。同样,也不能因为秦九韶在数学上贡献卓绝,就断言他人品高尚。但余嘉锡、钱宝琮等学者所依据的前提有偏颇,因而其结论值得商榷。

....

实际上,刘克庄、周密对秦九韶的指责确有不少不实之辞。比如周密指责秦九韶"性喜奢好大,嗜进谋身",其例证是"或以历学荐于朝,得对。有奏稿及所述《数学大略》"。《数学大略》即《数书九章》。事实是当时所施行的历法已经不准确,太史局的历官却不会改历,朝廷多次召请通历算者。秦九韶精通历算,到朝廷奏对,是值得表彰的愿意为社会服务的正大光明行为。周密的指责恰恰说明他确实如焦循所说的徒有"填词小说之才,实学非其所知"。钱宝琮是中国数学史、天文学史研究的泰斗,却以秦九韶"遥度圆城"的十次方程作为例证,认为秦九韶有"好高骛远,哗众取宠的作风"。实际上,由于当时现实中没有十次方程的模型,秦九韶有意提高方程的次数,是无可厚非的。

尽管对秦九韶的人品尚无定论,我认为,钱宝琮等对秦九韶的学术研究的肯定是完全正确的。

《数书九章》

秦九韶在数学上的主要成就是系统地总结和发展了高次方程数值解法和一次同余组解法,提出了相当完备的"正负开方术"和"大衍求一术",达到了当时世界数学的最高水平。

秦九韶在前人工作的基础上，提出一套完整的利用随乘随加逐步求出高次方程正根的程序，亦称"正负开方术"，现称秦九韶法。

这也是"增乘开方法"的主要特点。有人说，计算机发明以后，解方程变得有趣了。确实是这样，秦九韶的高次方程数值解法，可以毫无困难地转化为计算机程序。在《数书九章》中，秦九韶列举了20多个解方程问题，次数最高达10次。除一般方法外，还讨论了"投胎""换骨""玲珑""同体连枝"等特殊情形，并将其广泛应用于面积、体积、测量等方面的实际问题。

秦九韶对于一次同余组解法的理论概括，是他在数学史上的另一杰出贡献。中算家对于一次同余式问题解法的研究是适应天文学家推算上元积年的需要而产生的。最早见于记载的一次同余问题是前面提到的《孙子算经》中的"物不知数问题"，这相当于求解一次同余组。秦九韶为之发明的大衍求一术与他的高次方程数值解法一样，简洁、明确、带有很强的机械性，其程序亦可毫无困难地转化为算法语言，用计算机来实现。在《数书九章》中，秦九韶通过大量例题，如"古历会积""治历演纪""积尺寻源""推计土功""程行计地"等等，展示了大衍求一术在解决历法、工程、赋役和军旅等实际问题中的广泛应用。由于在许多问题中，模数并非两两互素，而中国传统数学没有素数概念，所以将模数化为两两互素是相当困难的问题。秦九韶所设计的将模数化为两两互素的算法，尽管还不完善，但仍比较成功地解决了这一难题，有人称之为"没有素数的素数论"。综观他在求解一次同余组问题的各项成就，正如中科院研究员李文林、袁向东所说："所有这些系统的理论，周密的考虑，即使以今天的眼光看来也很不简单，充分显示了秦九韶高超的数学水平和计算技巧。"在西方，最早接触一次同余式的是意大利数学家斐波那契（L. Fibonacci，约1170—1250）。他在《算盘书》中给出了两个一次同余问题，但没有一般算法。直到18—19世纪,欧拉(L. Euler,1743)、高斯(G. F. Gauss, 1801)才对一次同余组进行深入研究,重新获得与中国剩余定理相同的定理,并对模数两两互素的情形给出了严格证明。1852年,英国传教士、汉学家伟烈亚力(A. Wylie,1815—1887)在上海英文周报《北华捷报》上发表《中国数学科学札记》(*Jottings on the science of Chinese arithmetic*),其中谈到了大衍求一术。从1856年到1876年,德国人马蒂生(L. Matthiessen,1830—1906)等西方学者又多次指出大衍求一术原理与高斯方法的一致性,从而更加引起欧洲学者的瞩目。德国著名数学史家康托尔(M. Cantor,1829—1920)高度评价了大衍求一术,他称赞发现这一算法的中国数学家是"最幸运的天才"。从此,中国古代数学的这一创造逐渐受到世界学者的瞩目,并在西方数学史著作中正式被称为"中国剩余定理"。《数书九章》中,除了前面提到的大衍求一术和正负开方术两项重要成就外,还记载了不少其他方面的成就。例如,他改进了线性方程组的解法,普遍应用互乘相消法代替传统的直除法,已同今天所用的方法完全一致;在开方中,他发展了刘徽开方不尽求微数的思想,最早使用十进小数来表示无理根的近似值;他对于《九章算术》和《海岛算经》的勾股测量术也多所阐发;他在几何方面的另一项杰出成果是"三斜求积术",即已知三角形三边之长求其面积的公式。

这部书原名叫《数术大略》,1247年9月著成,分为9类,每类为一卷。约到元代时更名为《数学九章》,内容也由9卷改为18卷,明代后期改名为《数书九章》。《数书九章》共列算题81问,分为9类,每类9个问题。主要内容如下:(1)大衍类:一次同余式组解法。(2)天时类:历法计算、降水量。(3)田域类:土地面积。(4)测望类:勾股、重差。(5)赋役类:均输、税收。(6)钱谷类:粮谷转运、仓窖容积。(7)营建类:建筑、施工。(8)军旅类:营盘布置、军需供应。(9)市物类:交易、利息。

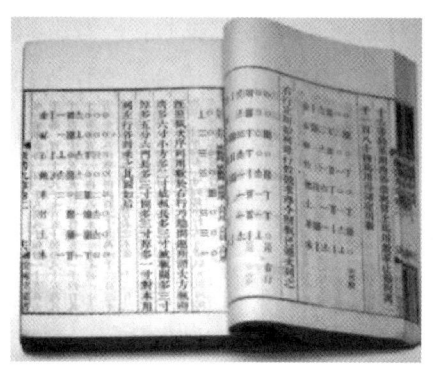 

《数书九章》

该书内容丰富至极,上至天文、星象、历律、测候,下至河道、水利、建筑、运输,各种几何图形和体积,钱谷、赋役、市场、牙厘的计算和互易。许多计算方法和经验常数直到现在仍有很高的参考价值和实践意义,被誉为"算中宝典"。该书著述方式,大多由"问曰""答曰""术曰""草曰"四部分组成:"问曰",是从实际生活中提出问题;"答曰",给出答案;"术曰",阐述解题原理与步骤;"草曰",给出详细的解题过程。全书采用问题集的形式,并不按数学方法来分类。题文也不只谈数学,还涉及自然现象和社会生活,成为了解当时社会政治和经济生活的重要参考文献。《数书九章》在数学内容上颇多创新。

秦九韶担任过州的通判或太守,在其著作中有几类直接关系到国计民生的数学问题,他在《数书九章·序》中,对一般地方行政官吏不懂数学表示感慨地说:"若官府会事,则府吏一二系之,算家位置,素所不识,上之人亦委而听焉。持算者惟若人,则鄙之也宜矣。"府吏是官府中管理财货、出纳的小吏。因此,为官的秦九韶极力主张行政官吏要掌握数学知识,以便应用数学科学进行管理。在序言中他也说道,对于数学,从大处说,用数学可以通悟天道的变化,理解人的性情和命运;从小处说,用数学可以筹划日常事务,区分万事万物,因此数学不是浅近的学问。

此书已为国内外科学史界公认的一部世界数学名著。此书不仅代表着当时中国数学的先进水平,也标志着中世纪世界数学的最高水平。

秦九韶所发明的"大衍求一术",即现代数论中一次同余式组解法,是中世纪世界数学的最高成就。

除"大衍求一术"外,秦九韶还创拟了正负开方术,即任意高次方程的数值解法,也是中世纪世界数学的最高成就。用秦九韶的正负开方术列算式时,采用"商常为正,实常为负,从常为正,益常为负"的原则,纯用代数加法,给出统一的运算规律,并且扩充到任何高次方程中去。此外,秦九韶还改进了一次方程组的解法,用互乘对减法消元,与现今的加减消元法完全一致;同时秦九韶又给出了筹算的草式,可使它扩充到一般线性方程中的解法。在欧洲最早是 1559 年法国布丢(Buteo,约 1490—1570)给出的,他开始用不很完整的加减消元法解一次方程组,比秦九韶晚了 312 年,且理论上的不完整也逊于秦九韶。秦九韶还创用了"三斜求积术"等,给出了已知三角形三边求三角形面积公式,与海伦(Heron,公元 50 年前后)公式完全一致。秦九韶还给出一些经验常数,如筑土问题中的"坚三穿四壤五,粟率五十,墙法半之"等,即使对现在仍有现实意义。秦九韶还在 18 卷 77 问"推计互易"中给出了配分比例和连锁比例的混合命题的巧妙且一般的运算方法,至今仍有意义。

秦九韶的手稿于 1842 年第一次印刷,即在民间广泛流传。《数书九章》是对《九章算术》的继承和发展,概括了宋元时期中国传统数学的主要成就,标志着中国古代数学的高峰。当它还是抄本时就先后被收入《永乐大典》和《四库全书》。秦九韶所创造的正负开方术和大衍求一术长期以来影响着中国数学的研究方向。焦循、李锐、张敦仁、骆腾凤、时曰醇、黄宗宪等数学家的著述都是在《数书九章》的直接或间接影响下完成的。

霍纳法事实上是秦九韶算法

我在高中时代数的课本用《范氏大代数》，其中学到的综合除法，就是一种简便的多项式除法，只需加、乘两种运算，可计算除式为一次多项式时的多项式除法。

设被除式为 $P(x) = a_n x^n + a_{n-1} x^{n-1} + \cdots + a_1 x + a_0$

设除式为 $Q(x) = x - r$

设商为 $R(x) = b_{n-1} x^{n-1} + b_{n-2} x^{n-2} + \cdots + b_1 x + b_0$

另外有一个余数 s。解法如下。

(1) 分离 $P(x)$ 的系数，按降幂写下，将被除式的每一项的系数列下来由高幂到低幂排列，缺项的系数用零代替，再把 r 写在左边，像这样：

$$\begin{array}{c|cccccc} & a_n & a_{n-1} & \cdots & a_1 & a_0 \\ r & & & & & \end{array}$$

(2) 把最左边的系数 a_n 直接拖下来，它就是商的最高次项系数：

$$\begin{array}{c|cccccc} & a_n & a_{n-1} & \cdots & a_1 & a_0 \\ r & & & & & \\ \hline & a_n & & & & \\ & = b_{n-1} & & & & \end{array}$$

(3) 把下边的最右边一个数乘上 r，写到行上边的右边一位：

$$\begin{array}{c|cccccc} & a_n & a_{n-1} & \cdots & a_1 & a_0 \\ r & & b_{n-1} r & & & \\ \hline & a_n & & & & \\ & = b_{n-1} & & & & \end{array}$$

(4) 上下两数相加，写到这一列的行下：

	a_n	a_{n-1}	$\cdots$	a_1	a_0
r		$b_{n-1}r$			
	a_n $= b_{n-1}$	$a_{n-1}+b_{n-1}r$ $= b_{n-2}$			

(5) 重复第 3,4 步，直到没有剩下的数了：

	a_n	a_{n-1}	$\cdots$	a_1	a_0
r		$b_{n-1}r$	$\cdots$	$b_1 r$	$b_0 r$
	a_n $=b_{n-1}$	$a_{n-1}+b_{n-1}r$ $=b_{n-2}$	$\cdots$	$a_1+b_1 r$ $=b_0$	$a_0+b_0 r$ $=s$

b 的值是商 $R(x)$ 的系数，商的次数比被除式的次数少 1。最后的 s 是余数。

综合除法基本上就是多项式长除法的简化过程。

怎样求一般的多项式 $f(x)=a_n x^n+a_{n-1}x^{n-1}+a_{n-2}x^{n-2}+\cdots +a_1 x+a_0$ 当 $x=x_0$ 时的值？

$$\begin{aligned}f(x)&=a_n x^n+a_{n-1}x^{n-1}+a_{n-2}x^{n-2}+\cdots+a_1 x+a_0\\&=(a_n x^{n-1}+a_{n-1}x^{n-2}+a_{n-2}x^{n-3}+\cdots+a_1)x+a_0\\&=((a_n x^{n-2}+a_{n-1}x^{n-3}+\cdots+a_2)x+a_1)x+a_0\\&=\cdots\cdots\\&=(\cdots((a_n x+a_{n-1})x+a_{n-2})x+\cdots+a_1)x+a_0\end{aligned}$$

求 $f(x_0)$ 的值时，

$$v_1=a_n x_0+a_{n-1}$$
$$v_2=v_1 x_0+a_{n-2}$$
$$v_3=v_2 x_0+a_{n-3}$$
$$\cdots$$
$$v_n=v_{n-1}x_0+a_0$$

即

$$v_0 = a_n$$
$$v_k = v_{k-1} x_0 + a_{n-k} \quad (k = 1, 2, 3 \cdots, n)$$

则 $f(x_0) = v_n$。

要求 $f(x_0)$ 值，只需要做 n 次乘法，n 次加法。这种算法是由秦九韶在他的《数书九章》中首先介绍，我们把这种计算方法叫做秦九韶算法。

【例1】 用两种方法求多项式 $f(x) = x^5 + x^4 + x^3 + x^2 + x + 1$ 当 $x = 5$ 时的值，并比较它们的算法次数。

算法1：$f(5) = 5^5 + 5^4 + 5^3 + 5^2 + 5 + 1$，$f(5) = 3\,906$；

算法2：$f(x) = ((((x+1)x+1)x+1)x+1)x+1$，$f(5) = 3\,906$。

传统的计算方法共需要 10 次乘法运算，5 次加法运算。

采用降次计算当 $x = 5$ 时的值仅需 5 次乘法和 5 次加法运算即可得出结果。显然少了 5 次乘法运算。

【例2】 已知 5 次多项式 $f(x) = 2x^5 - 5x^4 - 4x^3 + 3x^2 - 6x + 7$，求当 $x = 5$ 时 $f(x)$ 的值。

可以用列表法简化计算过程

	2	−5	−4	3	−6	7
$x=5$		10	25	105	540	2 670
	2	5	21	108	534	2 677

英国数学家霍纳（William George Horner，1786—1837）出生在英格兰西南部的布里斯托尔。在 1819 年，霍纳提交英国皇家学会的代数方程组的方法是现在所称的霍纳法，这是一种用于查找多项式方程根的方法。方法首先发表在 1819 年英国《皇家学会哲学汇刊》(Philosophical Transactions of The Royal Society)，虽然它独立由意大利数学家鲁菲尼（Paolo Ruffini，1765—1822）于 1804 年发现。为此霍纳方法的结果也被称为鲁菲尼-霍纳法。

霍纳(左)和鲁菲尼

第一个向西方全面介绍中国古代数学文献和数学成就的是1846年来华致力传道的伦敦传道会传教士、著名汉学家伟烈亚力。1852年,伟烈亚力在著名论文《中国数学科学札记》中最早对霍纳的发明权提出质疑。他在详细介绍秦九韶的正负开方术之后写道:"读者不难认出这就是霍纳在1819年因为发表《解所有次方程》论文,被数学家奥古斯都·德·摩根评为'必使其发明人因发现此算法而置身于重要发明家之列'的方法;我以为应该对霍纳的发明权提出辩驳。欧洲的朋友们可能会觉得意外,一位来自天朝帝国的竞争者,有更大的机会确立他的优先权。"

在《解所有次方程》中的算例,其算法程序和数字处理都远不及秦九韶的有条理;秦九韶算法不仅在时间上早于霍纳572年,也比之成熟。日本数学史家三上义夫(Yoshio Mikami,1875—1950)是国际上最著名的东亚科学史家之一,也是最早开始从事现代意义上的中国数学史研究的东亚学者。他的中算史研究工作对我国数学史的奠基人李俨和钱宝琮及其他老一辈数学史家产生过重要影响。在《中日数学史》一书中,三上义夫在详述秦九韶的正负开方术后写道:"谁能否认,霍纳的辉煌方法,至少在早于欧洲六百年

伟烈亚力《中国科学札纪》论秦九韶玲珑开方

之前,已经在中国运用了。"三上义夫还最先指出,秦九韶算法起源于汉代《九章算术》的开方法。其后王玲和李约瑟有专文论述秦九韶算法起源于《九章算术》。苏联数学史家尤什克维奇说"这是中国传统数学最伟大成就之一",他还说印度人不知有此方法,而阿拉伯数学家可能从中国前人传入此方法。

迟来的纪念——四川安岳秦九韶纪念馆

秦九韶《数书九章》成书740周年纪念暨学术研讨国际会议(ISCMTNC)于1987年5月21日至25日在北京师范大学举行。美国学者席文(N. Sivin)、焦蔚芳(Weily F. Chiao),比利时学者李倍始(U. Libbrecht),日本学者道膝义正、吉田忠、川原秀城,同中国学者50余人出席了会议。开幕式上,王梓坤致开幕词,严敦杰、席泽宗、王元、席文等应邀讲话,吴文俊做了《对中国传统数学的再认识》的书面演讲。

南京北极阁气象博物馆中的秦九韶雕像

安岳人民为了纪念他,在圆觉洞内修建了纪念馆。四川师范大学是全国大学开展数学史研究、教育较早,也很有成效的重点大学。为了进一步把数学史的研究、教育推上一个新台阶,四川师范大学决定把秦九韶纪念馆作为秦九韶数学史教育研究基地。纪念馆1998年9月正式开工建馆,2000年底竣工落成,是年12月1—4日,在秦九韶纪念馆举行了落成典礼暨秦九韶《数书九章》学术研讨会。

四川安岳秦九韶纪念馆

四川安岳秦九韶纪念雕像

中科院院士、北京天文台名誉台长、北京天文台原台长王绶琯，中科院院士及四川大学校长刘应明，内蒙古大学教授李迪，中国数学学术研究会副理事长郭书春，中国科技馆馆长王渝生，美国博士约翰逊（Johnson），中国科学史学会副理事长陈久金，陕西天文台研究员刘次沅，四川师大原副校长杜心华，四川省社会科学院研究员查有梁等专家、教授、学者和资阳市、内江市、安岳县领导出席了会议。中国科学技术馆、中国数学史学会、中国科学技术史学会、中国科学院数学研究所、中国科学院自然科学史研究所赠送了匾牌。

2007年10月15日，国际数学史大会在安岳县举行闭幕式和纪念秦九韶越年诞辰800年大会。

1238年，秦九韶回临安为父奔丧，见河上无桥，两岸人民往来很不便，便亲自设计，再通过朋友从府库得到银两资助，在西溪河上造了这座桥。直到元代初年，另一位大数学家、游历四方的北方人朱世杰（1249—1314）来到杭州，将"西溪桥"更名"道古桥"，以纪念造桥人、他所敬仰的前辈数学家秦九韶，并亲自将桥名书镌桥头。但是,幽静曼妙的道古桥,在21世纪初的城市建设中消失了。

在道古桥附近已住了19年的浙江大学数学系蔡天新教授无奈而遗憾地说,"因为西溪路扩建改造,道古桥一带的土地被大量征用,原先的桥和小溪才被填为平地,曾经有过的道古桥居委会也随之消失,并建起高楼大厦,诸如嘉华国际商务中心、浙江省国土资源厅和黄龙世纪雅苑,只留一个公交车站名道古桥。"

2005年,在离开道古桥原址约80米的地方,修建了一座石桥。蔡天新在经过实地勘察后发现,此桥跨河而建,两岸垂柳披挂,风景优美。"但至今尚未命名,故突发联想,建议将其命名为道古桥,或干脆叫秦九韶桥,以示与老桥的区别。"于是,在2005年的浙江省"两会"上,蔡天新提交了这个提案。后来,82岁高龄的浙大校友、中科院院士王元先生,在蔡天新的邀请下,欣然题写了"道古桥"的桥名。

道古桥

蔡天新说:"我已经辗转托人找到李安,向他表达了一个心愿:希望他能拍摄一部以秦九韶为原型的电影,就像《莫扎特》那样。很多人都知道祖冲之却不知道秦九韶。这位南宋大数学家个人生活颇有争议,说明人性之复杂,我认为他可能是被诬陷的。电影素材应非常丰富:南宋、科举、战争、冥想、丁忧、火灾、洪水、造桥、皇帝、宰相、发现、贪婪、杀戮、内斗。他是独一无二驰名世界的古代中国科学家,至今享有盛誉。希望能够促成这件事。目前,导演李杨(执导的《盲井》曾获柏林电影节银熊奖)已表示愿意拍摄,他也成了我的好朋友。"

重庆科普活动日介绍秦九韶

"这样一个大数学家,他的学术成就未被同代人认识,到了暮年和身后,又被两位文人所写的小文章诬陷,说他贪赃枉法。"根据蔡天新收集的史料,当时强烈抨击秦九韶的"罪状"的两篇文章内容相通,分别是福建词人刘克庄的《缴秦九韶知临江军奏状》和湖州文人周密《癸辛杂识·续集》中的《秦九韶》,由于后者被收入《四库全书》列入"小说家之类"流传,秦九韶从此在历史上留下了污点。

2015年9月重庆市科协、重庆市教委等单位联合举办的"2015年重庆市全国科普活动日",作为全国科普教育基地的白鹤梁水下博物馆积极参与其中。9月17日,涪陵区"科普活动周"在易家坝广场举行,白鹤梁水下博物馆进行了"白鹤梁与南宋数学泰斗秦九韶"的专题科普活动。为了普及这一伟大数学家的生平事迹和数学成就,白鹤梁水下博物馆特意做了此次宣传活动。

2007年徐品方、孔国平两位数学界的教授在其合著的著作《中世纪数学泰斗秦九韶》后记中写道:"我们通过阅读原始资料和别人研究成果,认为秦九韶是一个关心国家安全和人民生活,具有奉献精神和人格魅力的学者。"2014年曲相奎出版《宋朝的那些科学家》有讲述秦九韶的生平、成就和思想。

今人关于秦九韶的书

古代科学家的命运让人唏嘘。我们现代人要引以为戒,谨慎为人。避免像秦九韶一样,因自己的德行遭人厌恶,而殃及自己的著作被轻视;同时,我们也知道,金无足赤、人无完人,在看待专业人士的品质和他的著作上,我们尽量保持理智,一分为二,不要一概而论。否则,这将对科学家自己和对整个人类造成极大的损失。

9 我所认识的陈景润

> 古来圣贤皆寂寞。
> ——李白

> 在科学的道路上我只是翻过了一个小山包,真正的高峰还没有攀上去,还要继续努力。
> ——陈景润

> 我不想名利和地位,我只希望能好好地研究数学,在这方面有一些贡献,可以为中国人争一口气。
> ——陈景润

> 他生下来的时候,并没有玫瑰花,他反而取得成绩。而现在呢,应有所警惕了呢,当美丽的玫瑰花朵微笑时。
> ——徐迟《哥德巴赫猜想》

对陈景润,《哥德巴赫猜想》这篇文章起了一定的作用,但也有许多不好的作用。因为当时影响很大,他一下子成了名人。对陈景润这样的人,成名是一种痛苦,甚至成为了对他的工作的干扰。他如果不是那么大名气,可以有更多的安静的空间,有充分的时间来更好地进行他的研究。他后来有了许多社会活动,他要当人大代表,他还是一个学校的校外辅导员,而这些活动是要花很多时间的。成名对他来说真是一种痛苦,一般人可能不能理解。我想,要是没有成名,他的研究可能要比他后来的进展深入得多。

——徐迟

老幼妇孺皆知的陈景润

陈景润(1933.5.22—1996.3.19)是中国数学家,也曾是全国人大代表及人大主席团的成员之一,他的名字在中国可以说是家喻户晓。

陈景润是一个像你我一样的普通人,有时也会做出一些幼稚可笑的事,但是在经过歪曲加工的故事里他却变成了一个怪人。

几千年来,中国一些文人对于有成就或创大业的人,肆意宣传是天赋异禀或是天降神物,结果本来是一个普通活泼会犯错误的人,却要变成一个半神或神、不会犯错误的超人。连一千多年前我们伟大的诗人李白,由于读万卷书行万里路,知识面广而能写出许多活泼有生气的诗,后人就牵强附会说这个"诗仙"是文曲星下凡,是"神"不是人。难怪他在写《将进酒》时要长叹息以流涕,哀叹道:"古来圣贤皆寂寞",因为一变成圣贤就意味着和广大的人民距离远了。

我们的陈景润在特意关怀之下,也变成了一个圣贤。全中国到处流传关于他的故事,例如远在中国南方的海南岛的一个穷乡僻壤的老太太对海外回来的亲人说:中国出了一个大数学家,这个人很怪,专门蹲在茅坑上研究数学,他的大定理就是这样发现的。

陈景润(左)和《哥德巴赫猜想》的作者徐迟

1978年2月17日人民日报(左)、光明日报转载的《哥德巴赫猜想》版面

我们的民族有一个可爱的特点:做事喜欢"一窝蜂",有样学样。(这里有电影为证,在外国人拍的一部电影里,就有北京的一

个四合院,只要有一家今天买鱼,其他家也跟着买鱼来烧。明天炒韭菜,大家也跟着炒韭菜。当然熟悉中国内情的人可以举更多例子。)于是有许多条件不太好的傻小子,竟然相信蹲茅坑可以读好数学,也在里面不怕臭味蹲了半天。

有些少年儿童听到陈景润拼命苦干的故事,于是向他学习,课间操不做,埋头拼命在钻研难题,不懂怎样劳逸结合,把眼睛和身体累坏,结果要《体育报》的记者去专门访问这位从来不懂得做体育运动的数学家,请他谈谈体育和身体好的重要性。1979年初,我在美国普林斯顿研究所见到景润时,我就取笑他:"言不由衷。"景润说:"我不希望少年学我,把身体弄坏,他们应学雷锋叔叔,有一个健康的体魄。有一位教授的孩子,在数学比赛中得到名次,他现在课间操也不做,就是钻研数学习题。他家的物质条件较好,不做运动不要紧。我们有许多孩子营养不是那样的好,活动的空间不多,不做一点运动,身体很容易累坏,长远看来是对国家不利的。"

在1979年初,在一些关心中美科学文化交流的人士如陈省身、杨振宁等教授的努力安排下,美国普林斯顿高等研究所邀请了陈景润与著名拓扑学家吴文俊先生一起到那里作短期研究和演讲。

陈景润的身体不太好,在出发前一天还在医院里疗养,到普林斯顿后,他看到那里有许多图书资料,非常高兴,整天就是埋在研究所的图书馆和办公室,做他的研究和学习。他觉得从老远的中国到美国很不容易,有这样好的学习条件,不好好地学习,不获得成绩,将会愧对祖国人民的厚望。

景润在留美期间,除了参加一些热情的华裔科学工作者的邀请吃饭外,从来不花钱在外面吃饭,而是自己动手煮饭。他很爱惜时间,也对研究所给他的钱十分珍惜。他想到自己的国家穷,现在要向科学进军,可是自己所属的科学研究院的图书馆却还是很缺乏书籍,买外国书籍需要许多外汇。他在留美期间省吃省穿,也不花钱去电影院看电影,结果回国后把一分钱一分钱省下的7 500美元全部送给科学院作为购买图书之用,他这种大公无私的精神是值得人们尊敬的。

可是在他还未回国之前,竟然有以梦想打倒他的"钢铁工厂"和"帽子公司"的伙计们,散布了这样的谣言:"陈景润不回中国,他已变成美国人了。"这谣言传播范围之广和速度之快,的确惊人,驻北京的外国记者听到这样敏感的消息,赶快打电话通知美国的同行调查此事。

有记者打电话问普林斯顿研究所的负责人,负责人否认有这样的事;问陈景润,景润生气地回答:"我是中国人,我还要回我的祖国。我是一个中国人!"说罢就把电话挂断。

法新社的记者还特意打电话问美国国务院有关人士,要证实此事件。国务院的官方人士说:"没有这一回事,我希望你们不要登载不符合事实的消息,这会妨害中美的友好关系。"结果证明这是别有用心者散播的谣言。

这件事情弄得景润心情很不舒畅,但他很快又忘掉这些,又专心钻研一些较难的问题,要把成绩汇报给祖国。

景润初来美国时我曾见过他,这事件发生时刚好我到普林斯顿研究所看望在美工作的优秀青年数学家之一萧荫堂教授。本来我想去安慰景润,但萧先生讲还是让他安静地搞他的研究。我想想也对,就没去见他。

1979年9月初,景润受法国的高等科学研究所邀请去做研究并报告他的工作,我在巴黎又见到他。我对景润提起这件事,并且表示在那段他难过的日子,我没有过去看他并安慰他,事后觉得心中不安。他紧握我的手表示感激,他说:"这个事件流传很广,中国几个省的人都知道:我去开人大会议时,还有一些人大代表跟我开玩笑说我是美国代表。这样的谣言很不好。"是的,套用中国的术语,这种谣言就是要"破坏安定团结"。

火后凤凰

1979年9月30日,我和许多旅法华侨坐在"互助之家"的大厅观看回顾中国这百年来历史的纪录片:《光明的中国》。这部纪录片拍了陈景润的一些事迹,如他怎样辛勤地在图书馆读书和展示他写的数学论文手稿等,把他比喻成科学园地里一只辛勤的蜜蜂。

纪录片里的陈景润

陈景润和王元、杨乐、张广厚在一起讨论数学问题

在10月1日的下午,我和许多法国数学工作者及大学生在著名的庞加莱研究所听景润的工作报告。随他同来的研究生小丁在黑板上抄写一些英文句子、定理、符号公式,景润用有气无力的声音说:"感谢你们的邀请,我能来这里介绍我的工作,感到很高兴。我的英文不好,讲错了请你们原谅。"

大家对景润的坦白很是感动,虽然他的声音微弱,但整个演讲厅鸦雀无声,可以听到他的讲话。许多人早从法文读物知道景润过去的一些遭遇,对于他不能很好地大声讲话完全理解。

当我坐在那里一面听他讲,一面看手中分到的讲稿摘要,我的思绪却没有停留在这些复杂深奥的公式上,而是飞到过去的日子,我回想了他过去的经历。

脑海突然浮现了在第二次世界大战中领导反法西斯的法国民族英雄戴高乐将军的一句话:"困难,对于有个性的人,特别有吸引力。一个有个性的人在面对困难的时候,才会真正认识他自己。"是的,景润就是个有个性的人物。

景润于1953年从厦门大学毕业,他当时为了解决一些著名的数学难题,为了不分心,没有注意他周围发生的事,很早就被人"戴上了帽子"。

在厦门大学时的陈景润

他的一些研究论文很受华罗庚的赏识,要把他从福建调到北京的数学研究所工作。可是那时又有政治运动,一些人以思想问题为由阻止他来到北京。后经华罗庚力争,景润才在1957年来到科学院数学研究所工作。华罗庚搞的数论小组原本有许多学生,后来大部分党员出身的都转到应用数学去,当年全中国属于华的学生且还搞解析数论的只剩下王元(1952

年大学毕业)和陈景润这两个人。在研究队伍中,他们可以说是孤军作战。

　　景润开始向数论一些著名难题进军,由于他专心于数学,不懂得处理自己的生活,在数学所是邋遢出名的人。他对数学之外的事都不关心,在有政治运动时,他置身于政治运动之外,于是一些以"政治"为重的人对于他这种生活方式自然不满了。

　　在"文革"开始之前,他就在哥德巴赫问题上有一些突出的成果。(关于此问题可参见拙著《数学和数学家的故事》第 5 册里的"趣味的质数"一文。)可是在"文革"发生后,景润被批为"安钻迷"——安于高楼大厦(在研究所里),钻洋纸洋书,迷成名成家。于是对一个在数学上有贡献,其成就为中国带来荣誉的人,头上却被戴上了"白专"的帽子。

　　关心他的研究所所长华罗庚被一些公然违抗周总理指示的红卫兵抄家,而且还被揪斗,有些人还想出这样的毒招:要学生出来斗老师,逼迫这个曾被华罗庚栽培的景润在数千人的大会上斗华罗庚。景润假装肚痛躲进厕所,然后乘人不备跑走,不想批斗自己的老师。可是他能躲到哪里去呢?他靠在篮球场的架子旁,耳朵听到上面扩音机传来的声音:"陈景润逃跑了,把陈景润捉回来!把陈景润捉回来!"他的眼泪不断流了下来……

　　华罗庚挨斗的消息还好被周总理及早发现,事实上周恩来从外国记者的新闻报道中知道此事,毛主席及周总理马上出面保护他,并把他转移到安全地方,没有受到更多的凌辱折磨。

　　景润却没有这样的幸运,他被人辱骂为"白痴""社会主义社会的寄生虫",受到种种的折磨和凌辱。他本来不健康的身体这时更坏了,可是他还是想学习和研究。不能搞数学,他拿起《毛泽东选集》的英译本来学英文,可是不久这本书也被人夺走不让他读。

　　有一次在批斗他的大会上,人们发现陈景润突然间"有进步",

不断地手写人们批判他的话，全神贯注。有些人还说陈景润已接受教育了。可是人们后来发现，景润写的全是不好懂的数学符号和公式，原来在斗他时，他想到数学问题（忘记了就是因为研究数学他才遭殃），聚精会神地想和算，没在意当时人们是在批判他。批判他的人看到这种样子真是啼笑皆非。

周恩来关心陈景润

我曾问他，以他这样著名的所谓"白专典型"，怎么又会成为人大代表呢？景润说据他所知道的，"四人帮"把批判他的许多材料给毛主席看。毛主席却说："景润虽有缺点，还是应该爱护，应该帮助他。"

而周恩来总理对于自己国家培养出来的第一代科学工作者是非常关心的，为了让更多这样的人能参与国家管理事业，周恩来提名景润当全国人大代表。

1978年陈景润参加全国科学大会

当时为了这件事，周总理曾几次亲自打电话做沟通工作。科学院的常委第一把手原则上同意景润当代表，但是许多人却反对让他当代表。结果科学院的党组织没有通过。

出席全国人大会议

为了不要让这样棘手的问题使许多人纠缠不清，引起争论浪费时间，为了整个国家命运着想，周总理觉得景润要成为北京代表太难，于是把他转成天津代表，并且把景润直接放在自己附属的小组里，这样能够对他照顾保护，关心他的成长。

景润谈起周总理非常有感情。周总理在那最困难的10年，不顾个人的安危劳累，要稳定局面，要保护许多受冤屈的人，忍辱负重，通宵达旦地工作，把全身心血献给国家与人民。

周总理不许造反派搞抄家，搞人身折磨，但一些人却阳奉阴违，对许多著名的文化界及科学界人士搞抄家、搞揪斗。比方在科学院就有人对华罗庚抄家，令他非常气愤。

景润告诉我他最后一次见周总理的故事，那是1975年四届人大会议上，也是周总理最后一次在公共场合露面。

在那次人大会议上有许多青年代表，周总理见到天津小组的一位青年代表，就关心地问他的工作情况。这个青年讲他是在宾馆工作。周总理问他有没有外国人住宾馆，这个年轻人说有。周总理问他会不会讲英文，这个年轻人说不会。周总理说："那么就应该好好学习英文，这对沟通思想促进国际友谊是很有用的。"

"我为什么要学英文？英国人美国人不学我们的中文，我为什么要学他们的英文呢？我不懂英文，也是照样干革命！"

周总理就很和蔼地对这年轻人讲："毛主席的年纪这么大了，他关心世界的局势和革命，每天还用功地学习英文。你们年轻人好好学习外语，对国家科学建设、对促进世界人民的友谊都是很有用处的。"

周总理那一次接见他们，身体很明显地比以前衰弱许多。一些摄影记者要拍摄他的相片，周总理却提议去拍其他人，不要把镜头集中在他身上。周总理很坦率地讲自己的身体状况，说他已经动了几次手术，癌细胞已经扩散，他留在人世间的日子不多了。

许多人看到他病得这么重，还为国家操心，还关注到一个普通青年的思想情况，不禁感动得流下眼泪。他的光辉形象铭刻在景润心里。

后天下之乐而乐

打倒"四人帮"之后，知识分子不是"臭老九"了，凡是为国家为人民做过一些有益的事的人们，重新受到人们的尊重和肯定。陈景润不再被当作"白专典型"，而是一个"又红又专的知识分子典型"，国家要给他及其他科学工作者非常宽敞舒服的房子住。

可是景润却仍然要住回他的那间小房间，不想搬进高级的房子。他认为在中国许多对国家和人民有贡献的人，他们的居住条件很差，多数家中人口又多，而他自己又是孤身寡人，没有理由要住这么好又大的房子，他把房子给其他比他还需要的人。他说等

1978年,在数学理论和应用上获得全国科学大会奖励的数学家杨乐、张广厚、华罗庚、陈景润、陈德泉(从左至右)

陈景润、华罗庚和向陈介绍过"哥德巴赫猜想"的沈元先生(左起)

大家都有好房子住了,他才会住好房子。你说他的想法是否可爱和可敬?(希望你不会说这是愚蠢的想法!他看问题倒是看得清楚。)

正当社会上刮起"物质享受"的歪风时,景润却仍然是那个景润,不向国家要什么"电视机票"等等,他什么票也不拿。他不要凭借人民给他的地位搞什么特殊的物质享受,他和一些全身心投入科研工作、物质生活条件仍比较差的科学家们一样,把工作放在第一位,生活的舒适问题撇在一边。在我看来他的确是"白专"——

"白"是"一身洁白照人间","专"是"专心科研为国家"。

如果你有机会认识了解他,你会喜欢这样的人,他不会油腔滑调,弄虚作假,是一个说老实话、正直的人。我听到一位外国新闻工作者讲有关他在美国的故事:《纽约时报》派一个华人记者去访问在普林斯顿的陈景润,这记者用英文讲话,人们以为他不会中文。陪同景润的还有一位中国官员,景润用英文讲感谢许多人在促进中美科学文化交流的工作,也感谢普林斯顿研究所给他们提供这样好的生活条件,研究所的办公室这么大,一个人一间,住的房子这么大,在国内研究院的条件还是较差,六七个人挤一间小办公室工作,四五个人睡一间房间。这时在景润旁边的官员就打断景润的话,用中文说:"一个人一个房间。"要纠正他的说明。这官员可能思想传统较爱面子,认为"家丑不可外扬"。

其实在国外,许多人都知道中国科研工作者的工作生活条件较差,外国人尊敬中国科研工作者,是因为他们在物质条件差的情况下还能艰苦地做出许多创造性的工作,有识之士不会讥笑中国人这方面的穷困。可是有些中国人为了爱面子却弄虚作假,难免给人瞧不起说是幼稚。

景润却是就事论事,没有修正他的讲话。而这时那位记者却用纯正的北京话发问,不再用英文。那官员发现记者会讲会听中文,反而吓了一跳。

由于十多年中国科学受到干扰导致许多科研工作停顿,致使中国的科技和国外的差距还是很大。许多科学工作者也像景润那样争分夺秒工作,不只要把自己的业务做好,也要带领一些年轻人做研究,栽培接班人,想方设法地把科技搞上去。

然而中国的传统封建思想对许多人的影响还是那么大,有些人"学而优则仕"、"仕而后特权"、"特权久而腐化",而一些歪风的泛滥,对一些青年人更起着腐蚀的作用。景润不是埋头自己的数学世界,看不到这种现象,他担心地对一些青年说:"要做好科学研究工作,需要全心全意地去做,不要整天想到入党做官。一个人不能专心在科研上,他是很难取得成绩做出贡献的。这会对不起人民。"

我了解景润,而且喜欢他这个人。他可能有一些弱点,由于长年专心于数论,他的知识面不广,可能做些事在一些人看来很窝囊。他把数学当作生命,因此对其他生活小节就不注意,心不在焉,恍恍惚惚。我不希望喜欢"锦上添花"的人宣传他的奇谈怪事,这对年轻人会起不良的影响;也不要为了强调数学的应用价值,不符合事实地把他证明的"1+2定理"硬说是已在尖端的物理上有应用,做不科学的宣传,这对要提高人民的认识水平、建立国家的威望是有害无益的。

景润是一个有感情的人,不是什么"科学怪人"。我记得在1979年初,据说是十年来普林斯顿最寒冷的一天去看他的。傍晚,我和妻子要离开,景润想要送我们出研究所到市区搭车,我坚决谢绝,他要来回走这段漫长的雪路,又是这么冷,他的身体又不怎么好,万一冷坏生病可不行。他看我坚持就只好陪我走一段路,路两旁堆积白皑皑的雪堆,他想到了自己的国土,他说:"如果我们有这么大的雪多好!我们的农业将能得到更大的丰收,我们有许多地方还是很干旱,急需要水。"

后来我乘"灰狗"快车,奔驰在广袤的加拿大林海雪原上,看到窗外许多在严寒的北美雪地上伫立的松杉,就像看到向我招手的景润。我想到他的过去、想到翻身后的景润不以自己过去所受的委屈而伸手要国家酬劳,这使我想起了一位曾遭迫害的正直诗人的诗:"要知松高洁,待到雪化时。"我心潮澎湃,心有感触地在车上写了这样的一首诗送给景润:"蜩蚑纷扰蛇鼠窜,寡廉宵小苟蝇钻;群妖盛气中宵舞,壮士断腕黔黎苦。周公吐哺撑天堕,中流砥柱挡汪澜,天公有情惊衰老,哀鸿遍野意沉消。苍天亦悲降霖雨,风卷阳霾露朝晖,自古疾风知劲草,尔今板荡识英雄。恩怨委屈俱忘怀,雄关漫道从头越,待到四化实现日,毋忘奠酒慰英魂。"

后来给他的信中,我对他在送我走时讲的话"我们会开夜车苦干,而外国人会跳舞"提出异议,这是不了解外国人,而且那样的讲话也不科学。

外国人中有许多热爱工作的人,他们苦干的精神不输于中国人,但是他们却懂得怎样工作,怎样休息,劳逸结合得好,结果效率反而增高。爱因斯坦懂得用拉小提琴、读小说、驾帆船来使自己疲倦的脑袋休息。约里奥·居里(居里夫人的女婿,钱三强的老师,法国的原子弹之父)工作之余喜欢钓鱼沉思,并阅读与他本行无关的社会政治文章。就拿美国著名的写二百多本科学普及读物、科学幻想小说的阿西莫夫(I. Asimov)博士来说,他每天在打字机前工作十多小时,进行大量创作,但他还很喜欢阅读各种各样的书,而且有机会时他也喜欢旅行放松自己。

景润那种埋头苦干,像苦行僧那样的做法是不能使身体发挥更大的作用的,而使生活多彩些,就能使精神更活泼,更能做出好成绩。

在法国期间,有一次周末,我把景润这个"苦行僧"和他带的"小苦行僧"小丁拉出来,到巴黎参观"先贤祠",看居里夫人的实验室及她当穷学生时在图书馆读书的地方,带他们看著名的"蓬皮杜文化中心",让他们认识到法国是怎样尊重有功于人民的人及怎样对普及文化提高人民知识水平的重视。刚好在"文化中心"那里展示了许多1979年法国摄影师拍摄的中国人民生活的照片,景润很有兴趣地看。我指着一张1979年5月拍的在昆明公园男女青年跳舞的照片,笑着对他说:"景润你已经变成保守派,你的思想赶不上形势的发展。"他害羞得赶快走开。

10 熊全治的回忆

已故中国佛教协会会长的赵朴初曾手书这样的诗：

生固欣然，死亦无憾。
花落还开，水流不断，
我兮何有，谁与安息，
明月清风，不劳寻觅。

一般人是不会像他这样的超脱，就像江淹说的："自古皆有死，莫不饮恨而吞声。"

熊全治（1916.2.15—2009.5.6）是美国伯利恒市理海大学（Lehigh University）教授，微分几何学家。早期研究局部射影微分几何；旅美后，主要研究整体微分几何，特别是积分几何。1967年3月创办《微分几何》(*Differential Geometry*)杂志并任主编，这是世界上最有名的数学杂志之一。20多年前他把撰写的自传给我，还有他八十大寿的一些相片，之后就没有再联络了。他在2009年5月去世，我想他是属于"生固欣然，死亦无憾"的人。

这20多年来由于健康及眼睛的关系,我停止与朋友长辈写信联系。一些长辈像陈省身、熊全治、李迪、杨忠道等都失去联络。十年前恢复视力,开始动笔写文章,才发现这些长辈已谢世了。

1986年8月3日—11日在伯克利举办世界数学家大会,我在那里遇见熊全治教授。他感谢我能写苏步青教授的事迹,并且告诉我有两个温州老乡可以联络:一个是谷超豪教授,另外一个是杨忠道教授(他也是平阳人)。谷超豪在上海复旦大学,杨忠道在美国大学教书。

我记得熊全治在大会期间把我介绍给谷超豪。(我们之间可能有过谈话。因为记忆不行,我印象是见过谷先生,可是现在却完全记不清当时的情景。)

杨忠道我一直没有联络,只有在快退休时看到熊教授的信,然后给杨教授写过一封信。熊先生是很谦虚的人,年纪比我大一大截,每次给我的信却都尊称我"兄"。他写的信字迹工整,有笔误就涂改重写,可以看出他做事认真有条理,不像我糊里糊涂,粗心大意。

我对他说我想写关于他成长和学习的经历,是否可以提供一些资料。他很快回信,由于他忙着给新加坡世界科技出版社写有关微分几何的书,因而没有时间写他自己的经历。但是他保证在工作结束后会写给我。

他是"言必行,行必果"的人。过了一段时间他寄来一大沓手稿——他的自传。而我却因病把他的信和自传放在一个纸箱里,20多年后才打开。本来想重写,但是由于体力日衰,怕吃力不讨好。这里呈现的文字只是修改了一些笔误,以及改写一些地名和人名,并且找出一些和他有关系的相片,其他基本没有删减和改动。

希望读者通过阅读这些宝贵的文字资料,可以了解美国数学近况及一位早期出国的中国人在异乡学术界奋斗的故事。

熊全治及他创办的《微分几何》杂志

1989年3月,理海大学用熊全治创办《微分几何》的一部分获利50余万美元设立"熊全治数学发展基金"(C. C. Hsiung Fund for the Advancement of Mathematics)。

以下是他的自传(写于1990年5月)。

熊全治八十大寿的蛋糕

熊全治与夫人余文琴看寿糕

我的家世

我于1916年2月15日子时出生于江西省新建县雪舫（现改名为雪坊）村,那村里住有两三百户人家,村民大都以农为业。但那里耕地不多,村前有一小湖,村后有小山环绕,背山面水,山清水秀,风景美丽,环境安静,人们朴实勤俭,是一个可爱的小村。该村距南昌市约有60华里（约30千米）,以往来往的唯一交通工具是帆船,天气好时,仍需一天,现有公路,但路狭不平,乘汽车亦需两小时左右始可直达。

我家亦久以农为业,至我祖父时,他与其兄即开始努力读书。他们两人皆有读书天分,至少当可得一功名,但不幸两年内他们两人因病先后去世,死时均很年轻,仅30岁左右。我祖父遗下三男,我父亲排行第二,当时仅8岁。我曾祖父亦早已去世。因当时家境困难,我父亲那一代只有他一人勉强能继我祖父之遗志求学。父亲很聪明、努力,一下就考取秀才,但不久清朝废除科举制度,在各省创办西式学校。我父亲即进江西省在南昌新设立的高等学堂攻读,四年后以特优成绩在那里毕业,被聘为在南昌的江西省立第一中学之监学(即教务主任),并兼教数学。父亲喜欢数学,他有数学天分,那时在高等学堂所用之教本均是英文的。后来我看到他的作业、课本,字写得整整齐齐,特别是平面几何图形用尺及两脚规画得很精致,与课本上印的差不多。后来我两个哥哥同我从小学到初中的数学均是由他在家里先教的,因我对数学自小就有很好的基础,我自然地渐渐对它有兴趣而终与它结下一生不解之缘。

我有两兄及弟妹各一,大兄全淑因患肺病高中毕业后四五年即去世,二兄全淹及小妹全沫均进武汉大学分别读数学及生物,毕业后均留校任教一直至现在。小弟全滋在同济大学测量系,毕业后来美国习土木工程,现已退休。

1945年中秋节,抗战胜利后家人始团圆。熊氏兄妹(后右起:全沫、全淹、全治、全滋)与父(熊慕韩)母(熊杜氏)在重庆南岸李家沱合影。

我的小家庭

1942年7月10日,我同余文琴小姐在贵阳结婚,这当是我一生中之一大事。余小姐生长在贵阳,也是进浙大的,读物理,比我低两级。在校时我们已很熟,但抗战开始后我们就分开了,一直到 1939 年,我们在贵阳重逢。她于 1949 年在密歇根州立大学获得物理学硕士后,因要照顾女儿无法继续读学位,但在威斯康星大学及麻省理工学院继续旁听物理课。1952 年我去伯利恒理海大学任教,她在那里的洛生布登社区学院(Northampton Community College)作助理教授,教授物理。后来她用英文写了一本很有名的中国烹饪书,书名为"Chinese Cooking for American Kitchens",1978 年出版,广为中西人士所采用。她除教书及著书外,就料理一切家事,使我有全部时间做我的工作,没有她的帮助,恐连我现在一点小成就也不会有。

我的女儿兰馨(英文名为 Nancy)于 1947 年 10 月 2 日生于密歇根州首府兰辛(Lansing),于 1969 年毕业于宾州费城的宾夕法尼亚大学(University of Pennsylvania),主科为有机化学,1974 年在哥伦比亚大学获得生物化学博士学位后,分别在耶鲁大学做一年研究,在普林斯顿大学六年改研究微生物学,后在麻省剑桥的生物技术公司任药科主任及总经理等职。

我所受的教育

我 3 岁时,父亲将我们一家连祖母一道由雪舫村迁往南昌市居住。我的小学教育是在江西省立第一师范附属小学读的,因我在学校里跳了一级,所以 10 岁时(1926 年)就毕业。毕业后进江西省立第一中学,那是我父亲任教的学校,当然是很好的。我于 1932 年高中毕业后,就要升大学。那时江西省没有大学,要去投考省外的国立大学,竞争很激烈,同时政府在发展工业,甚鼓励中学毕业生到大学去读工程。我先去武汉,后去上海投考几所大学,我都是报考土木工程，但都未获录取。在这些学校未出榜前，我在上海看到浙江大学在杭州第二次招新生的广告，我决定去杭州一试（第一次招考是在杭州和上海同时举行，但我那时在武汉不能参加）。那时我已知浙大有陈建功及苏步青两大数学家，而我又酷爱数学，所以报考数学系。我那次数学考得很好，被录取了，从此我就在数学大道上寻求真理。

陈建功

苏步青

陈、苏两先生授课时全用浙江官话口授，学生笔记，特别是苏先生调节口授之速度适当，使学生可全部记下来。有人或会以为此种教授速度必太慢，实际上每堂课所授之材料会使人意想不到之多。五十余年前陈、苏两先生即认为我国应在国内多培养研究人才，不能专靠外国留学生，因之训练学生在毕业前要有独立读书及读论文之能力，每个学生在四年级时必须选一教授给他或她一德文或法文书及一篇体现学科最近发展的论文读，学生轮流向全系教员作演讲报告，报告次数要依学生人数多少而定。那时每年学生人数不多，大致每隔两三周便要作一次报告。在报告时若不幸被老师找到错误，而当时又不能回答时，则下周必须重新报告。此种情形也常发生，陈、苏两先生甚注意此两报告，特规定此两报告必须及格，否则不管该学生其他成绩如何好亦不能毕业。

1935年秋季起我是大学四年级生,我选了苏先生做我的导师,他叫我读克莱因(F. Klein)的《高等几何》。那时的德文确实写得很好,非常文学化,因此不易读。关于论文,苏先生选了一篇那时刚在美国数学会会报上发表的关于二次曲线的一新射影特性的论文。到该年12月我不但将该论文报告完毕,并且继续那篇论文的题目自己做了一篇,后来我的这篇论文登在1937年的浙江大学科学报告上,一般那报告上的文章都是教授用西方文字写的。

我大学毕业后的初期生活

(一) 在杭州

在浙大数学系好的毕业生都留下作助教,陈、苏两先生继续指导他们,希望能做出论文来。好几年以后第一个训练出来的是方德植先生,他几年内在日本及意大利杂志上发表了好几篇论文,因此浙大数学研究氛围渐浓,后来能做论文的毕业生亦渐增多。

自卅年度起关于国内官费留学考试除偶尔有省官费留学考试外,中美庚款留学考试每年有一次,中英庚款考试每两年有一次,但此两考试科目中不一定每届都有数学。中英庚款考试委员会每届都请苏先生出题,那些题目大半是我们在浙大的小考及大考题目。依理浙大毕业生去考是要占大便宜,但从无一浙大毕业生去参加过。原因很简单,第一,两位老师公开反对;第二,同学被迫专心做研究,当无时间去准备考试。去外国留学除去读学位外,另外一种就是去做研究,中华文化基金委员会(是用庚款办的)常补助在国内有很好研究成绩的去欧美研究几年(但大多数是一两年)。研究科目很广,数学亦在内,华罗庚先生去伦敦研究就是一例。

1936年我在浙大毕业,毕业后依我之志愿留校任研究助理员,专做研究,无任何其他任务。我是数学系第一个该种人员,跟随苏先生研究射影微分几何。苏先生开了一门课,讲授他新编之关于射影微分几何的讲义,我除听那门课外,就读些论文,一年内做了一篇关于射影微分几何论文,该论文后来登在1940年的中国数学会年刊(西文版)上。

(二) 在建德、武汉和重庆

1937年之"七七"卢沟桥事变发生后,战火于秋季烧到上海,杭州当不安宁。浙大临时迁往建德,我亦随之去那里。那时战争日继扩大,似非短期内可望停止,为长久计,浙大当局又讨论向江西泰和迁移,但议论纷纷,一时难以决定。在那纷乱情况下我当不能做研究,斯时我父亲及我二哥均在武汉,只有我母亲及妹妹留在南昌老家。我挂念她们将来的安全,于是离开建德回南昌,后随我母亲及妹妹去武汉。我们在那里住了半年左右,后因武汉危急,我们又迁往重庆,那时我父亲也随他们的工作机关到重庆。我在武汉时浙大已搬去泰和,但我要照顾我母亲和妹妹,不能去那里。

我在武汉时有一天中英庚款董事会登一启事,谓因时局不安定暂时停止留英官费考试,但将用该项经费补助科学工作人员在国内研究,并同时颁布申请详细手续。那时我无工作,于是就将我那两篇论文送去申请,数月后我在重庆得到通知,我已获得补助。那时浙江大学已改迁到广西宜山复课,于是我就接受中英庚款补助到宜山,回浙大随苏先生做研究。

(三) 在宜山

1939年3月间,我抵宜山,陈建功先生一人已到,家眷未同来。苏步青先生因送家眷到平阳老家,尚未到达。陈先生同另一陈先生(陈仲和先生,浙大土木系教授,他亦是单身在那里)同住一大房间。我去看陈先生后,得知在他们那里大门前面尚有一很小的房间空着，我就马上租下来。搬进后我即加入二陈先生的吃饭组，每天早上大家轮流烧稀饭，每人再向附近一饭店各买几个小包子，配合起来做早饭，另外中饭同晚饭都包在附近一饭馆。那时无电炉，我烧稀饭起步最困难的工作就是放木炭在一小火炉内起火，经过几次以后，慢慢习惯，起火即无问题。但两陈先生每天起床都很早，轮到我烧稀饭的那一天，我必须也很早起床烧好稀饭等他们。那时我很年轻，喜欢睡懒觉，早起对我是一件难事，但我也无法，不得不服从多数。

熊全治、苏步青、陈建功等（右起）在宜山文庙前

不久苏先生亦单身来宜山，他喜欢同我们一道住，但我们那里已无空房，结果他愿意和我挤在那一小房间，我当然欢迎他。他每天起床早，但他很好，从不催我早起，他也加入我们的吃饭组。经陈建功先生的推荐，我们四人之中晚饭的点菜及记一切账目全由我操办。陈先生每餐都要饮一两杯绍兴老酒，我总是点一个小菜（如白切鸡，两广一名菜）给他下酒。我们四人要谈天时都在陈先生的大房间，我们什么都谈，陈、苏两先生都信任我不传话，因此他们当我面常讨论数学系里的行政。

以上仅是关于我同陈、苏两先生在一道时生活上的几件细微事件,现在回忆起来仍是难得而可贵。另外,虽然日机曾来宜山大轰炸过一次,我们天天逃警报,但因我同苏先生日夜在一道,不能偷懒并且随时可向他请教,故我的研究成绩很好,在宜山共做了五篇论文。我们在那里住了一年多一点,直至日本军队在南宁登陆、柳州告紧为止。

在宜山时,因战争关系我们同国外的联络除有时由航运间或得到一点消息外几乎完全断绝,在那种环境下虽然努力研究,亦是等于闭门造车,甚难出门合辙。1940年初在宜山时中华文化基金会宣布(当是抗战时期最后一次)仍补助科学工作人员到国外(那时只能去美国而不能去欧洲)研究,我就告诉苏先生此消息,并表示我想申请到芝加哥大学同莱恩(E. P. Lane)教授(他是美国的射影微分几何大家)工作。苏先生知道我对研究甚有兴趣并且很努力,他这次不但不反对我留学,并且很高兴地答应帮我写推荐信。我的申请送出不久以后,有一天浙大竺可桢校长由重庆开会回来对苏先生说:他在重庆会到姜立夫先生,姜先生对我的申请甚有兴趣,但他觉得我不应去芝加哥而应去普林斯顿。竺校长即回答姜先生说:关于这点他要回去问苏先生之意见。后来苏先生同我都觉得能到普林斯顿当更好。于是我请竺校长如是回答姜先生。因为当时姜先生是国内最有影响的数学大家,他既然有意要我去普林斯顿,竺校长、苏先生及我三人都甚高兴,以为这次我必可去成美国。但事出于意料之外,因某种原因中华文化基金会最后决定那年不补助读数学的去美国做研究。

(四) 在贵州

1940年春浙大又由宜山迁往贵州遵义,到后安定下来,苏先生继续讲授射影微分几何及指导学生做研究。那时除我以外,还有张素诚、白正国及吴祖基三位,相当热闹。后来学校当局觉得地方太小不适于全校之发展,于是翌年初,理学院及农学院迁往湄潭。在湄潭我们很快就恢复研究,那时全面抗战已三四年,虽在物质生活方面很苦,但大家都能继续求学或研究,一直维持那可贵之精神至抗战结束。

我得中英庚款补助在浙大研究两年后,陈、苏两先生调我回浙大任讲师,又两年后晋升我当副教授,该项职位不久即被教育部核准。因在战时政府不准教授出国,但得外国之邀请或可例外。在湄潭有一天竺校长告诉苏先生,因浙大与印度已建立文化交流关系,竺校长想派我去印度研究一两年,要苏先生问我的意见。我觉得那时印度一切条件虽均比在国内好,但我是一直想去美国做研究,由印度去美国恐会比由国内直接去更难,所以我决定不去印度。但我要去美国之心仍未曾稍懈,于是又告诉苏先生,我想直接写信给美国几个几何学教授,要他们帮我找一奖学金,同时我亦请苏先生代我写几封信。苏先生赞成我的计划,并答应帮忙。我记得他写过一封给麻省理工的维纳(N. Wiener)教授,因维纳教授访问中国时,苏先生曾见过他。他人很好,回苏先生的信说他同情我的情况,但那时麻省理工无几何方向,希望我能在别处申请成功。我写了一封信给芝加哥大学的莱恩教授,又写了一封给密歇根州立大学的格罗夫(V. G. Grove)教授。格罗夫教授是研究射影微分几何的,对该科有相当的贡献,他在芝加哥大学获得博士学位。那时我所有发表过的论文在《数学评论》(Mathematical Reviews)上的评论都是格罗夫写的。信发出后不久,格罗夫就回信,给我一研究助理奖学金,月薪 75 美元,学杂费一律免缴。得此信后我当是不能形容的特别高兴,马上去告诉苏先生,他亦甚高兴,并要去问竺校长意见。后来苏先生告诉我,竺校长说国内因抗战耽误了许多人才,那时教育部正在筹划战争结束后将在各大学选送一大批教授出国深造,浙大必有几名,他并保证我一定在内。不过战争何时可结束(那时是 1943 年)无人可预知。最后竺校长仍赞成我去密歇根,他的理由是早去是好的,到美国总有办法。于是我决定去密歇根,那时我刚结婚不久,内人亦想同我一道去美求学，故我在回格罗夫的信中特再请他帮忙，不久他寄来一免学费奖学金之证件给我内人，于是我们两人就计划办理出国手续。

办理留美手续

我于1944年春离开湄潭去重庆办理出国手续，首先须得教育部批准，再顺次向外交部及财政部分别申请护照及外汇。当时政府原有的教授暂不准出国之限制，要放松那限制困难且费时，兼之政府又常更换人事，因此我前后共花一年多的时间，拖至1945年日本投降后始得到护照及外汇。那时重庆至印度加尔各答还有最后一班客机，若不搭那班飞机，就要中美通航后由上海坐船到三藩市（旧金山）。由上海走恐最少又须等半年，不过由印度到美国恐也要等很久，因有很多人在那里已等了好几个月。我在重庆已等得太久，久则生厌，故想换换环境，最后还是决定由印度走，到那里碰碰运气好了。

在印度和纽约

我是于1945年圣诞节前一天离开重庆的。我们的飞机除在昆明抛了一个小锚外，在圣诞节前夜很顺利飞抵加尔各答。

到那里后我的运气很好，只耽一月就搭到了船。那是一条美国的小货船，主要是送美国军人回国，另外也有几个女客，其中两个为同船两军人的家属。我们的船经过地中海走了30天，于1946年2月25日安抵纽约港。

密歇根州立大学春季学期是在3月下旬开课，我就乘此机会在纽约住了两星期，到处观光。当我在国内时我在美国数学会 *Bulletin* 上登载过好几篇文章，那时哥伦比亚大学史密斯(R. A. Smith)教授是主编，因之我与他通过好几次信，我到纽约后就去探望他。他对我很好，马上请我到他的学校餐厅去吃中饭，并介绍我认识了他系里好几位教授，特别是微分几何学大家卡斯纳(E. Kasner)。史密斯知道我想读拓扑后，他就要给我一奖学金，欢迎我在哥大读学位。当时我觉得我能到美国来是完全靠格罗夫的帮忙，我不能一有更好机会时，即将旧恩人抛弃，我相信以后仍有读拓扑之机会，因之我就辞谢了史密斯的给予，仍到密歇根去。

在密歇根

我到密歇根后，格罗夫对我特别好，可以说是无微不至。此外数学系主任弗雷姆(J. S. Frame)教授亦对我很好，尽力帮我的忙。在那里读博士学位需要一副科，我的主科当然是微分几何，他们知道我在浙大没有读过统计，于是就将统计做我的副科，在那里我选了6门统计课，其他大部分的学分都是由浙大转来。我的主要困难还是在英语，于是我就在英文系里请人从发音开始补习英语。我当然日夜努力学习，翌年在暑季学期数学系特别开一小班微积分课让我教，教那班对我的英语大有帮助。自秋季起我就教正式班，那时我已考过博士学位的预试，对论文我是无问题的，至第二年8月我修满学分后就正式获得博士学位。

内人余文琴于1946年6月间乘美国总统号轮由上海到三藩市再转密歇根东兰辛城，于7月间到达。休息月余即在物理系选课，后因生女儿，她在生产前后各休息半年，因之延至1949年3月始获得硕士学位。

与我们同时在密歇根州立大学求学的浙大毕业生还有朱祖祥

和赵明强夫妇两位。很巧的是，1949年秋竺可桢校长在巴黎出席联合国会议完毕后来美国访问，他先到麻省剑桥，我们浙大校友四人即设法在我们学校里替他安排几个演讲，欢迎他来。他很高兴在我们那里待了三天多，后因回国日期到了，他不能到其他地方（如密歇根大学、威斯康星大学等）与其他浙大校友会晤，就直接从我们那里去芝加哥转三藩市回国去了。那时我同竺校长谈得很多，他知道我在美国求学之目的，对我素甚关

1946年竺可桢校长（中）和熊全治夫妇在密歇根州立大学

切，在浙大时曾给我很多帮助与奖励，那次访密歇根以后，他对我更亲切。他常来信详告国内各种情形，1949年后他仍继续来信，也曾提到过如何组织科学院，有一次他还特别要我在美国替他调查当时在美国的中国科学人员。1950年代中曾有一段时间国内来信鼓励在美国的亲友回国服务，但竺校长在信上从未催过我回国，因他知道我学得我所求之后，我必会马上回国的。

我于1951年在哈佛大学得到他由莫斯科寄我一封很短的信（信是寄往威斯康星，再由那里转来的），告诉我他是先去波兰出席一科学会议，后去苏联。离国已有三月之久，不日即将飞回北京，信后还附简问一句：他出国前在北京曾寄我一信，问我收到否？接他信后我即回一信，告诉他我未收到前一信，从此以后我就未得他信。我想那时中美已是敌对的，当然他不便与我通信。1972年中美交流恢复后，他曾向第一批华人回国访问团内的人问到我的情况，后来我也与他通过信，告诉他我要回国访问，但因私事拖延至1975年始能成行。那时他已去世，以至不能再见到他一次，是一大憾事。

在威斯康星大学及西北大学

我在得到博士学位前即开始找工作,我运气很好,马上在威斯康星大学找到一讲师职位(那时得博士学位的只能做讲师)。同时哥伦比亚大学的史密斯教授亦尽力帮忙,他介绍我到芝加哥的伊利诺伊理工大学面谈,但我没有去,因我已有威斯康星之聘约。威斯康星数学系主任是兰格(R. E. Langer)教授,另外一台柱教授是麦克达菲(C. C. MacDuffee),他们都对我很好。因为我已发表了不少论文,我的年薪是 3 750 美元,那是助教授之起薪。秋季开学后不久,有一天兰格教授对我说:"请你来此地,系内没有问题,主要的是院长。我向院长说我们系内没有你,我们就做不好,这样院长才答应聘你。"一个小讲师位置要有这样过分的推荐方可得到,当时中国人找事之难亦可想而知。后来我同许多美国朋友讨论过此情形,他们都很诚恳地说:"我们不是歧视中国人,实际上我们以往都知道中国学生的成绩都是很好的,因为语言和教育方法的关系,我们不知道中国人教书也是好的,所以很多人就不敢冒险请中国人教书。"那年系内连我在内共有五个新讲师,每人的任期都是两年,到了一年半时,系内决定一个都不升级,系主任通知每个人去找事。我的目的还是想做研究工作,可读些拓扑,但同时也找教书的机会。后来芝加哥附近的西北大学对我的教书有兴趣,要我去面谈,我按时去那里。那时系主任是戴维(H. T. Davi)教授,他人很好。他对我说:"系内的人都欢迎你来,没有问题,最后就是要由文理学院院长利兰(S. E. Leland)决定,现在我带你去见他。"这一番话无疑要我当心回答院长的问话,后来有人告诉我,当时那院长在校内势力很大,恐大过校长势力。我们一进院长办公室,我就注意院长的态度,结果我发现他不像一个很严肃(或者可说外表很凶的)的行政主管人员,而是一个很随和的、和蔼可亲的学者。那时朝鲜战争已开始,经系主任介绍后,院长就问我:"你是不是共产党?"我觉得院长是开玩笑问的,无其他意思,所以我也不介意,但那时我心里想若简单回答一个"我不是",不是太平淡了吗?于是我就回答:"先生,我是一个读数学的。"院长听了大吃一惊,认为我的答话是非常不平凡的,马上对系主任说:"一切都好,我没有再问的了。"系主任也很高兴,因此他们就聘我为"lecturer",年薪3 600美元,应聘与否须在一月内答复。那时各处都回信无研究的机会,只有哈佛大学的惠特尼(H. Whitney)教授及哥伦比亚的史密斯教授对我特别有兴趣,并且都说到8月间他们才能知道他们有无经费聘我。那是一极不肯定之回答,我不能等他们,于是我就接受西北大学聘约。但出乎意料,很巧的是惠特尼及史密斯都来信邀我去那里研究两年,无其他任务,报酬与西北大学的一样。为维持信用起见,我同西北大学讨论我的情形,最后采用折中办法,我到那里教完秋季学期后再离开,因时间较长他们可找到人代我教完那学年。因我同史密斯关系较久,我就请他代我决定由西北大学到何处较为有利。经仔细考虑之后,他建议我去哈佛,我当然接受他的建议。我教完秋季学期后,在圣诞节前我的弟弟就帮我一道开车到哈佛去。

在哈佛大学

我在哈佛每星期与惠特尼会谈一次。那时他在写那本几何积分理论的书,已不做拓扑方面的工作。斯蒂恩罗特(N. Steenrod)关于纤维丛拓扑学的书刚出版。我自己读那本书,有问题就问他。此外我大部分时间都在麻省理工。我去听胡雷维奇(W. Hurewicz)、怀特黑德(G. W. Whitehead)及安布罗斯(W. Ambrose)关于拓

扎里斯基

扑同伦及流形几何的课,并参加他们关于拓扑的讨论会。我是1950年底到那里,1952年9月初离开,在那里一年8个多月,在拓扑及整体几何方面打下了很好的基础。1952年3月底,有一天惠特尼告诉我:"我已接受普林斯顿高等研究院的永久聘约,今年8月间就要去那里。你还可在哈佛再待一年,因我们此地还有一几何大家扎里斯基(O. Zariski),他负责你的工作。不过若外面有好的教书机会,你亦可考虑一下。"我当然想再待在哈佛。当我要去找扎里斯基时,他先来找了我,告诉我惠特尼已托他负责我的工作。他表示很愿意,我谢谢他的好意。

在理海大学

自惠特尼通知我后,我同时也在外面找教书机会。那时理海大学数学系主任是雷纳(G. Raynar)教授,我已认识他多年,他对我很好,邀请我去理海发展微分几何。他让我开一套三门微分几何课。我因伯利恒城与普林斯顿很近,可常去听演讲,所以就决定到理海来。来后我就照原定计划工作,继续开微分几何课,训练研究生,到1958年我的第一个研究生获得博士学位。之后,我的学生人数就渐渐增多,最多时先后有八人之多(其中有两对,每对是同一年开始的)。那时有很多学校要聘我。最好的聘约是宾州州立大学的研究教授,那是一荣誉讲座教授职位,那大学又是一很好的学校。但因该校地址偏僻,当时又无高速公路通达,与各处中心隔绝,甚不方便,故我未接受聘约。此地教务长克里斯滕森(G. J. Christensen)知此事,与校长勒伊斯(W. D. Leuis)讨论后对我说:"校长与我愿尽我们能力所为,留你在此地。"因此后来迟些时候我向教务长建议创办微分几何杂志,目的是为发展微分几何研究,并使理海对该研究不孤立。此建议若向数学系或文理学院直接提出,必有人忌讳而反对,绝对会通不过。后来教务长告诉我,校长赞成我的建议,并要教务长同我与他会谈。我们见到校长后,他就问我:"办一杂志,最重要的人是编辑。我不知你的编辑,叫我如何能批准你的建议?"我回答说:"你不授权给我,我怎能去请编辑。"双方都有理,于是取折中办法,建议校长授权给我去请编辑。若编辑不好,校长可不批准。后来我请的编辑都是有名的大权威。校长马上批准我的建议,给我一等经费。于是微分几何杂志就可开始办了。我发出请编辑的信以后,有一位来电话问我:"我得到你的邀请信后,我就查阅今年《数学评论》(*Mathematical Reviews*)上批评的所有微分几何论文,在其中我找不到一篇有兴趣的论文,于是我怀疑是否值得办此杂志。"我就回答:"那是依照老的微分几何的定义。"他又问:"你的新定义为何?"我即答:"凡是与微分方程、微分拓扑、代数拓扑、李群、李代数等有关的几何论文都是属于微分几何。"他马上说:"这样,我就接受你的邀请。"微分几何杂志是在 1967 年创办的,迄今已 20 余年。现在微分几何成为一热门发展方向,完全同我二十几年前所想象的一样。这当然与这杂志不无关系,因它已提供了很多重要参考材料。

《微分几何》杂志现已为世界上最有名的数学杂志之一,销路甚广,同时我又尽力节省一切费用,因之获利不少。1989 年 3 月理海大学先将 50 余万美元(一部分获利)设立"熊全治数学发展基金"。此基金每年仍将继续增多,此种基金不但在理海少有,即使在全美国亦只有伊利诺伊大学及加州大学伯克利分校有类似教学基金。现该基金用途之一是每年在理海举行有关几何及拓扑方面的世界数学年会。

在理海我总共指导 20 位研究生获得博士学位。他们大多仍继续在各大学任教,其中有好几位现分别担任系主任、研究院长及教务长等职。

格罗夫教授之晚年

在 1963 年左右格罗夫教授患上癌症,至 1965 年其癌细胞已扩散。众皆知其生命不能维持太久。翌年初,那里数学系主任来电话告知全系同仁为表扬格罗夫在教学上及该系发展上的贡献,曾向该校校长建议设立一"V. G. 格罗夫教授"职位,但校长不赞成,只同意将当时正在建造的数学系图书馆命名为"V. G. 格罗夫图书馆"。该系大多数教授认为校长所给予之荣誉不够大,问我意见如何?我要他们马上接受校长建议,其理由如下:一是荣誉不论大小,最宝贵的就是接受人能在生时享受到。二是该校长意见甚坚定而素难改变。若数学系不接受其建议,其会将此事拖延下去,格罗夫或不能等待。同年 4 月间该系主任又来电话告知系全体同仁已依我之意见接受校长建议,并且校长已正式宣布"V. G. 格罗夫图书馆"之命名。后来格罗夫精神曾一度好转,暑期他去系里参加数学讨论会。至秋天其病复发,翌年 1 月间去世,享年七十有五。他去世前,知我创办的微分几何杂志将出版,惜看不到。后来我即用我在同年 3 月出版的创刊号上发表论文来追念他。

与邦皮亚尼教授之交往

关于射影微分几何研究当以意大利学派为最强,该派中又以邦皮亚尼(E. Bompiani)的贡献为最大。他确是一名天才数学家。我与1950年在麻省剑桥参加国际数学大会时首次会到他,以后我同他通过好几次信。1962年我访问罗马时,我去罗马大学找他,他已退休。我见到塞涅(B. Segne)教授,塞涅在射影微分几何及代数几何两方面都有很多好工作。塞涅即打电话约邦皮亚尼前来,不一会儿邦皮亚尼就来了。罗马市的交通复杂且乱,很难开车。我很惊奇他年龄已很大,还能在罗马开车。他告诉我,学校对他仍是很优待,给他一部车子及一司机,供他随时使用。他对我很亲切,并诚恳约我去他家看看。在他家我们谈得很多,在谈话中他几次流露出他对他的研究因方向不对不能传承于世甚为遗憾。关于这点我寄予无限同情。

与霍普夫教授之交往

我第一次见到霍普夫(H. Hopf)教授是1950年在哈佛大学,那时他在那里被邀请做一小时演讲,报告他对于文格斯坦(Wengestein)曲面的工作。1962年在瑞典斯德哥尔摩举行的国际数学大会上我报告一篇论文后,霍普夫替日本女几何学家桂田(Y. Katsurada)亦报告一篇论文。他报告完后,即邀我到外面同他谈谈。后来我们在外面谈得很久,谈得很好,什么都谈,已经解决及尚未解决的问题都涉及。他很谦虚地说:"我现在做那方面的工作。"后来我知道他当时是指他同桂田合作的工作。他又特别谈到格罗夫关于三次欧氏空间内两紧密凸曲面 S 与 $S*$ 之一特别微分同胚的定理。该定理是卡恩-瓦桑(S. Cahn-Vassen)关于 S 与 $S*$ 之一等距的定理的逆定理。霍普夫觉得格罗夫定理中关于高斯曲率的条件是多余的。他说他正在同他的几个学生一道设法证明那个想法,但当时我表示我觉得那条件是自然而必要的。结果他们没有证明出来。他因他太太生病,不能多出来,那时我差不多每隔一年就要去欧洲访问一次。后来除1966年在莫斯科举行的国际数学大会上见到他一次外[那时他正同苏联大几何学家亚历山大罗夫(P. Alexandroff)一道],我特别去慕尼黑看过他两次。

亚历山大罗夫(左)与霍普夫(1931年)

霍普夫去世后,他所在的学校(慕尼黑联邦高等技术学院)正在设立霍普夫图书馆来纪念他时,他们来信要复印霍普夫给我的信,存在他的图书馆内。可惜我只保留了一封。于是我就将那一封信给他们,不要他们复印。

霍普夫当然是数学史上的大数学家之一,他为人谦恭诚恳,和蔼可亲,并且乐于提携后进。我不但非常敬佩他,至今我还常追念他。

与莫尔斯教授之交往

我于1950年在麻省剑桥参加国际数学大会时首次见到莫尔斯(M. Morse)教授,以后常在普林斯顿会见他。但我与他的交往只是普通而已。迄至其去世前十年左右,他待我亲切。当我在普林斯顿会见他时,他常同我久谈,范围亦广,包括其家属在内,并邀我至其家续谈。斯时他曾先后寄过好几篇论文向《微分几何》杂志投登,我都接受,并特提前在一年内发表,促使其在生时能看到。

莫尔斯教授去世后,其夫人曾要德国斯普林格出版社出版其论文全集。因其论文太多,该出版社恐不能获利,即予以拒绝。后经蒙哥马利(D. Montgomery)教授介绍,其夫人来信要我在新加坡世界科技出版社的一套理论数学书内出版。得此信后,我觉得他伟大加之同情,而接受莫尔斯夫人要求,出版莫尔斯全集(共6大本),并在与其有关数十张照片中选出6张适当的,使每本内皆有一张。此6张照片中,一张是其全家照,其他5张是代表其一生中5个不同的时代。

莫尔斯

所担任过的职务及职业活动

职务如下:

(1) 威斯康星大学讲师,1948—1950年。

(2) 西北大学讲师,1950年秋季。

(3) 哈佛大学研究员,1951年正月至1952年8月。

(4) 理海大学助理教授,1952—1955年。

(5) 理海大学副教授,1955—1960年。

(6) 威斯康星大学美国陆军教学研究中心访问副教授,1959—1960年。

(7) 理海大学正教授,1960—1984年(至退休)。

(8) 加州大学伯克利分校访问专家,1962 年春季学期。

(9) 西班牙格拉纳达大学特聘教授,1986 年 1 月至 5 月。

一些活动如下:

(1) 我在理海大学的研究从 1957 年曾连续 20 年分别获得美国空军及国家科学基金会辅助。

(2)《微分几何》杂志创办人及主编。

(3) 台北"中央研究院"的数学季刊的编辑。

(4) 新加坡世界科技出版社编辑、顾问及理论数学图书的主编。

(5) 以下列出主要国际会议上被邀请报告论文:

(甲) 美国数学会与国家科学基金会合办之夏季研究会:

① 1956 年在西雅图的华盛顿大学关于全局微分几何。

② 1962 年在加州大学圣巴巴拉分校关于相对论及微分几何。

③ 1973 年在斯坦福大学关于微分几何。

(乙) 1964 年及 1972 年在西德上沃尔法赫(Oberwolfach)之国家数学研究所主办之关于全局微分几何会议。

(丙) 1970 年国家科学基金会在密歇根州立大学主办之关于微分几何之区域会议。

(丁) 1971 年加拿大数学会在哈利法克斯(Halifax)、新斯科舍半岛(Nova Scotia)、达尔豪斯(Dalhousie)大学举行第 13 次两年一度的讨论会。

(戊) 1972 年春季在英国之华威(Warwick)大学举行之国际整体分析讨论会。

(6) 1972 年在美国数学会之夏季会议上被邀请一小时之特别演讲。

(7) 被请来组织 1980 年 4 月 17—18 日美国数学会在费城举行之会议上的关于微分几何之特别会议。

(8) 台北"中研院"、台湾大学及台湾新竹清华大学合办之

1969年暑期科学研讨会议（由6月至8月）。

（9）1980年及1987年分别在武汉大学、复旦大学、江西大学、杭州大学及科学院讲学，每年均共枕有两三月。

我的研究及著作

除了发表论文，我还著有一微分几何教本（*A First Course in Differential Geometry*，New York：Wiley-Interscience，1981，260页；中译本：微分几何教程，熊一奇，杨文茂译，武汉大学出版社，1986，426页）。

在国内，我随苏步青先生研究局部射影微分几何。那时在国内外所发表之论文大部分是属于下列三方面：

（一）关于曲线、曲面及超曲面之射影不变式。

（二）在三元极高次元空间内之共轭纲理论。

（三）直纹线汇之理论。

到美国后我主要是研究整体微分几何，特别是积分几何。所发表之论文中特别有兴趣的是属于下列11个方面：

（一）关闭超曲面之闵可夫斯基—熊（Minkowski-Hsiung）积分公式。

（二）有界黎曼流形之消灭定理。

（三）有界之二度黎曼流形之等周不等式。

（四）有界黎曼流形之闵可夫斯基及克利斯托费尔（Christoffel）之唯一性定理。

（五）黎曼及凯勒（Kähler）流形之截面曲率与示性类关系。

（六）欧氏空间内子黎曼流形之局部及整体保形不变式。

（七）关于黎曼流形与球面有保形或等距关系之问题。

（八）在黎曼流形上曲线之全绝对曲率。

（九）六度球面上无复结构之证明。*

（十）殆复结构之新类。

（十一）凯勒流形之扩充流形的谱几何。

我的所有研究工作中当以第九项为最重要。关于那项工作，我时断时续地花了十五六年的功夫，创造了一新微分几何方法，通过关于复运算元之甚复杂的计算，解决了数学上三四十年未解决之难题。我的主要公式将成为复流形几何上之一基本公式，推动复流形之一般理论的发展。最近我又继续此项工作得到殆复结构之一新分类，此分类当包括复结构在内。

熊全治的部分著作

---

* 2011年5月4日注："六度球面上无复结构"这个问题仍未解决，熊全治教授的证明并不正确。陈省身教授晚年也想证明这猜想，他的论文也被认为有不正确之处。

11 传承北大精神的平民校长
——丁石孙

> 我是一个像空气一样自由的人,妨碍我心灵自由的时候,决不妥协。
>
> ——丁石孙

> 一个人,一个国家甚至一个民族,对待数学,重要的不是公式,不是定理,而是它的方法。
>
> ——丁石孙

> 我最得意的一点是我当了多年的校长,学校里没有人认为我是校长,谁也不把我看成一个非常重要的人物。这是我很大的成功。
>
> ——丁石孙

概括起来说,数学不只是知识,它同时培养人的能力,提高人的素质。素质说起来就虚一点。有的同志经常说数学是美的享受,这话我就不大懂。你说数学很美,有些时候你是可以说它非常美，但我就不大体会这个美的享受对我有多大作用。数学是美的享受，这话可以说，但不能过分夸大。不管怎么说，数学是一门很特殊的科学，它能给人一种无形中的影响。记住一位数学家讲过这样一句话：今天数学教育的质量，决定着我们明天科学人才的水平。

——丁石孙

北大历史上有两位校长值得记住，一位是蔡元培，另一位是丁石孙。

——季羡林在北大百年校庆时的讲话

著名数学家、教育家、社会活动家，中国民主同盟杰出领导人，北京大学原校长丁石孙，2019年10月12日在北京逝世，享年93岁。

早年求学生涯

丁石孙原名丁永安，祖籍江苏镇江，家境殷实。1927年生于上海，是家中的老大，1941年改名为丁石孙。他有两个妹妹和一个弟弟。大妹丁永宁后来成了新华社的著名记者。

丁石孙

出生后没过多久，丁石孙全家就回到了镇江居住。8岁之前，丁石孙一直在家里接受教育，后来进了私塾，但只读了约两年半，1937年7月爆发了"七七"卢沟桥事件，镇江的形势也开始紧张。上海失守后，全家及亲戚分几批逃难。丁石孙同父母一起逃到了汉口，弟弟、妹妹、亲戚也陆续到达汉口。由于缺乏经济来源，1938年5月，全家离开汉口，坐飞机抵达香港，一周后又坐船回上海。

幼年丁石孙（前排左一）和家人的全家福

丁石孙先后考取南洋中学和上海光华大学附中，这两所学校都因为日本侵略而被迫转入租界。然而就在1939年，丁石孙母亲突然因病去世，父亲过于伤心，就搬了一次家。碰巧的是，新家楼上邻居是一对年轻夫妻，女方的妹妹叫秦惠䇹，经常来找丁永宁玩。后来，她远赴美国，嫁给了著名物理学家李政道。丁石孙日后和李政道打交道，部分也是靠这层关系。

1940年，家族又有好几位亲戚去世。接二连三的打击，使丁石孙在读中学时因情绪而影响了学业，一段时期甚至休学。那时的考试是比较困难的。丁石孙后来回忆说：平面几何对我来说一直比较伤脑筋，作业不大会做，考试也通不过。那时，日本鬼子闯进了租界。抗战期间，日本人强制中国学生学日语，他拒绝学，考试全靠作弊。为安全起见，丁石孙又转学到离家较近的乐群中学。

数学成绩平平，高一学平面几何都觉得难，为了应付不会做的题，他只好抄别人作业。在乐群中学，丁石孙遇到了一位数学老师,对他后来走上数学道路产生了一定影响。当时学校用的代数教材是著名的《范氏大代数》。那位老师还经常出些难题给学生做,难题取自另一本名著——霍尔(H. Hall)和奈特(S. Knight)的《高等代数》。丁石孙发现自己能解决其中的大多数难题,对自己研习数学颇有信心,但并没有确立数学为自己的主攻方向。

1944年,丁石孙考入大同大学电机系。大同大学的校长就是著名的胡氏三兄弟中的胡敦复。胡氏三兄弟有一个小妹叫胡芷华,嫁给了著名数学家姜立夫,其子姜伯驹1953年考入北大数学力学系,他的导师正是丁石孙。姜伯驹后来长期执教北大,还当上了中科院院士。这是后话。

由于不喜欢制图,1945年秋,丁石孙转到了数学系。那个时候日本已经投降。1946年,丁石孙接触到佛教,明白了要把很多事情都看穿看淡,这个思想贯穿了他的余生。

日本投降后,丁石孙开始关心政治,积极参加中国共产党地下组织领导的学生运动。他上街卖纪念章,参加读书会,还当上了读书会的负责人。

1947年初,丁石孙进入大同大学学生会。学生会里有不少是地下党,他们带领学生罢课。其中包括丁石孙在内的四人还去南京教育部参加"反饥饿、反内战、反迫害"运动,无果而返回上海。第二天,警察就来学生会抓人,丁石孙也被抓进去,经过一番审问后被放了出来。丁父怕再出事,就让丁石孙回镇江住了一个月,之后回到上海,丁石孙才知道他已被大同大学开除了。

在上海失学的一年里,丁石孙当过家教,还花不少时间细读罗素的名著《我们对客观世界的认识》《西方哲学史》。此外,丁石孙还读了冯友兰的著作,对宋明理学有了一些了解,并对禅宗产生了兴趣,"以出世之心做入世之事"给他留下较深的印象。但这个时候,丁石孙没怎么接触数学。

1948年,经过努力,丁石孙考入清华大学数学系。在他离开上海之后几周,读书会的人全被国民党当局抓了,其中有丁石孙的弟弟,有人甚至还受过刑。两周后,国民党得不到什么证据,就把他们都放了。进入清华大学后,他加入进步组织"民主青年同盟",并担任校学生会领导,组织进步学生开展配合解放军入城的宣传活动。1949年上海解放后,丁石孙从北平赶到上海,读书会全体成员开了一次会,商量下来,大家接受丁石孙等解散读书会的提议,但相互还保持着联系。1995年,整整50年过去了,大家再度相聚于上海,谈得很开心。

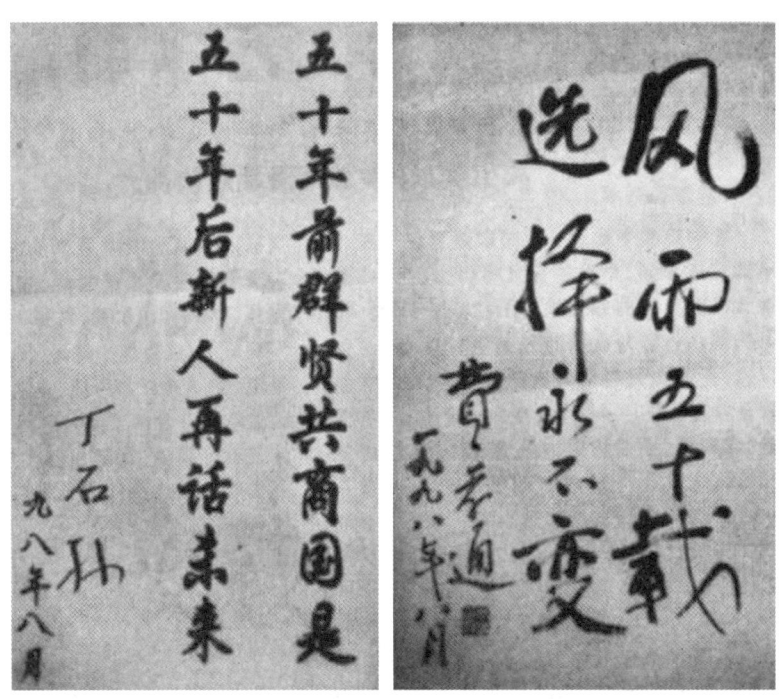

丁石孙与费孝通为纪念各民主党派响应"五一"口号50周年题词

初入数学圈

大同大学的数学比较落后,连近世代数也不教,丁石孙当时并不知道群、环、域这些概念。考清华时是考到这些概念的。所幸的是，丁石孙在参加考试途中，坐在三轮马车上临时翻看一本抽象代数的书才知道它们。

进入清华之后，就完全不同了。丁石孙不仅大开眼界，还接触到了很多有名的数学家。那个时候，读数学系的人非常少，每个班就几个人，丁石孙的同学中有曾肯成。

多年之后，丁石孙还记得他去清华报道时的情形。全校新生到体育馆报到。数学系也放了张桌子。桌子旁只坐了一个人，他就是当时的系主任、著名代数学家段学复，1955年当选为首批中科院院士（当时叫学部委员）。丁石孙当时不知道段学复的大名，因此也印象不深。

段学复让丁石孙选课。两天后，丁石孙把所选的课告诉段学复，只要他点头就OK了；而且大同大学的学分清华是承认的，因此可以少选些课。那个时候丁石孙的经济比较拮据，好在国立大学不收取学费。

这时，丁石孙才搞懂什么是数学，之前在大同大学没怎么花工夫，加之那儿数学教学水平不高，连"连续"这样的基本概念也不知道。于是，他下决心恶补高等数学，一两年里可谓进步神速。

当时，清华数学系有两位教授开课，一位是段学复，一位是闵嗣鹤。另有郑之蕃先生给外系上课，他是陈省身的岳父，大妹嫁给了著名诗人柳亚子。郑之蕃为人非常好，在古典文学方面修养也极深，多有著书立说。即使退休后，丁石孙和同学还常去他家看他，特别喜欢听他讲些关于中国文化的东西。杨武之也待了一段时间，后来去了上海。

段学复讲授伽罗瓦理论，用的是世界著名代数学家埃米尔·阿廷（Emil Artin）的小册子《伽罗瓦理论》。可惜段学复的眼睛不好，每次上课时翻书总是几乎把脸靠上去，讲起来自然不甚流畅，不过板书还是不错。上课质量受影响，怎么办？丁石孙后来通过自学,弄懂了伽罗瓦理论。闵嗣鹤则给他们上复变函数,大家觉得他学问很好。

还有一个教员叫吴光磊,他上的课是射影几何。吴光磊这个人水平也很高,上课思路极为清晰、简练,学生都很容易接受。吴光磊的讲课风格得益于他对数学理论的理解。他这个人学一个东西,一定要学深;懂一个东西,一定要懂透。这些治学品质都给丁石孙留下了深刻的印象。大家都很赏识吴光磊,连陈省身和苏步青都很器重他。

1950年代初,华罗庚从美国回到清华执教,同行的还有程民德。华罗庚喜欢一边教学一边研究,当时他在清华开的课是矩阵几何,助教是万哲先。丁石孙记得,华罗庚往往喜欢拿些未经充分准备的东西给学生讲,常常因此而推导不下去,这时华罗庚就会对学生说,我证不出来了,你们证一证。这对学生来说也是一种培养。华罗庚是一位研究型学者,因此他的一些课没有考试。几年之后,华罗庚和万哲先写出了专著《典型群》。

程民德则给学生讲授最新的布尔巴基学派的东西,自己也在边学边讲过程中。他本来希望在这个过程中大家通过互相讨论共同提高,效率比一个人自学要高,这个习惯与华罗庚似乎有点像。但他高估了清华学生的能力,布尔巴基学派的数学工作实在是太艰深了。丁石孙回忆说,当初他没听懂多少。

但这些课让丁石孙感受到数学内在推演的力量,无论是数的扩充还是运算的扩充或别的,每一次这样的操作都是不平凡的,给数学带来极大的丰富。

1950年,在段学复的提议下,从北大数学系引进了一位刚从美国获得博士学位的老师,名叫王湘浩,给学生讲代数数论。王湘浩课上得很好,思路清晰,后来,他又调到吉林大学去了。

王湘浩在美国的老师,就是埃米尔·阿廷。王湘浩本人也刻苦认真。有一次,埃米尔·阿廷让王湘浩看一篇文章,这篇文章很经典，阿廷本人也给学生讲过十来遍。但王湘浩竟然发现这篇文章有错，不过只要加上一些条件，就可以纠正错误，使文章变得完整。这件事在华人数学家圈子里被传为美谈。

此外，丁石孙还选了费孝通社会学方面的课。值得一提的是哲学系的王宪钧。王宪钧是著名的数理逻辑学家。因为丁石孙读过罗素的著作，对哲学兴趣一直很大，就选了他的课。总共有四五个人选这门课，除了丁石孙，其他人都是哲学系的。后来，这些哲学系的学生觉得学"唯心主义哲学"将来恐怕没饭吃，所以就都不念了，只剩下丁石孙一人。

恰好清华图书馆只有两本教材，王宪钧借出来一人一本。后来，丁石孙干脆跑到王宪钧家里上课，每周一次，上课的形式也变成了讨论。多年以后，这依然是丁石孙美好的回忆。

1949年，丁石孙还选修了一门逻辑课。老师是著名逻辑学家沈有鼎。沈有鼎用的是世界著名哲学家卡尔纳普（R. Carnap）的著作。由于当时这些东西被归为"唯心主义哲学"，课堂上也只有两名学生，丁石孙便是其中之一。

沈有鼎是金岳霖的大弟子，学问非常好，精通多国语言，是个古怪得可爱的人。有人说他不善理财，老是提着个箱子，里边装着书和钱；还有人说他衣着邋遢，不懂生活。沈也毫无政治嗅觉，据说挨批时也不知道别人为何要批斗他，搞得人家哭笑不得。像他这副样子反而被政治斗争忽略，从而在某种程度上保全了自己。

那时候，一些教授有个习惯，既然学生也不多，就干脆一起到茶馆或餐馆里继续讨论。沈有鼎也是那些地方的常客，他会买一碟瓜子或花生，如果哪位学生辩赢了他，他就会拿瓜子或花生作为奖赏，如果哪位学生得不到他青睐，他就会用手护住碟子说："就不给你吃！"沈有鼎给丁石孙上的课也不例外，下午上3个小时，之后就请两学生去小餐馆。这个小餐馆里不少学生是常客，他们跟老板都混熟了,就建议给一些菜起奇怪的名字,比如黄小姐菜。在学习、讨论过程中,丁石孙与沈有鼎结下了友谊。丁石孙毕业后,沈有鼎有时还会找他聊天。

毕业那年,学校发了一个奖,丁石孙和曾肯成都拿到了。曾肯成天赋很高,为数学圈子里公认,后来还成了著名的密码学家,但他人生道路比较坎坷,这与他的性格也有点关系。

任教北大

季羡林之所以给丁石孙如此高的评价,因为丁石孙不仅是一位优秀的数学家,更是位杰出的教育家。

1950年清华大学数学系毕业后,由于周培源的争取,丁石孙留校任教,一开始是当江泽坚和闵嗣鹤的助教。在清华,助教有两件任务:一是批改作业,二是要每周花点时间去图书馆值班,管学生借书。

两年后院系调整,清华数学系并入北大,丁石孙转入北大数学力学系,从此就成了北大人。

数力系在现在听上去有点奇怪,原因是那时全面学习苏联,北大以莫斯科大学为榜样,莫斯科大学有力学数学系。数力系系主任是段学复。合并后,大家关系还算融洽。

1952年,数力系一下子招了100多个学生,教员忙不过来,丁石孙就被要求给学生上大课,作业也要改,还要翻译俄文书,工作量非常之大。1953年,丁石孙和聂灵沼、王萼芳完成了斯米尔诺夫(V. I. Smirnov)经典著作《高等数学教程》代数分册的翻译工作。

1954年,北大数力系招收了240名学生,其中有高中生,也有工农速成中学的毕业生。丁石孙除了讲大课之外,还讲2个小班的习题课(共 9 个班)，其中一个小班是比较差的，他们没有经过小学和中学的系统训练，甚至连教科书也看不懂。于是每次讲完大课后，丁石孙晚上就把少数困难学生叫到办公室，领着他们像念课文一样念教科书。其中有些学生教科书看得实在吃力，丁石孙就逐字逐句地给他们讲解，直到弄通为止。经过几年的努力，其中一部分同学慢慢赶了上来，后来到中科院计算技术研究所搞数理逻辑研究的张景文就是其中之一。

对于基础好的学生，丁石孙也给予了特殊培养。第二学年，丁石孙组织"跑得快"的学生成立代数小组，每周活动一次。丁石孙定期从《美国数学月刊》上挑选一两篇论文让大家讨论，引导学生发散思考。丁石孙说："这些同学很努力，思想相当活跃。"

在丁石孙的培养下，学生的科学研究能力得到了提升，一年多的时间里，写成了不少小论文。学生们还办出了自己的刊物，专门发表研究成果。

有一年元旦，学生给他寄了一封信，说在习题课上，丁老师的教学不仅仅给了很多专业上的指导，更极大鼓舞了同学们的信心——让大家意识到"这些题目原来以我们的能力都可以解决"，在调动学生的学术积极性上起到了很好的作用。

除了上大课和习题课，丁石孙还负责起全年级的答疑工作。每周专门抽出半天的时间来回答学生们在学习上遇到的各种问题。

因为和同学们关系融洽亲近，大家都把丁石孙当作朋友来"咨询"。问题不限于数学课，还有生活问题，甚至恋爱问题也要来找丁老师问问建议。

当时的教师配备也很强，数学分析、几何、代数分别由程民德、江泽涵、丁石孙讲授。

中科院院士、发展中国家科学院院士、北大教授张恭庆在《丁石孙老师》一文中回忆："从一年级下学期开始，我们年级在部分同学中成立了'科学小组'。按分析、代数、几何分成三组,分别在程民德、丁石孙和裘光明三位先生的指导下读书,读文章,相互报告并思考一些问题。根据个人兴趣,陈天权和我在分析组,张景中和杨路在代数组,马希文在几何组。到了二年级,在'向科学进军'的号召下,各个年级都成立了'科学小组',更多的老师和同学也都加入这类活动中来。每年一度的'五四科学报告会'在1956年特别增设了学生报告专场,不少同学在会上报告了学习心得,其中陈天权和张景中的成果都有创造性,后来被写成论文发表在学报上,而在这些活动中,丁先生始终是一位重要的组织者。"

这些努力使得北大数力系54级不但整体上学习较好,而且思维活跃,眼界开阔。后来这个年级涌现了7位院士(包括张景中、张恭庆、王选)和两位卫星、导弹总设计师,在我国数学史、力学史、计算机科学史上留下不可磨灭的痕迹。还有相当多的学生毕业后在各自工作中做出了突出成绩,成为各行各业的高手。

提到教书的体会,丁石孙说:"教师有热情,才会引发学生的学习兴趣。"

除了教学,1954年,北大开始开展科研工作。在段学复领导下成立了一个讨论班。大家一起研究群论,但那次时间维持不长。

1956年1月,党中央吹响了向科学进军的号角。8月,中国数学会组织了一次论文宣读大会。在提交给大会的170多篇论文里,青年数学家的比重很大。这些青年里有王元、谷超豪、夏道行、丁石孙等人,被视作未来的希望。丁石孙提交了2篇论文。本来打算提交3篇。其中一篇是对正则空间的乘积空间仍为正则空间提出了反例。江泽涵经查证,发现这一结论早在1939年就被法国著名数学家迪厄多内(J. Dieudonné)得出过。

那5年,丁石孙可谓是顺风顺水,他成了民盟小组长,后来入了党,还成了家。

人生的波折

政治运动开始了。1957年,北大很多师生被打成"右派"。丁石孙虽非"右派",但由于与"右派分子"有信件来往,1958年1月被下放到北京一个穷苦的地方劳动,直到11月才回北大;是年夏天还受了严重警告处分。丁石孙虽心里不服,可也感激别人的暗中相助。因为按当时的"标准",他当一个"右派"是绰绰有余的,严重警告已经是很客气了。

但丁石孙并没有沉默,对于当时的一些荒唐事,他敢于站出来发表不同意见。1958年有很多张大字报针对丁石孙,说他搞科研脱离实际。丁石孙很生气,决心不再搞代数。

到1959年,政治气氛变得比较宽松了。回到北大后,系里要求丁石孙带学生搞控制论,他就答应了。此外,当时计算机也比较时髦。但计算机编程还处于初级阶段,非常烦琐。丁石孙不久就发现,要把这些东西彻底搞清楚,就必须弄明白数理逻辑,了解算法论。于是,他就开了算法的课,带领学生一起研读苏联数学家的俄文原著,那时中国还没有这方面的译著。

麻烦很快又来了,丁石孙回北大提意见的事,在1959年下半年被人抓住了"小辫子"。正巧数力系换了个领导,批判了不少教师,丁石孙也因为家里的一些所谓的"问题"而于1960年被开除出党,但经过申辩,1962年又被甄别平反,很快又恢复了党籍。

1963年,丁石孙参加了万哲先的一个讨论班,研读法国著名数学家、布尔巴基学派的创始人之一舍瓦莱(C. Chevalley)的《李型单群》,但大家没念完。1964年1月,学校派一些人到农村搞"四清"。与丁石孙同行的还有姜伯驹和周民强等。后来政治形势略为宽松。11月,丁石孙又回到了北大。

1965年，为响应毛泽东的号召，丁石孙授命精简高等代数课，为此编写了一部教材《高等代数简明教程》。他也没想到，这本代数学教材后来评价很高。

在《有话可说——丁石孙访谈录》中，丁石孙回忆道："由于时间紧迫，我只能用剪刀加糨糊的办法，从1953年我和聂灵沼、王萼芳翻译的斯米尔诺夫的《高等数学》第3卷第1分册中挑选内容，自己再添点东西，把前后的内容连接起来。1966年2月，初稿完成。高等教育出版社准备出这本书。他们审稿抓得很紧。当月我又到了上海，住在华东师大的一座小洋房里。审稿的人有华东师大数学系主任曹锡华、北师大的刘绍学、吉林大学的谢邦杰，高等教育出版社还去了个编辑。记得审稿前后用了两周时间。在这两周里，我一边审稿，一边根据大家的意见做修改。编辑就进行编辑加工。两周后，稿子就可以付印了，效率非常高。

丁石孙的回忆录

审稿完成之后，我回到北京继续上课。大概4月份，高等教育出版社通知我，他们准备将这本书拿到日本的图书展会上展览，让我认真校对一下。我认真校对了两遍。这本书刚出版，'文革'就开始了，所以我没看到新书。我第一次见到这本书是在1971年。当时我刚从江西干校回来，在学校图书馆见到这本书。图书馆的人告诉我，这本书在海淀中国书店当废书在卖。我就去买了一本。1974年，总参三部要我们给他们培训一批搞密码的干部。他们送来的学生一般都是高中毕业，课要从高等代数讲起。北大数力系负责这项工作的是段学复。他建议总参三部的人去找高等教育出版社,把我写的这本书的底版要来。总参三部利用这个底版印了一批书,给他们的学员使用。

  对这本书,我还是有点伤心。因为我花了很大力气,结果它没有起到应该起的作用。'四人帮'被打倒后,大概是1978年,教育部又想重新修订高等代数教材。我当时有点气愤,拒绝参加这项工作。最后是在这本书的基础上,由王萼芳、石生明稍作修改,改名《高等代数》出版。1988年,这本书获得高等学校教材一等奖。我虽然没有参加修改,但后来这本书每次得奖,他们都把奖金分我三分之一。因为这本书的底子是我打的。"

  1966年5月,"文革"爆发了,丁石孙也挨了批斗,幸好不是很惨,也被"文明抄家"几次,后来又被关进黑帮大院,不过相比之下没吃很大苦头。

  1969年上半年,北大的武斗终于停止,往日的工作稍稍恢复。可到下半年,北大两千多人都被下放到江西鲤鱼洲的干校。名为"干部学校",实际是对机关干部、知识分子的变相劳动改造场所。丁石孙举家前往。鲤鱼洲当时是一片荒地。虽然条件很艰苦,但没什么人管,大家倒也相处得蛮愉快。他被分到种菜班,每天干农活,挑粪桶,给菜上粪。儿子丁诵青在干校读小学,干的活也是种菜。

  丁石孙的侄子丁明在发表于《新民晚报》的一文《我的大伯丁石孙》中说:"上世纪70年代初,伯父曾在江西有过一段艰苦岁月。他先是住在鲤鱼洲荒地的草棚里种菜,后到德安化肥厂担任司务长(食堂采购员)。在鲤鱼洲时,他一家三口分在三个连队,半个月才放一天假,团聚一次,到附近小镇上买点糖果给儿子吃就是一种奢望了。在德安化肥厂,伯父每天早上推着两轮车走三里地到城里买菜。如果当天能买到一块豆腐,那是一件喜事了!在这期间,我家也遇到难事,生计几无着落。大伯父闻讯后,寄来15元。母亲得知大伯父收入也就每月45元,三口之家不容易,就把钱退了回去。大伯父又寄了过来,并来信安慰我们,生活再苦也不能使孩子们成长受到影响。我母亲读信时,忍不住感动得流下热泪。这期间,即使在伯父收入每月生活费只有 20 元时,照旧寄来 15 元,直到我家状况好转。"

1971 年,北大干校撤销,丁石孙才最后一批离开,回到北大。

丁石孙后来回忆道:"'文化大革命'中让我去劳动,劳动本身是有益的,所以我在劳动中非常认真,监督劳动的工人和我变成了朋友。后来我当了北大校长,我们仍是很好的朋友。我还在'五七干校'做过饭。那时我天天挑着担子去买菜,要是哪一天能买到豆腐或是好吃一点的东西,我会非常高兴。因为做饭本身与我遭受的不公平是两回事。所以,只要让我做一点事,我就要认真地把它做好,并且能够从事物本身当中寻找到乐趣。"

数学的应用

1972 年,数力系成立了一个应用数学组,专门搞数学的应用。丁石孙和段学复都参加了。丁石孙和组里其他几个人到棉纺厂推广正交设计。正交设计主要是解决在多种不同方案要做实验的情况下,如何安排可以使实验次数做的较少的问题。这种办法是日本统计学家在 1960 年代初提出的,理论不深奥,也比较实用。那时大兴数学应用之风,华罗庚在推广优选法,优选法在理论上比正交设计简单。

这些数学应用方面的工作,其实有点雷声大、雨点小,这不是数学本身的问题,实际情况比较复杂,不是说数学一定就可以很方便地用上去。但就在几乎同时,总参三部的人找到了数力系,他们需要数力系给他们开一个短期培训班,这个东西就比较有含金量了。

原来,他们对密码学很有兴趣。传统的密码学使用的是概率方法。到了 1970 年代,电子通信发展很快。国外开始用线性移位寄存器加密,其用到的数学知识不是概率,而是代数。1974 年左右,总参三部的人找到段学复,希望北大给他们办个短期培训班,教授代数知识。丁石孙给他们上课,学员有三四十个。他们学习努力,也很尊重老师。这给丁石孙留下深刻的印象。后来,他们成了国家密码学方面的骨干。

面对数学系"难题"

1976 年,"文革"结束了,北大也开始恢复正常的教学科研秩序。这个过程复杂而漫长,丁石孙做了很多工作。总体上说,大家意见还比较一致。1978 年,数力系分为数学系和力学系。

党总支书记黄槐成向《中国新闻周刊》回忆,"文革"结束后,北大数学系里面对的一大难题,是如何对待工农兵学员与"造反派"出身的教师。当时,教师队伍"断代","文革"前业务水平高、教学经验丰富的老教师人数不足,毕业留系的工农兵学员业务水平多数不能满足教学需求,当过"造反派"的教师大多在运动中伤过人,老教授对他们很反感,希望能把他们清除出去。

时任数学系副系主任的丁石孙很慎重,他自己挨过整,但觉得如果简单地赶人,会把他们推到对立面。他希望能给这批年轻人第二次机会。

最后系里商议决定,允许这批教师两年内不授课,并帮他们制定教学计划,重新进修。进修过程中,多数人跟不上,主动申请调走,少数人申请转为行政岗位,个别人最终考上了系里的研究生。这种豁达开明的处理方式,使数学系的工作早于全校步入正轨。

1978 年,北大数学系开始招生。那时的数学本科生教育有所谓"三高"的说法,即高等代数、高等几何、高等数学(微积分)。这一传统说法流行多年,但数学的发展使大家觉得应该有"新三高"来替代这些学科,即抽象代数、拓扑学、泛函分析。聂灵沼和丁石孙合招代数数论方向的研究生。这时,丁石孙发现有一门课很重要,叫交换代数。有本刚出版的书值得参考,它就是英国著名数学家阿蒂亚(M. Atiyah)和麦克唐纳(I. MacDonald)的《交换代数导引》。

不得不提的是荷兰数学家范德瓦尔登(B. L. van der Waerden)的《近世代数》,后来改名字叫《代数学》,被公认为现代代数学教材中的No.1。因为这本书代表了代数学的一个新阶段,它一开始就认为代数不仅研究数的运算,而是主要研究代数结构。此书一出,立即风靡世界数学界。

在该书中,范德瓦尔登总结了代数学在20世纪头30年所达到的高度,即系统地阐述了自己的老师、德国女数学家艾米·诺特

丁石孙等翻译的代数学经典名著

(Emmy Noether)的学派的工作。诺特对抽象代数的开创性研究深刻影响了20世纪代数学甚至整个数学的面貌,还影响到了物理学。她被誉为"抽象代数之母","有史以来最伟大的女数学家",希尔伯特、爱因斯坦都给予高度评价。可以说,从19世纪初阿贝尔、伽罗瓦的研究使得代数结构的思想初露端倪,一直到诺特手里终于达到成熟完善的地步。

清华、北大的特点是紧跟国际潮流,一直具有立足世界、开创未来的眼光。早在1940年代,丁石孙在清华数学系学习代数学,用的教材就是范德瓦尔登的。这本书出了好几个版本,起初一直叫《近世代数》,1960年代的第5版就直接叫《代数学》了。这并非

作者之"狂",打个比方说,在19世纪之前,代数学尽管也不乏大师,但代数学尚处于"冷兵器"时代,从阿贝尔、伽罗瓦开始,代数学家开始研制"热武器",到诺特时代终臻于完善。在热武器面前,冷兵器的力量一般总是显得太弱了。

丁石孙和几位同事就把这第5版译出来,这是他对中国代数学的大贡献。先译的是上册,后来才把下册也翻译出来,分别叫做《代数学Ⅰ》《代数学Ⅱ》。1981年,丁石孙又开了代数学这门课,听课的人非常多,大概有60多人,除了北大学生,也有来自其他科院高校的。

当时周培源是北大校长。在他的主持下,丁石孙从讲师破格提升为教授。

1980年,段学复以年纪大为由辞去了系主任,丁石孙被高票选为北大数学系主任。1981年,丁石孙还当上了新中国第一批博导。

丁石孙等编写的优秀教材

那时丁石孙和聂灵沼写了本《近世代数》,此书后来于1988年出版,正式名为《代数学引论》,是一本非常经典的教材,评价很高,以至于一提到中国人自己的代数学教材就提到这本书。《代数学引论》在全国高等学校优秀教材评选中被评为国家级特等奖,现在还在不停地印刷。

出国访学

1980年,受美国教育协会之邀,丁石孙等人到加州伯克利参加年会。这是他第一次出国。在伯克利,丁石孙见到了不少来自北大的留学师生,其中有被公认为天才的马希文,当时在斯坦福大学学习。华罗庚也去那里做了个报告。之后,丁石孙到斯坦福大学参观,遇到了著名华人数学家钟开莱,他水平很高,但脾气也不小,做学生时跟华罗庚闹掰了,改了方向学概率统计。在斯坦福,丁石孙还见到了年轻而前途无量的丘成桐。此外,丁石孙还受邀到在加州大学圣巴巴拉分校任教的樊 家中去做客。

1978年后,中国加快了向国外派遣留学生和进修人员的步伐。选派者也不一定非得年轻人,其中就有丁石孙。1982年,在陈省身的建议下,哈佛大学著名数学家格里菲斯(P. Griffiths)到北大讲课。在得知丁石孙即将赴美进修,格里菲斯答应帮他联系,两三天后,哈佛大学数学系的邀请函就发出了。

1982年11月,丁石孙辞去系主任一职,去美国哈佛大学做访问学者。到美国第二天,他就去了洛克菲勒大学,见到著名华人数学家王浩。之后就去了哈佛,格里菲斯派了一名学生到机场迎接。

当时哈佛数学系的主任是芒福德(D. Mumford),菲尔兹奖得主。丁石孙发现那里的数学系很不错,行政也比较简单。

有一次,丁石孙正在图书馆看书,进来一位老者,向他打招呼,此人名叫伯克霍夫(G. Birkhoff, 1911—1996)。两人攀谈起来。丁石孙说大学时读过他的代数书。就这样两人交上了朋友。伯克霍夫经常出差,一走就好几个月,因此把办公室让给丁石孙用。

格里菲斯也十分照顾丁石孙,觉得他钱少,就给了他2 000美元,在当时是不小的数目。

在哈佛,丁石孙结识了一位代数数论大专家马祖尔(B. Mazur),听了他关于椭圆曲线算术的课。椭圆曲线当时是很前沿的内容,马祖尔也是怀尔斯(A. Wiles)的同行,合作过论文,怀尔斯后来就是用这套方法于1994年彻底解决了历时350多年的费

1983年4月2日,丁石孙在哈佛大学伯克霍夫教授的办公室

马大定理。

另一位齐名的教授是泰特(J. Tate),他有个学生叫西尔弗曼(J. Silverman),精通泰特的计算方法,当时在麻省理工学院。马祖尔后来把西尔弗曼找来,西尔弗曼把泰特计算方法的文章复印给了丁石孙,在格里菲斯的支持下,丁石孙可以使用机房计算。

1983年9月,丁石孙选了两门课。一门是椭圆曲线,由西尔弗曼讲;另一门是代数几何,由格里菲斯的学生讲。由于都是基础课,老外讲课很有耐心,循循善诱,丁石孙觉得不难。

但是椭圆曲线对于中国人来说还是新鲜事物,丁石孙后来回国就开了这门课。

1983年,北京大学校长面临换届,校领导商量提拔哪个系主任进校领导班子,大家意见比较一致,都觉得丁石孙把数学系搞得很好。之后,北大进行了一次民意测验,请大家填写校长人选,丁石孙是得票数最多的人。随后,校方将意见上报教育部。1983年10月,在美国的丁石孙得知消息,自己即将被任命为北大校长。1983年12月31日,丁石孙回到北京。

校长之责

1984年3月,57岁的丁石孙上任北京大学校长。在就职讲话中,丁石孙说:"一般的说法,叫新官上任三把火。我没有三把火,我在北大工作了这么多年,火气早没了。同时,我也认为,中国的事情比较复杂,不是靠三把火能解决的。我只希望能够做到,下一任校长接任的时候,比我现在接任的时候,条件要好一点。这就是我的目标。"丁石孙承诺,上任3个月内不进行任何改革,先把现状了解清楚。

丁石孙与当时教务长王义道商谈学校工作

曾是新华社资深记者的妹妹丁永宁回忆大哥:"以前,我很难看到哥哥的笑脸。一会儿'反右',一会儿'反右倾',一会儿'文革',折腾极了。我看着他都觉得心疼。自从他当上了北大校长,我觉得他很阳光,意气风发,准备大干,好像春天进入了他的心里,属于他的时代来了。"

丁石孙强调从严治校，但希望能给学生营造宽松的成长环境。在与任何人谈话的时候，丁石孙都会把话听完再来表达自己，不管对方说的观点他是否赞同，也不管对方说的话题他是否感兴趣。这不仅体现了修养，也体现出他的一种民主作风——尊重每个人表达的权利。

"大学没有一定的规则和约束就没法进行管理，可学校的产品是人。个人的特点又不相同，如果我们总用同一个模式去要求人，往往是不成功的。这就需要我们在大规模生产中给他们的成长提供一定的自由度。"丁石孙后来如此回忆当时的治校理念。

丁石孙要为振兴北大办几件事，但困难很大。张恭庆在《丁石孙老师》一文中说了一段往事："'文革'给学校遗留下的问题之一是住房紧张。'文革'之初，原先居住比较宽敞的教授住宅都迅速地被瓜分完了，一幢小楼住上四五家人，到落实政策时，就得有空房让那些人家搬出来住；另外，当年的年轻教师大都已结婚生子，需要从单身宿舍搬到家属楼。但'文革'十年学校没有基建，已有的住房远远不够安置。为了应对这些需求，1980年代初，学校在中关园新盖了几幢三居室的家属楼，先分给一些资历老、职称高的教师居住。这时有人嚷嚷：'知识分子住高楼，劳动人民住平房。'丁校长本人一点也没有特殊化，他和我这样的普通教授一样都住在中关园42公寓。

有天晚上下大雨，公寓周边人声嘈杂，一群人站在楼外大声叫喊：'丁石孙出来！'丁校长十分镇定，马上从楼里走了出来。当他听说是有些平房被水淹了，便跟随来人赶到现场去考察。走近平房时，有人对他说：'你还穿着皮鞋，来，我背你进去。'只见丁校长毫不犹豫，大步踏入水中，走进淹了水的房子，深入了解情况。他随即提出办法，紧急安置了那些受灾的居民。他的举止让人心服口服。"

丁校长上任后不久就让教务处做过调查，发现北大理科各系毕业生当时仍在从事本专业工作的并不多。他由此意识到，本科阶段不应过分强调专业教育,而要拓宽学生的视野。学生可以在这个过程中发现自己的兴趣,找到自己的研究方向。

一位84级计算机系的学生回忆说,进入北大不久,就意识到自己真正的兴趣在中文系,没想到大二那年北大就允许学生提出转系申请。一夜之间,不可能的事情居然就变成了现实。在当时的环境下堪称奇迹。而这个奇迹的实现,得益于校长丁石孙。

丁家四兄妹在镇江合影

这位成功转系去读中文的同学,在毕业时,从图书馆往勺园走的路上,碰见了正骑自行车的丁校长。他说,那时很想拦住校长道一声谢谢:"感谢您允许北大学生转系。因为您的改革,让我实现了自己的理想。"

丁石孙也以身作则。虽然当了校长,却坚持给学生上高等代数这门基础课,除非不得已,从不耽误课时。每一任北大校长都可以在任内搬进北大燕南园的一套独栋小楼居住,但丁石孙拒绝了,仍旧住在中关园一套不到80平方米的老旧房子里。

在学生们的印象里,丁校长总是穿一件洗得发白的蓝色或灰色衣服,骑一辆旧自行车,穿行在校园里。有人想找他说话,直接把他的自行车拦下来就是。

他家的电话号码是公开的。有个学生觉得食堂的饭菜太难吃,直接打电话到他家里骂了他一顿,让他自己去食堂尝尝。他并不恼,真的开始食堂改革。之前,北大各院系学生吃饭的食堂是固定的,他引进竞争机制,饭票在各食堂通用。食堂有了竞争压力,质量立刻提高。不多久,北大的食堂口碑在高校中也出了名。

1986年的一天,丁石孙问王义遒,觉得北大存在什么问题?王义遒回答,没有目标:"不少人工作都得过且过,没有奔头。这样的集体没有朝气,没有凝聚力。"当时市场经济刚起步,"脑体倒挂"现象严重,"读书无用论"冒头,各种海外新思潮又不断传进中国,北大内校风、学风有些混乱浮躁。

1986年下半年,丁石孙提出了六点治校方针:"建设世界一流大学;从严治校;贯彻竞争原则;坚持双百方针,活跃学术空气;树立综合平衡与全局观念;分层管理,坚决放权。"

然而1987年,因为学校的管理问题,学生和校方发生冲突,有四五千学生包围了丁石孙的办公楼,情绪紧张到了极点。但丁石孙依然从容自若,坦诚相对。在1980年代那个特殊的时期,他这位北大校长经常处在风口浪尖上。但无论多少学生的骂声,看到多少不理解的举动,他都用长者的慈爱与宽厚温暖着未名湖。他期望通过平等的交流消除矛盾、填补沟壑。他的民主作风感人至深,他的开明深受学生们的喜爱。

后来常常有人追忆,说"那时的北大就是心目中大学的样子"。人人心怀理想,觉得自己对国家、民族和社会承担着使命和责任,心怀热情和希望。丁石孙只是笑笑:"我运气比较好,因为1988年确实是北大达到很高水平的一年。"他觉得,那种精神的魅力,是"不太容易消失的"。

但在数年的校长生涯中,丁石孙也常感到力不从心,推动改革十分不易。身体出了状况,可能都与当校长累坏有关。

张恭庆在《丁石孙老师》中回忆："1988年程民德先生辞去数学所所长的职务,系领导让我继任。经过一段酝酿,我提出研究所实行以科研流动编制为主,两年轮换的制度。研究所面向全系组织日常学术活动和大小学术会议,并提供出版论文预印本等方面的服务。丁校长很肯定这个方案。但当我接手工作时,却发现这么多年来,研究所并没有独立的运行经费。需要用钱的时候,都是靠程先生向系或学校打报告,专款专用。于是我向丁校长提出了经费需求。没有想到那时学校经费非常紧张。丁校长思索了很久,打电话给我说:'你提出的要求是合理的,但学校现在实在拿不出这笔钱来,我先从校长办公费里拨一两万元给你作启动费,以后不能保证每年都有。'过了几天我到系图书馆去考察购买新书和预订期刊的情况,结果大吃一惊,一年之中原版新书只有二三十本,很多重要的外文期刊,架上也找不到。据了解,尽管系图书小组按时提出了采购和预订计划,但由于学校经费紧张,都被校图书馆砍掉了。然而图书对于数学研究来说,和实验仪器对于自然科学是同样重要的。我把这个情况调查清楚以后,不得不再去找丁校长。丁校长当然知道图书期刊的重要性,但他可能并不知道现实已经严重到了这个地步。他紧皱眉头思索着,对我说:'我知道了,我找图书馆了解一下。'过了一两个星期,校图书馆的同志找我说:'我们全校一年才只有100万图书经费,不过明年我们给数学系10万。'这件事也从一个侧面反映出上世纪80年代末北京大学吃紧的财政情况。'巧妇难做无米之炊',那个年代的北大校长真不好当!"

1988年7月,有位高干子弟北大附中毕业,但高考成绩并不理想。其母找到丁石孙,希望自己的儿子能进北大。丁石孙却以北大气氛活跃、人身安全不能保证为由婉拒。该高干子弟只好上人大历史系。事情就这样过去了,丁石孙也没因此遇到麻烦。

1988年,他给时任国家教委主任李铁映写过两封信,说已经干了4年,身体很不好,希望能同意自己辞职:"我觉得一个人做不成的事情多得很，做不成就算了，我已经尽了力了。"但辞职请求没有被接受。1989年春节后，教育部领导找他谈话，希望他继续主持北大工作，他同意了。他告诉王义遒，希望对方跟他一起酝酿新一届行政领导班子。但8月下旬，教育部领导再次找丁石孙谈话，批准了他的辞职请求。1989年9月，丁石孙回到了数学系。

在告别讲话中，丁石孙说："我当了五年校长，由于能力有限，工作没做好；我是历史乐观主义者，相信后来的校长会比我做得好，会把北大办得更好。"

后来担任北大校长的郝平这样评价他："丁石孙先生是北大师生十分敬重的老校长，担任北京大学校长期间，在推动建设世界一流大学、推进教学改革、提高学术研究等方面贡献巨大、影响深远。"

丁石孙此时也十分关心数学普及和教育。他主编了一套"智慧之花"小丛书，包括《归纳·递推·无字证明·坐标·复数》等，内容之丰富、水平之高，很多方法和结果尽显数学之精妙；而且其他书里很难见到，比如在一个矩形内随机找三点，构成一个钝角三角形顶点的概率是多少？答案里既有反三角函数又有对数，当矩

丁石孙主编或执笔的数学普及读物

形是正方形时为 $97/150+\pi/40$，这很神奇，显示了微积分的威力。小丛书是数学爱好者必藏的珍品，如今已是一书难求。在晚年，他还与人合作了一本《数学与教育》。丁石孙给中国数学界留下的每一本读物都是高质量的，中国数学界和教育界应该记住他的贡献。

1990 年，丁石孙左眼眼底出血，左眼视力基本丧失。1993 年，在民盟中央主席费孝通的提议下，丁石孙调入民盟中央，由兼职副主席转为专职副主席。调任前，丁石孙有些犹豫，他原本想在北大数学系安安心心地教书。时任数学系主任的李忠劝他："你对我们普通知识分子很了解，你到那个地方，可以代表我们发言。"

调任后，丁石孙仍然定期到北大给数学系一年级新生上基础课。

1996 年，他出任民盟中央主席。1998 年 3 月，出任第九届全国人大常委会副委员长。1998 年，时逢北京大学百年校庆，丁石孙到校出席纪念活动。当他的名字被念出，全场响起了极为热烈的掌声。季羡林发表讲话时说，北大历史上有两位校长值得记住，一位是蔡元培，另一位是丁石孙。会后，大家争相与他合影。

曾先后担任民盟中央领导人的费孝通、钱伟长和丁石孙（自左至右）

吴文俊同丁石孙握手

丁石孙也参加一些数学家的会议,比如 2002 年在北京召开的国际数学家大会。2003 年,丁石孙任第十届全国人大常委会副委员长。2005 年,他辞去民盟中央主席职务。

丁石孙 90 多年的一生经历丰富曲折。晚年,因为腿脚不便,所以很少出门,常常坐在不到 30 平方的起居室里的沙发上。夫人去世后,他显得更加沉默,笑容越来越少。那时,丁石孙的视力下

晚年长期坐轮椅的丁石孙

降得厉害,但听力尚可。

在接受央视的采访时,丁石孙说:"我是个失败的校长,因为我心目中理想的、好的学校,不是这样的,没有达到。"此时的丁石孙爱听音乐,喜欢贝多芬,尤其喜欢《欢乐颂》和《英雄交响曲》。

2016年1月底,北京大学86级学生派了几个代表看望已经住院的丁石孙。他们带了一束花、一张卡片和一首诗。卡片上写"感谢您给了我们北大历史上最好的几年"。丁石孙看不见,他们就读给他听:

遥记当年初相见,我正少年君英年。
五湖四海风云会,一世之缘结燕园。
风度翩翩谆谆语,当日风华如昨天。
可叹流年如水转,一去经年改容颜。
千山万水追寻遍,为觅梦境过千帆。
虽经九转而未悔,犹抱初心何曾变。
长揖一拜谢师恩,弟子沾巾不复言。
心香一瓣为君祈,福寿安康复翩翩。

89岁的丁石孙已口不能言,却听得清学生说的每句话。几个女同学俯下身去,拉住他的手。他睁着眼睛,轻轻地点了点头。

对张益唐的赏识

如今名满天下的张益唐是当年北大数学系78级校友,当时就因数学上的天赋而被看好。其中的伯乐就有丁石孙。

张益唐的主要成就是孪生素数猜想研究。所谓孪生素数,就是相差2的素数对,比如3和5,17和19……人们猜测,孪生素数有无限对,这就是著名的孪生素数猜想。

这个猜想于1849年提出,距今已有170多年历史。1900年,德国数学大师希尔伯特(D. Hilbert)在世界数学家大会上做了一个著名的报告,提出了23个亟待解决的难题,其中著名的第8个问题是关于素数的3个猜想:哥德巴赫猜想、孪生素数猜想、黎曼假设。这3个问题至今未决,但都取得了重大进展,对数学的发展起了巨大的推动作用。

素数在数学中具有根本的重要性,它是很多数学概念、定理和理论的基石。因此,自古以来,素数就是数学家研究的重点对象。值得骄傲的是,华人数学家在哥德巴赫猜想、孪生素数猜想上取得了迄今最好的结果。陈景润1966年关于哥德巴赫猜想的最好结果至今无人超越;孪生素数猜想的最佳成果则是张益唐取得的。

2013年5月14日,《自然》杂志在线报道一位长期在美国的名不见经传的讲师张益唐的论文《素数间的有界间隔》,证明了"存在无穷多个之差小于7 000万的素数对",随即引起了极大轰动。张益唐被誉为数学界的"扫地僧"、"逆袭世界"的数学家。

张益唐离不开北大的栽培。早在1982年,丁石孙去哈佛大学做研究。翌年,德国青年数学家法尔廷斯(G. Faltings,也是一位名不见经传的讲师!)解决了莫德尔猜想,轰动了整个数学界。重要原因是:莫德尔猜想的一个直接推论是世界著名难题费马大定理即使有解,(约去最大公约数之后所得的)互素解也是有限的,虽不能彻底解决费马大定理,也已是该问题提出300多年来的最大突破。法尔廷斯由此获得了1986年的菲尔兹奖,在当代数学界享有极高声誉,即使在菲尔兹奖得主中也被看作翘楚。后来,他还获得了费萨尔国王奖、邵逸夫奖、莱布尼茨奖(德国科学最高奖)等多项大奖。

法尔廷斯使用的是最先进的代数几何学方法。代数几何是20世纪蓬勃发展起来的数学分支,以抽象艰深著称。由于法国布尔巴基学派的韦伊(A. Weil)、格罗滕迪克(A. Grothendieck)等大师的工作,代数几何学对于数论产生了革命性影响,使人们看到了长达数十年乃至数百年坚如磐石的数论大猜想松动甚至解决的希望。20世纪下半叶,有多位数学家因代数几何而获得菲尔兹奖,说明代数几何学已成为当代数学的主流。

法尔廷斯的整个证明过程极为曲折、高深,用数学家常喜欢说的话,就是动用了现代数学的"重型武器",大学微积分与之相比就像手榴弹VS原子弹。这时,身在美国的丁石孙凭借他对数学的了解,觉得北大不该落伍,中国不能落伍。"丁教授对此感触非常深,觉得中国大陆数学家没有一个人能看懂这个证明,我们落后太多。"张益唐说,当时丁石孙教授希望自己能转向代数几何的研究,"我的导师潘承彪开始不愿意让我改方向,但也跟我说,代数几何有一些很深刻的工具,比如特征根的估计,回头还可以用到数论上,于是我就出国学习代数几何了。"

张益唐是1978年考上北大数学系的,本科毕业后继续念完硕士。在取得硕士学位后,1985年,张益唐到美国普渡大学读博士,其间因为一些事情颇为坎坷。在得知张的处境后,爱才的丁石孙劝张益唐回北大,但张益唐就有一种"语不惊人死不休"的执拗劲,他不愿这样回来,而是全身心地投入到数学中去。后来,张益唐有机会到美国新罕布什尔大学任教。他为世纪难题"孪生素数猜想"的解决做出的突破性工作,使自己从一位默默无闻的讲师跻身于世界重量级数学家的行列。

孪生素数猜想中的"2"是一个很难达到的目标,于是数学家转而研究它的"弱版本",即能否证明有无限对素数之差小于给定数。经过多年努力后,取得了巨大突破,但要确定"给定数",数学界依然表示悲观,认为近期几乎不可能。但是,张益唐在这些数学家的工作上看到了希望,经过多年努力,他终于给出了给定数——7 000万!

这是人们在这个猜想上第一次得到一个确定的数,尽管从2到7 000万是一段很大的距离,《自然》还是称其为一个"重要的里程碑",认为在孪生素数猜想这一终极数论问题上取得了重大突破。不到1年时间,7 000万已被其他数学家减少到246。当然就方法而言,7 000万和246没有本质区别。张益唐本人也可以获得远比7 000万这个粗糙估计小的数,但他看重的是方法上的突破。

有几点是值得提及的。第一,张益唐虽然在美国学到了代数几何的真功夫,并且做出了成绩,但他在孪生素数猜想上的工作还是基于解析数论,北大教授、著名数论专家潘承彪是引路人。代数几何在今天仍然是国际数学主流,但分析和概率也逐步得到重视。第二,张益唐的结果离孪生素数猜想最终解决的距离,要小于陈景润离哥德巴赫猜想最终解决的距离,有人评价说张益唐的成就比陈景润的更大一些,这不无道理。第三,张教授也坦言,他当时要是不出国,恐怕就做不出这样的成果了,美国的学术环境还是值得中国学界借鉴的。张益唐现在经常回国,为中国的学术研究和学术环境的营造做着自己的努力。如今,他对中国年轻学生的聪慧表示惊讶,夸奖这些小孩"聪明得不得了",大有希望超过自己。

2013年8月27日,张益唐与他的导师潘承彪以及著名数学家展涛、张平文一同前往丁石孙家中专程看望他。虽然已86岁高龄,丁石孙精神矍铄。"搞数学不容易,你要坚持啊。"他握住张益唐的手一字一句地说。他同时对张益唐的重大研究成果表示了祝贺。

张益唐

张益唐深情地回忆起燕园往事。他说,在北大学习期间打下了非常扎实的数论基础,丁石孙和潘承彪老师都"把教书当作十分重要的事情"。谈及人才培养,丁石孙特别强调"自由发展"和"坚持"的重要性。张益唐对数学的坚持让人感动。在美国新罕布什尔大学任教以后,用并不丰厚的报酬继续着他热爱的数学研究。丁石孙说,希望张益唐经常回国、回北大讲课,北大数学系需要这样的人才。

几位数学家还谈到了著名的"钱学森之问",丁石孙笑言:"张益唐就是很好的例子嘛!"他不断勉励后辈们,要坚持自己所感兴趣的方向,也希望北大能给予人才发展最自由的环境,让优秀人才的发展不受限制。

丁石孙留下的遗嘱

丁石孙 65 岁生日那天,为自己拟了遗嘱。全文如下。

朋友们:

今天是我 65 岁的生日,似乎是应该想一下自己的身后事。没有人能准确地预见自己死的日子,因之话早说为好。

1. 我死后一切从简,不要任何仪式,尽快送火葬场,一切请他们按常规处理,不要骨灰。我来自自然,我愿意再回到自然。

在我死前或死后,凡是不在北京的亲属,绝对不要因为我的缘故来北京。对世界来说,我的死是一件极小的事情,过去就过去了。

2. 如果我有一段病重的时间,千万不要为了延长生命给我和大家造成不必要的痛苦。如何处理,请我的爱人做决定,她是了解我的。

3. 也许我死后还有一点现款,请把我的一份(根据法律)捐给北京大学数学系,如何使用由数学系决定。我对数学是有感情的。

至于实物,由我的亲属处理。

4. 我死了以后,当然要发个通知,请按以下格式:

丁石孙,出生于1927年9月5日,已于×年×月×日去世,特此通知。下面由家属签名。至于发给哪些人,由你们决定。

5. 请不要为我的死悲痛。我衷心希望你们生活愉快。

丁石孙
1992年9月5日

读这遗嘱,感到他真是纯真不重虚名的人。

2019年12月11日,丁石孙的两个儿子丁诵青、丁干把父母留下的存款共计400万元全部捐赠给北大,用以设立不动本基金,以基金收益奖励北大数学、化学学院基础课程成绩优异的北大学子。丁干代表家属签署了捐献协议。丁干说:"希望父母的钱可以帮到他们想要帮的学生,最后一次。"

学好基础课是丁石孙、桂琳琳夫妇一贯的教育理念。两位生前所任教的北大数学科学学院、化学与分子工程学院分别制定评审细则,以核心基础课程成绩为标准,每年奖励、表彰50位表现最优异的同学。

"对世界来说,我的死是一件极小的事情。"可是他的形象长久活在人心里。一副挽联落款写着"未名1988全体同学":

一面春风,曾有丁香化雨,石舫烟云,孙竹凌雪,燕园于兹多风骨。

卅年契阔,但悲天高九重,地阔万里,人已千古,君子从来稀世出。

其妙在联中藏联,工整对仗中嵌入"曾有丁石孙,燕园于兹多风骨。但悲天地人,君子从来稀世出。"

我觉得丁石孙很好地体现了北大"科学与民主""兼容并包,求同存异"的精神。

对我的影响

1960年代我买了一本中国出版的翻译书,就是范德瓦尔登的《代数学》,译者是丁石孙和曾肯成等。这本书引起我对近世代数的兴趣,我却不知道使我喜欢上代数的人,竟然是翻译者之一的丁石孙教授。

1980年8月9日,我乘飞机从新加坡到美国参加10日在加州大学伯克利分校举办的《第四届国际数学教育会议》,飞机在日本东京成田机场转机,然后到旧金山。

凑巧与中国出席的曹飞羽、程民德、段学复、丁石孙等教授同机。当时到了机场有小巴士车载他们到伯克利,我第一次看到丁教授非常有条理照顾那些上了年纪的老教授,而且指挥若定有大将之风,给我的直觉这一定是一个很好的领导者。我乘他们的小巴士车"免费"到了伯克利,因此认识了中国老一辈的数学工作者。

几乎同时,在纽约柯朗数学研究所,我认识了北大毕业的访问学者:陈天权、张恭庆。1985年在加州圣何塞又认识了马希文,听他们讲教过他们基础课的丁教授,对他的敬业精神肃然起敬。

张恭庆(1979年摄于纽约大学柯朗数学研究所)

马希文

2019年10月12日早晨看北京中央电视台新闻,惊悉他过世,晚上心有所感,赋诗一首向他致敬:

少时读书立救国,壮年东游取真经。

百年树人期育苗,风霆云变摧折枝。

维护正义世已稀,人间正道变颜色。

尔今沉疴稍起色,无奈豚鸠竞争食。

坚贞保身解甲归,家国兴亡仍挂心。

秋风秋雨悲君逝,壮志未酬千行泪。

你的遗嘱最后说:"请不要为我的死悲痛。我衷心希望你们生活愉快。"

可是在这时候,我是真的难过。一个个我敬重的爱国家的人倒下去了,但是我说:"这些人的光辉事迹,会是民族的精神宝藏,代代相传。"

2020.5.20

12 图论染色理论的中国研究者
——张忠辅

> 我一生不图名,不图利,图的是我有东西留给世界,百年之后对人们还有用。
>
> ——张忠辅
>
> 我的器官捐给需要的人,我的财产奖给莘莘学子。
> ——张忠辅
>
> 同时,我还有一个希望,希望我的同事和学生,证明我已经没有时间去求证的 10 多个数学猜想,把它们变成学术成果,运用到实际生活中,为人类的未来造福。你们一定要将我没有完成的数学前沿研究问题继续下去。
>
> ——张忠辅
>
> 我的新研究还没有应用于实践,我就倒下了!我最大的遗憾就是不能将我最近一段时间研究的 20 多个新成果应用于实践,只有靠你们继续研究了。
>
> ——张忠辅 2010 年 7 月 12 日

2010年7月21日，读到我的合作者温一慧教授告知张忠辅教授去世的噩耗："今天收到朋友发来的电子邮件，通报了一个让我十分吃惊的消息，张忠辅走了，他和您一样都是我成长过程中指导、帮助我的老师，不禁潸然泪下……2004年夏天在新疆乌鲁木齐会议上，我感觉张教授当时很健康，没想到人太脆弱，变化太快了……"

张忠辅(1937—2010)是中国数学界图论染色理论的科研工作者。他以自己的"图染色"研究开创出一片园地。他是兰州交通大学(原兰州铁道学院)应用数学研究所所长，在2010年7月16日中午12时36分因患胃癌医治无效逝世，享年74岁。

张忠辅1937年6月出生于河南长葛市，1962年毕业于兰州大学数力系，1962年至去世前在兰州交通大学从事教学和研究工作，教学生涯将近50年。1987年1月由于教学和科研成绩突出，破格由讲师晋升为教授。1990年被铁道部授予"有突出贡献的中青年科技专家"，1991年享受政府特殊津贴。1995年获铁道部"优秀科技工作者"称号。曾获得甘肃省科技进步三等奖两项，铁道部论文及省教委一、二、三等奖11项。他曾任中国数学会理事、中国运筹学学会常务理事、中国工业与应用数学理事、中国教育普及工

张忠辅在内蒙古师范大学演讲(2008年12月13日)

作委员会主任、甘肃数学会副理事长、甘肃运筹学会理事长。1988—1998年为甘肃省政协委员,1998—2003年为甘肃省政协常委。2003年退休后,一直被学校返聘,并被西北师范大学、西北民族大学、兰州城市学院聘为兼职教授。

图论是数学的一个分支。它以图为研究对象。图论中的图是由若干给定的点及连接两点的线所构成的图形,图论起源于200多年前著名的七桥问题。

柯尼斯堡(Konigsberg,今俄罗斯加里宁格勒)是东普鲁士的首都,德国数学家哥德巴赫(Christian Goldbach)、闵可夫斯基(Hermann Minkowski,1864—1909)及大哲学家康德都诞生在这里。普瑞格尔河(Pregel River)流过柯尼斯堡市中心,河中有两座岛,筑有7座古桥将河中的岛及岛与河岸连接起来。哥德巴赫问欧拉:要从这4块陆地中任何一块开始,通过每一座桥正好一次,再回到起点是否可能?欧拉1736年发表了讨论柯尼斯堡七桥问题的著名论文,这是图论的第一篇论文,图论由此发端。

四色猜想的提出来自英国。1852年,毕业于伦敦大学的格思里(F. Guthrie)来到一家科研单位搞地图着色工作时,发现了一种有趣的现象:"为了区别地图上两个相邻的国家或地区,通常是在其中分别涂以不同的颜色。人们在实践中发现,只需要4种颜色就够用了。"

1872年,英国当时最著名的数学家凯莱(A. Cayley)正式向伦敦数学学会提出了这个问题,于是四色猜想成了世界数学界关注的问题。世界上许多一流的数学家都纷纷参加了四色猜想的大会战。在一个平面或球面上的任何地图能够只用4种颜色来着色,使得没有两个相邻的国家有相同的颜色。每个国家必须由一个单连通域构成,而2个国家相邻是指它们有一段公共的边界,而不仅仅只有一个公共点。

人们把地图中的每一个区域称为一个"面",地图染色就是对

"面"染色。进一步研究之后人们把地图中的每个区域的"面"视为一个点,若两个"面"相邻接,即地图中的两个区域有一段或几段公共边界,则在表示这两个区域的点之间联接,该联接可以是直线也可以是任意形状的曲线,并称之为边。根据图论中对偶图原理将地图变成点线关系的平面图,就把四色地图着色问题化归为平面图的染色问题。

下图 a 共有 4 个面,我们用字母 a,b,c,d 表示这些面(图 b)。

a 面和 b 面相邻,我们就连点 a 和点 b。同样我们要连点 a 和点 c,连点 a 和点 d,连点 c 和点 b,连点 a 和点 d,连点 d 和点 b 以及点 d 和点 c(图 c)。

我们把图 a 转变成对偶图 c。因此如果我们可以用 3 种颜色在图 a 上染色,我们同样也可以在平面图 d 上用 3 种颜色染色。

你会发现不可能用 3 种颜色在图 d 上染色,而需要 4 种颜色才行,因此图 a 需要 4 种颜色来着色。

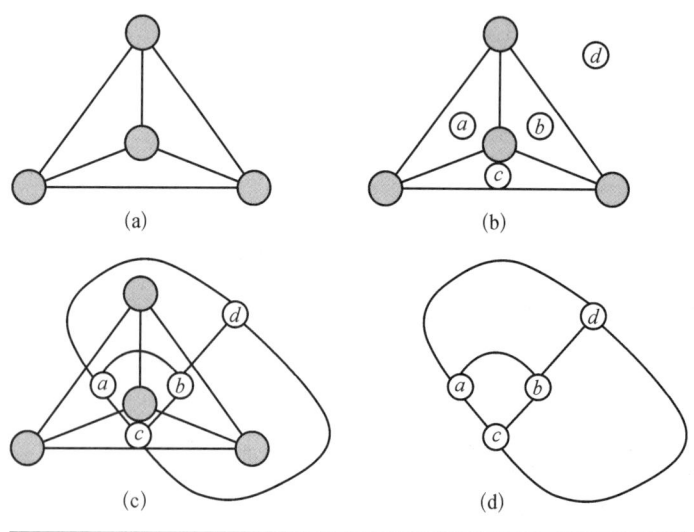

平面图染色问题

证明"四色定理"需要分析可能出现的多种组合图形，这种分析极为复杂。如果依靠人力，一辈子的时间也不够用。1976年，美国数学家阿佩尔(K. Appel)与哈肯(W. Haken)在美国伊利诺伊大学的两台不同的电子计算机上，用了1 200个小时，终于完成了四色定理的证明。

张忠辅就是研究各种图不同染色方法的理论，在图染色领域获得了一些重要成果，他曾3次参加世界数学家大会，并做学术专题报告，先后应邀赴中国科学院、清华大学、新加坡大学、美国密歇根大学、香港大学、香港浸会大学、韩国岭南大学及昌原大学等科研院所讲学或进行合作研究。主持参与了4项国家自然科学基金资助项目，发表学术论文400余篇。

既是女婿又是弟子的兰州交通大学电信学院青年教师李敬文说："今年(2010年)4月初，他就答应法国一所著名大学教授的邀请，今年7月去法国开会，同时已接受邀请参加今年8月在印度举行的世界数学家大会……他总是很忙，即使是7月9日病重转到兰大一院前两天，他还穿梭于兰大、兰州交大、兰州理工大等高校的博士论文答辩会上。他还有很多很多未竟的事业，但他却突然倒下了……"

他除了写科研论文，还为年轻人写通俗文章。《自然杂志》14卷第5期上发表张忠辅写的文章《数学的陷阱——四色猜想的各种"证明"》。中国有一些业余爱好者对四色猜测的证明方法可谓不少，五花八门。可是张忠辅看到的这些数学爱好者的文章后所给的结论却是"他们无一例外地掉进了各种

2006年8月张忠辅参加第25届国际数学家大会

陷阱",苦口婆心希望不要浪费时间"再掉入陷阱"。

张忠辅一生过着极其清贫的日子,身上穿的还是 17 年前女婿"丢弃"的一件衬衣,李敬文感慨颇深:"他一直进行着科学研究,我们都叫他'吃苞谷面成长的数学家'。他每个月的生活费用从来没有超过 300 块钱,经常穿着一件破旧的老铁路服,很多人都把他当成退休铁路工人!但是每到逢年过节,老人就把弟子们叫到家里大吃一顿!"

"1993 年我买了一件衬衣,后来不想穿了,打算把它和一些其他旧衣物装在一起给乡下的亲戚,不料让岳父发现后又捡了出来,这一穿就是 17 年呀!"

夫人冯道先告诉记者,有时候看他身上穿的那几件破衣服,孩子们看不过眼就给他买来新衣服,可他总是埋怨,还说他的衣服多得穿都穿不完,要那么多衣服干什么?"可能大家都不知道,虽然在学术上他取得了一点成绩,但在生活上用现在的话来说就是愚昧。"

张忠辅生活要求非常低,他总是骑着一辆很破旧的自行车上下班。

李敬文回忆说:"岳父在自己的研究领域内成果颇丰,经常外出讲学、参加学术会议,而他每次出差都带着自己的'三件宝'——方便面、大饼、黄瓜。我们做儿女的给他买烧鸡,他从来都不要,不论出国参加国际学术会议,还是到国内其他大学讲学,每次出门,简单的行李包里都要装上这 3 样东西。

岳父不会做饭,只会泡方便面。他每餐的饭菜很简单,就是到国外做报告,也常常是一碗方便面解决问题。他很少给自己添置新衣物,但他却准备把自己一生积蓄的三分之一拿出来做奖励基金。

岳母也是大学教授,她对岳父捐出器官的决定比较支持。我们做子女的,受老人影响,也都决定以后将自己的器官捐献出来。岳父曾说,我们做研究的,除了把研究成果留给后人,更应该把自己的一切都留给有需要的人。"

和他生活了45年的老伴冯道先说:"我们两个都是兰州大学毕业的,他是1962届数学系的,我是1965届生物系的,在兰大上学时相识相恋,1965年我毕业后我们就结婚了。我们一起生活了这么多年,我知道从心理上他还是很关心我和孩子们的,但他就是不知道怎么做才能表达这份爱。从年轻到年老,他总是忙他的事业,我一个人带着4个孩子,还要照顾他。好在他这个人不怎么讲究,穿的衣服都是几年甚至十几年前的;生活上也没什么要求,在家时我做什么他吃什么,只要每天有一碗面条他就心满意足了。他一天到晚就知道钻牛角尖,事业重要,但命总是自己的,像他这样搞数学的人把自己给搞傻了……

1999年年底,我陪他到韩国岭南大学出差,他竟然请那里的两位知名教授(他的好朋友)吃了一锅煮方便面。在很多人看来,这也太有点小气了吧,可他就是这样。"

"2003年,他算是退休了,为什么说算是退休了呢,因为除了与单位在关系上和原来有区别之外,其他都没有变,他还是那样全

邵慰慈(左)与张忠辅在2000年12月15日摄于香港浸会大学

身心地工作着。平时忙也就罢了,连周六周日他都有研讨会,而且每次都是骑自行车去,理由是节省时间。"冯道先心疼地说。

张教授做事认认真真规划,勤勤恳恳研究。他工作起来没日没夜,经常才睡下突然有了想法就爬起来一直工作到天亮,也从不分什么节假日,大年三十的年夜饭通常也是家人对书房叫几遍他才出来吃。李敬文回忆张忠辅很照顾学生:"中秋节本应该全家人一起团团圆圆、开开心心地吃个饭,可是多少次了,儿女们从各地赶来一起过节,大家都到齐了,岳父却请他的学生一起吃饭团聚去了。"

2004年以来,为了帮助青年教师和研究生快速成长,张忠辅几乎每周都在西北师大、西北民族大学或兰州交大主办一次学术讨论会。

2006年8月在南开大学召开全国第二届图论和组合会议时,张忠辅说:"老、中、青要相互团结双赢,老一辈们无论在怎样的条件下都是很艰苦奋斗的,都能勤勤恳恳地工作,但由于一些原因,老一辈坚持到现在还在工作的人比较少。对于年轻人来说,要坚持一个方向,不能只考虑到面广,也要能专一地做些事情。年轻人要有一个比较长期的目标,努力在某个方向上成为带头人,不能老是跟在别人的后面做一些事情。研究问题的时候要时时想着要有创新精神。还要能够开放,要加强交流。就像陈省身先生说的,要让中国成为一个数学强国。希望组合数学和图论能在南开大学的带领下拿出世界级的成果,与国际水平持平。"

因多年来的饮食不规律外加超负荷的艰辛工作和研究,使得张忠辅有了胃疼的毛病。由于工作繁忙,他一直没去医院,2009年初,开始觉得胃部不适,家人都劝他去医院检查,但由于工作忙,他总是吃点胃药了事。2009年10月底,他从韩国回国时已经连喝水都困难了,随后住院检查被诊断为胃癌晚期。主治医生赵大夫说:"一检查就是胃癌三期B了,主要原因有两个,一是发现太晚,二是太过劳累。"

张忠辅的责任护士许小姐谈他在住院前化疗的情况:"张教授人挺随和的,做化疗的时候特别配合,就是感觉老人特别劳累,特别忙。张教授常说:'给我的膜做好一点,我还要去讲课呢。'每次做完化疗的时候,医护人员都劝张教授休息,可是张教授一心想着学术,想着讲课,化疗没做完就开始为讲课做准备。他还想着重回课堂!"

兰大一院肿瘤治疗中心1号病房是张忠辅临时的"家",屋里只有一张病床,躺在病床上的老人鼻孔里插着胃管,连说话的力气都没有,呼吸很重,表情痛苦,发出微弱的呻吟声,一只手在床前乱抓,显得非常无助。老伴、女婿、女儿、弟子围在床头。

兰州交通大学80岁高龄的王周五教授,原来是张忠辅的主管,20世纪70年代末,张忠辅、滕传林、赵帧、林达美等一批人就对运筹学与控制论学科的建设制定了宏伟的规划,鉴于张忠辅在该学科的建设当中做出的卓越贡献及取得的重大成果,是个不可多得的人才,当时顶着巨大的压力,在1985年将他破格由讲师提升为教授。

王周五也冒着酷暑来到病房看望张忠辅。王教授进入病房后情绪很激动,拉着张忠辅的手说:"好好养病,一定要坚强,要有信心,一定会好的,老张。"病床上的张忠辅流下了眼泪,连声说着"谢谢",拉着王周五的手久久不愿松开。

王周五很看重张忠辅,说起张忠辅赞不绝口:"他是教师的楷模,科研的先锋。希望他尽快地恢复是我们最大的希望!"

2010年7月12日,在病房里,七旬老教授脸色苍白,可他还在给学生们讲着课,希望他的弟子们能继续做好他没完成的研究:"许多领域都是外国人提出新概念和问题,然后由中国人研究,现在我们要提出新概念和问题,让外国人去研究……"躺在床上的张忠辅却讲得十分认真,谆谆教诲学子们要有严谨的学术作风。近

30分钟的讲课结束后,由于身体原因,不得不停下来休息。此刻,他的学生、同事和子女们已忍不住流下泪水。

他的长期合作者及老友——中科院的王建方教授及北京大学的许进教授打来电话:"我们要来看你,你一定要等我们来啊!"王建方得知噩耗后,非常难过,无比哀痛地对张教授的家属说:"真没想到,我连老张的最后一面都没能见到!"

张忠辅2009年在兰州军区兰州总医院接受治疗时就口头立下了遗嘱:"我生命结束后,在我应有的资产中捐出20万元,作为兰州交通大学数学与软件工程学院与西北师范大学数学与信息科学学院的奖励基金,用来奖励以上两学院在数学方面发表有创造性的论文或用创新的方法对已有的数学问题做出公认结果的杰出人才。基金的管理及获奖资格的认定我委托以上两学院负责(建议创造性论文或创新的方法达到SCI索引30次以上者优先)。该奖项每两年评审一次,每次奖励不少于两万元。"

张忠辅的遗体送往兰州市殡仪馆,家属在家里设立了一个灵堂祭奠。"不燃香烛,用鲜花来纪念老人,我们都将为他守灵。"2010年7月18日上午8时30分,兰州市殡仪馆怀远厅庄严肃穆,社会各界230余人怀着悲痛的心情在这里送别张忠辅教授。

兰州军区兰州总医院和兰大一院在张教授住院治疗期间,对他做过很多检查,如B超、CT、核磁共振等,医生对其身体各个器官的基本状况都有所了解,后来按照器官捐赠的要求还做了检查。张教授去世后,兰大二院联系到他的家属说:"张教授因为年纪比较大,身体很多器官功能都衰竭了,能进行医学移植的很少。又对老人的眼角膜进行了测试,一个眼睛度数是4.9,另一个是0.1,而且磨损严重。鉴于这种情况,我们不建议捐赠,原因一是因为眼角膜一般成对捐献,但现在只有一个价值降低;二是4.9的那只眼角膜也磨损得比较厉害。所以从整体情况上看医学价值不大。"

李敬文感叹说:"因为癌细胞已经扩散到全身,肝胆等内脏都被癌细胞侵蚀了,肾也衰竭了,眼角膜也不行了。我们原来对捐献眼角膜抱有很大希望,后来经过对眼角膜的测试结果显示,已无多大医学价值。所以,这种情况下,医生建议即使器官捐赠也没有多大医学价值了,我们只能放弃。"

有人写这样的对联哀悼他:"上联:教授生平,养家,爱徒,敬业为国,倾能尽职研图论。下联:古稀临危,捐身,献财,励学奖先,毫不思己专利人。横批:众民榜样。"70多岁高龄却依然对学术兢兢业业、勤勤恳恳,真是令人佩服。

可惜捐献器官的遗愿没能完成,其实张教授生前还有一个心愿,那就是他想出一本书。"岳父那时神志清醒,说话也还流畅,他希望把自己在国内外期刊发表过的400多篇学术论文总结一下,把自己一生的研究体会总结一下,出一本图论学术专刊,希望能对年轻人有所帮助。"

我衷心希望这本文集能出版,这对中国图论的发展是有裨益的。

2010 年 7 月 21~23 日

13 尝试证明黎曼猜想的数学家
——黄俊雄

> 数学家徒劳地试图发现一些素数序列中的顺序,但我们有理由相信素数的奥秘是人类的心灵永远无法参透的。
>
> ——欧拉

> 如果不朽不是一个完全荒诞的词汇,那么数学家最有可能不朽。
>
> ——哈代

> 我认为数学研究非常重要的是持续性。要点不是更聪明或更快。没关系!重要的是,永远不会对问题放弃。
>
> ——孔涅

一个看来默默无闻的人,他有天可能是摘下数学史上光亮星星的人。而过去的历史上也多是这种类型的人。希望黄俊雄教授的去世带给国人的深思及团结,在讲求心灵重造的今天,其实就是要回复大家那颗宁静、安分及淡泊名利之心,这样社会才能充满真正的欢乐,每个人能享有其各自生命的意义和对真理的追求,以及光大学术研究。

——香港科技大学　杨重骏

初晤黄俊雄

那是1993年的时候,我到台北"中央研究院"数学研究所演讲,当时的所长李国伟(1948—　)教授安排我在研究所宿舍过夜。晚餐的时候我讲到,我很想找俞大维以前在德国杂志上发表的一篇数理逻辑的论文,这本杂志的主编是爱因斯坦,这是中国人在国际著名的杂志上发表的第一篇数学论文。不知研究所的图书馆是否有这份杂志?李国伟1976年获得美国杜克大学数理逻辑的博士学位,应该清楚。他说,所里有从大陆运至台湾的旧杂志,其中的确有这份杂志,可以去图书馆找并影印论文。他给我进入图书馆的钥匙,以及用影印机的卡片。

我之所以想要看俞大维的论文,是因为俞在哈佛大学时师从谢弗(Sheffer)教授,而我的第一篇有关多值数理逻辑的论文是推广他及几个逻辑学家的工作,因此很想知道第一个中国人写的数理逻辑的论文包含什么样的东西?研究什么样的问题?

吃完晚饭后我就去图书馆,图书馆已经关门,只在一个角落亮着一盏灯,只有一个人在埋头工作,没有其他的人。原本我还担心一个人在陌

李国伟教授

生的图书馆找资料,心里有些不安全感,现在看到有人在,心里就舒坦很多。

我很快就找到那本由爱因斯坦当主编的科学杂志。找到文章后我就想回宿舍休息,但离开之前我想跟这个人打个招呼。于是我就上前和他说话,他说他叫黄俊雄,从事复变函数论的工作,目前还在考虑和黎曼猜想有关的一些问题。

当年正是台湾股市兴旺的时期,社会狂热于投资股票,一些老师也都不好好上课教书。所里的一些研究员也不安于研究,谈的都是股票。我看到竟有一个人能够"八风吹不动,一心攻数学",真是非常钦佩。

看到他谦虚、和蔼可亲,于是和他聊我在法国的亚历山大·格罗滕迪克门下学习代数几何,曾读他的弟子皮埃尔·德利涅(Piere Deligne,1944—)在做黎曼猜想的工作,但由于我天资愚钝不得其门而入,改行从事计算机和组合数学。由于不懂复变函数论,没法和黄俊雄深入交谈,只是说黎曼猜想非常难,不容易做,他想要解决,勇气可嘉,希望他能有成绩,并祝他好运。由于不想影响他的研究,我就离开了。

黄俊雄教授

1990年日本京都举办世界数学家大会,大会安排黄俊雄作一个45分钟的学术报告,我想他一定在黎曼猜想上有突破,才会获得大会邀请发表演讲。几年后我再来研究所访问,却惊讶地听到有人说他精神有点问题,想解决黎曼猜想想疯了,并且嘲讽他竟去中学时对学生讲他研究的数学。

可惜这一次我没有见到他,不久就听说他去世。任教于中国科学院数学研究所的王元教授给我寄来他写的一篇纪念黄俊雄的文章。

王元教授回忆黄俊雄的悼文

王元回忆黄俊雄的文章如下(《数学传播》,1997):

从孙文先那里得知黄俊雄于几天前(编者注:1997年1月30日)由于心脏病突然发作而过世了,感到十分突然。因两年前我在台湾时,还跟他朝夕相处了两个月。他神采奕奕、谈笑风生的风采还历历在目,怎么可能就走了呢?我们最早是1991年认识的,其实更早几年,他就寄过

王元教授

一些解析数论论文给我。他的成果很希望得到鉴定,他研究了过于困难的问题,依我的学术水平,实在不可能对这些问题作出鉴定,所以就邀请他来我们所工作一个月,大家可以讨论一下。这样我们就在北京见面了。

我们安排他住在中国科学院"外事公寓"里,距数学研究所约十分钟步行距离,很方便。每周请他在"数论讨论班"里作两次报告。他都很认真地讲,大家边听边提意见,气氛很融洽。

我怕他一个人在北京太寂寞，就问他要到哪里去玩玩？北京的名胜古迹很多！天坛、故宫、香山、颐和园、圆明园遗址公园，"不到长城非好汉"呀！他略为想了一下说："我不想去玩了，我还是搞数学吧！"这也真是少见的了。

又有一次，我问他还缺什么东西吗？他说："到哪里去买纸？"我说："这好办，我给你拿些来就行了。"我给了他一百张白纸。未想到，不到一周就用完了，每张纸都写得密密麻麻的。我只好再给他几百张白纸了。这时我才知道，他不仅不游玩，睡觉也是很少的。一个月很快过去了，临走前不久，贾朝华帮了他一点忙，给他的论文提了一点实质意见。他很感谢。

我们研究所为他提供的生活条件还是比较艰苦的。我跟他说："这个月辛苦你了，我们也只有这个条件，望多包涵了。"他说："生活还可以，学术风气浓，这是最重要的，我很满意。"俊雄是一个实在的人，我相信他说的是真话。

以后来信中，他总是希望我能去台湾访问一下。1993年，我得到台湾"国科会"邀请访问三个月。但不巧，我的前列腺肥大要住医院治疗，只好放弃了这个访台的好机会。所幸1995年，台北"中研院"数学研究所又邀请我访台两个月，总算成行了。姜祖恕与文先到机场去接我的。到达数学所时已快六点了。俊雄和黄启瑞、于靖一起在所里等着我。我们一起去学术活动中心吃了一顿晚饭，往后就常常见面了。

如果条件不成熟，众所周知，困难的数学问题是得不到解决的。因此，这不仅仅是个个人努力问题，即使为了数学而献身亦无济于事。俊雄太着迷于数学了，我担心长此下去，他的身体会受到损伤。因此在"中研院"期间，我想劝他把兴趣挪一下，搞些可能得到成果的问题。俊雄曾经对某些不定方程有兴趣，我也熟悉这方面。于是我们常常在一起讨论加型方程，企图将施密特（W. Schmidt）的重要结果做些定量研究。

俊雄这样日夜不停地工作，早晨常见到他两眼通红。由于过于疲劳，写出来的东西常会出错。我想俊雄应该休息一下了。一次，我开玩笑地对他说："你在北京不玩，我到台北可要玩了，你陪我出去玩玩好吗？"没想到他很认真，当即决定本星期天就由他来安排我玩了。

星期天一早，俊雄和太太一起，到逸仙路我的住处来找我，他说："我们到圆山饭店吃午饭去！"圆山饭店大名鼎鼎，我早就闻名了。果然以其宏伟的气势吸引了我。午饭后，稍事休息，他们又领我去看了台北艺术博物馆，俊雄特别向我介绍了其中台湾一些现代艺术家的作品。他知道江克成和邱小芳已经领我去看过台北故宫博物院，这是另一种风格，看来俊雄还是很会生活的。

以后，俊雄又约我去他家吃了一顿晚饭。饭前，给我看了一些他的论文及过去得到的奖状，大有今非昔比之感。我也没说什么。饭后，俊雄说："你延长一点访问时间好吗？"

"如果你不嫌，下次再来台北，欢迎你住我家里。"

唉！我知这两事都不可能，对于俊雄的真诚，我就默认了。

两个月很快过去了，欣喜他的论文也完成了，而且投稿到北京《数学学报》（英文版）发表。

俊雄离开了我们。但他的真实诚恳的为人，对数学的执着追求，忘我的工作都将永远留在我的记忆之中。

寻找黄俊雄的资料

黄俊雄去世几年后，我于 2015 年又到台北"中研院"演讲，谈我的老师格罗滕迪克（2014 年去世）的传奇生活。演讲完后，我去所里的秘书处询问，是否能找到黄俊雄家人的电话号码或地址，可惜没有人能提供他家人的信息。

回美国之后，王蔼农教授提供了下面的资料给我，任教于香港科技大学的杨重骏教授发在《数学传播》23卷2期上一篇对黄俊雄教授的追思文章。

可惜这资料和我的文档因电脑毁坏而消失。

2016年9月21日我到台北"中研院"数学研究所演讲，请王蔼农找杨重骏的文章给我。

杨重骏教授

我给香港科技大学的郭宇权教授写信希望帮助提供杨重骏的邮电地址，让我能和他联络并获得允许转载他的文章。9月30日很高兴收到杨重骏的信："对我来说是意外地高兴收到您的消息，很多年前我曾经阅读并喜欢您的关于数学和数学家故事的书。作为黄教授的一位老朋友，我很高兴同意您在您的新书中登载我关于他的文章。高兴最后有人愿意重新燃起我们对黄教授的数学成绩的倾慕和对台湾的数学发展的贡献。"下面是杨重骏对黄俊雄的追念及感言：

"笔者最早和黄教授结识是1970年代前往数学所访问的期间。两人主要研究领域同属复分析；而黄教授的研究兴趣涉及数学多方面的领域，如调和分析、数论、统计、概率、组合等，他先后已有上百篇的论文，不少刊载于有相当声誉的国际性数学杂志如美国数学会的 *Transcations* 及 *Proceedings*，德国的 *Math Zeit*，英国的 *Bulletin of London Math Soc*，其他在我国台湾、日本及东南亚的一些主要数学刊物上也都有他的论文刊载。黄教授是我国台湾复分析界公认的佼佼者，也因他的成就，曾获得学术奖。另外，黄教授在大陆的复分析界也享有一定的声誉。"

黄教授的主要研究问题——黎曼猜想及成果

从上面的成果简介看来,不难使人同意,他的去世是台湾地区数学界的一大损失,更可惜的是他壮志未酬且英年早逝。在台湾及之外的数学界不少人都知道黄教授在他最后十年的生涯中,致力于攻克世界公认三大难题今剩的两大难题之一:黎曼猜想(或黎曼假设)。为了方便一些读者的阅读,我们先对该问题的产生作一简介。在研究数论有关质数的种种分布理论中,不可避免的是所谓的黎曼 Zeta 函数:

$$\zeta(z) = \prod_{n=1}^{\infty} \frac{1}{1-p_n^{-z}}, \tag{1}$$

其中,p_n 是指在按大小渐增排列的无穷质数列$(2,3,5,\cdots)$中第 n 个质数,z 表一实数部$(\mathrm{Re}\, z)$大于 1 的复变数。因任何一自然数 n 可表示成若干个质数的幂次乘积,又若定义

$$\begin{aligned} F_N(z) &= \prod_{n=1}^{N}\left(\frac{1}{1-p_n^{-z}}\right) \\ &= \prod_{n=1}^{N}(1+p_n^{-z}+p_n^{-2z}+\cdots), \end{aligned} \tag{2}$$

不难看出当 z 为实数且大于 1 时,可得

$$\sum_{n=1}^{N} n^{-z} < F_N(z) < \sum_{n=1}^{\infty} n^{-z},$$

因而可推得级数

$$\zeta(z) = 1 + \frac{1}{2^z} + \frac{1}{3^z} + \cdots + \frac{1}{n^z} + \cdots \tag{3}$$

在 $\mathrm{Re}\, z > 1$ 时为绝对收敛,因而为在 $\mathrm{Re}\, z > 1$ 的半复平面上的解

析函数。另一面为众所较熟悉的 Gamma - 函数 $\Gamma(z)$ 其积分表示为对 $\text{Re } z > 0$ 有

$$\Gamma(z) = \int_0^{+\infty} e^{-u} u^{z-1} du, \tag{4}$$

【注】Gamma 函数为满足方程 $\Gamma(z+1) = z\Gamma(z)$，$\text{Re } z > 0$ 的解析函数，特别当 z 为正整数 n 时，$\Gamma(n+1) = n!$，即 n 阶乘。

现若在式(4)中以 $u = nv$ 代入则可得

$$\frac{1}{n^z} = \frac{1}{\Gamma(z)} \int_0^{+\infty} e^{-nv} v^{z-1} dv, \text{ Re } z > 0, \tag{5}$$

由此可得

$$\sum_{n=1}^{N} \frac{1}{n^z} = \frac{1}{\Gamma(z)} \int_0^{+\infty} \frac{v^{z-1}}{e^v - 1} dv - \frac{1}{\Gamma(z)} \int_0^{+\infty} \frac{v^{z-1} e^{-Nv}}{e^v - 1} dv, \tag{6}$$

上式中，两个积分式子在 $\text{Re } z > 1$ 时皆存在，且不难验证式(6)中第二个积分，在 N 趋向 ∞ 时趋向于 0，于是我们可得 $\zeta(z)$ 的一个积分表示式如下：

$$\zeta(z) = \frac{1}{\Gamma(z)} \int_0^{+\infty} \frac{u^{z-1}}{e^u - 1} du, \text{ Re } z > 1。 \tag{7}$$

(7)由此式可证得：由式(3)所定的函数 $\zeta(z)$ 可解析地延拓到整个复平面，以 $z = 1$ 为极点具留数为 1 的亚纯函数；在整个复平面除了极点外，其他到处解析的函数或其可表为两个整函数的商式。

于是在整个复平面上函数

$$\zeta(z) - \frac{1}{z-1}$$

为一整函数且 $\zeta(z)$ 明显具点 $z = -2, -4, -6, \cdots$ 为其零点。由进一步的分析可证得当 $z < 0$ 时，$\zeta(z)$ 满足

$$\zeta(z) = 2(2\pi)^{z-1}\sin\frac{\pi z}{2}\Gamma(1-z)\zeta(1-z), \tag{8}$$

由此，立即可推得上式在整个复平面上成立。若在式(8)中以 $1-z$ 代 z，便得最初由黎曼所导出的表式：

$$\zeta(1-z) = 2^{1-z}\pi^{-z}\cos\frac{\pi z}{2}\Gamma(z)\zeta(z), \tag{9}$$

此式将函数 ζ 在点 z 与 $1-z$ 的值联系起来，特别可见由 $\zeta(z)$ 在半平面 $\mathrm{Re}\,z > 1/2$ 的情况可推出其在半平面 $\mathrm{Re}\,z < 1/2$ 的情况。因对函数 $\zeta(z)$ 而言直线

$$\mathrm{Re}\,z = \frac{1}{2} \tag{10}$$

就是所谓的临界线。总结以上，我们可得有关 $\zeta(z)$ 的零点信息如下：(1) 函数 ζ 在半平面 $\mathrm{Re}\,z > 1$ 上无零点。(2) 在半平面 $\mathrm{Re}\,z < 0$ 上，$\zeta(z)$ 的零点当且仅当 $z = -2, -4, -6, \cdots$。

而可得结论除了点 $-2, -4, -6, \cdots$ 外，其他 $\zeta(z)$ 的零点只可能在下面的带状式中：

$$0 \leqslant \mathrm{Re}\,z \leqslant 1, \tag{11}$$

点 $z = -2, -4, -6, \cdots$ 称之 $\zeta(z)$ 的平凡零点，进一步的分析可推得 $\zeta(z)$ 在带状域(11)中有无穷多个零点。黎曼猜想就是猜测说：所在条状域(11)中的零点，必位于临界线(10)之上。

黄俊雄的证明

记得多年前，黄教授曾跟笔者谈及他觉得已不需要为了升等、研究奖或资助，而花时间精力做些小的问题，以便多发表些论文，他

德布朗基教授

要专心攻克像黎曼猜想这种具有重大历史意义的高难度问题,也可以为中国的数学家争取到最大的荣誉。现想当时他一定受到 1985 年轰动数学界一个重大新闻的影响而作出的誓言。该新闻报道近 70 年一直被顶尖复分析家所努力想证明的、当时世界大难题比伯巴赫(Bieberbach)猜想,被美国普渡大学默默无闻的德布朗基(Louis de Branges de Bourcia)教授所证明。

数学界是如何肯定这样一个重大而艰难的证明呢?原来德氏曾钻研该猜想多年,在 1984 年时曾将他的证明论文投寄给该方面的一权威,却遭到束之高阁的冷落。后来德氏有机会参与美苏两方科学院的学术交流计划,就在 1985 年 4 月前往苏联列宁格勒大学访问 3 个月。他就在一堆苏联专家学者面前做了一系列的报告。在这些优秀权威学者的耐心听讲及挑剔下,德氏的证明终于通过了检验,得到斯捷克列夫数学所所长菲德列夫(L. D. Faddeev)的正式肯定,并把德氏的一篇约 12 页的简化证明稿件通告了全世界的数学家。

很快地,德氏也得到了美国此方面权威人士的喝彩,从此德氏大名永垂数学史。若这样一成就发生在中国(或华裔)的数学家身上,那他不知要风光几辈子。然而德氏"不幸"身在欧美的社会,他只能享到一时的盛誉,过此之后,他仍像其他一些大师们一样静静地继续做他们的研究,更不会有人来膜拜他或请他去当官,来治校、治国、厘定国家的科技发展方针或方向。也只有在这样一种空气中,学术界才会产生不断的新星,出现创造性的理论及突破。

要想攻克世界公认的难题,除了需要智力外,更需要时间及百折不挠的毅力。黄教授一向就是所里公认最认真努力做研究的。1990 年黄俊雄在日本京都召开的国际数学家大会上作了一个报告,声称他对黎曼猜想做出了否定的证明。不幸这是一次失败,对他不无打击并产生一些负面的影响,但他并不灰心反而更加努力。

他每天几乎都埋头苦干于书桌及图书馆间。他没什么运动及消遣,也不抽烟喝酒或与朋友谈天,唱卡拉 OK。经过好一阵子的努力,改进思考及不厌其烦的计算,终于写出了一篇 200 多页的证明(不是反证了!),并先后投到一些数论及分析方面的权威杂志。有些很快就将稿件退回,表示无意处理(因一般人总觉得一篇论文真能解决这一世界性难题的,概率太低了。所以往往就不受理,以免浪费评审员的时间及精力!),有些甚至无回音。

笔者有次就建议黄教授不妨学学德氏,找一个有声誉的研究所就证明做一系列的专题演讲,使他的证明得到肯定或对其错有所指正,以期确定证明的可靠性及完整性。

后来黄教授就与大陆的一些专家们取得了联系,并前往北京数学所做了为期两周的报告。大陆数学所也的确聚集了一些权威专家及研究生,认真仔细地参与了他逐页的报告。据说在进行到 100 页左右时才有人指出他计算上的错误。

回台湾后他又努力地把问题做了精简的证明及改正被指出的错误。笔者也就在 1995 年间邀请他到香港科技大学数学系做一系列的报告,介绍他最新的证明。当时笔者也邀集了系里一些年轻的教师及博士生好好地听了他的几个报告。在报告中我们也指出他证明中的一些疑点及欠严格性的地方。不过可以说他大致都能自圆其说。总体说来,他证明的细节很难经过长久及繁杂的计算或估计去核对,但最大的问题似乎在他证明的构思。

他是从假设对黎曼 Zeta 函数 $\zeta(z)$ 的零点平行投到临界线上,这样一个函数经过 $\zeta(z)$ 所满足的关系式作解析延拓可得一个在整个复平面为亚纯函数。而此一新得函数却在临界线右侧的正实轴上的增长远超过 $\zeta(z)$ 在该线段上的增长而得出矛盾,因而证明原猜想的错误。但问题似乎是这种重新构造的函数能否利用 $\zeta(z)$ 的恒等关系式作全面的延拓,以及其中的一些增长估计似乎都不是很可理解及严格证明的。但至少说明了黄俊雄对此问题作出了反证的尝试,而且也不是很明显能指出他的错误点。所以,笔者说这是他的壮志未酬。因为很可能经由他的这种证明构想,或许有人对此问题能作出突破性的进展也未定,他及数学所也从此可扬名海内外。

据说平时黄俊雄没有看医生的念头,偶尔也曾向人表示过他觉得胸中闷闷的。就在出事那天,他不寻常地走出他的办公室去走廊的客厅看报纸。那天回到家中,他吃过饭洗澡时只对家人说了一句话"我不行了"就倒了,从此不起。对于他的去世,我们在这赞扬他、追忆他已都是太晚的事了。因为这些对一个长眠于地下的人,已无法感受了。但他如果地下有知的话,恐怕是希望他活着时的遭遇能从此不再降临到其他的同仁上。希望这个社会能尽量少做文人相轻之事。相信他希望,当他有良好表现或失败时大家都能以平常心态来看待他。可能的话,对他在攻克难关时,同仁们能够以热诚来鼓舞他、支持他。德氏已经给了我们一个很好的例子,一个看来默默无闻的人,他有天可能是摘下数学史上光亮星星的人。

我对他的看法

2016 年 9 月 21 日我到台北"中研院"数学研究所演讲,演讲完后和叶永南、周文贤、王蔼农、谢仲教授及年轻的研究生聚餐。在晚餐之后周文贤教授与我一起乘坐往象山的地铁,在车上我们聊黄俊雄教授,周教授讲到他的去世:"他去世的前一天和我一起在研究所走廊的客厅看报纸,身体还是好好的,可是第二天他回家晚餐后去洗澡,出来之后走到客厅,太太在看电视,他突然跌倒,就因心肌梗死去世了。在这之前的一个星期,他有对我说,他曾经胸闷有些不舒服,可是他没有去看医生,没想到他就这样去世了。"

"有人说他精神不正常是真的吗?"我问周教授。周说:"没有。他做的工作在台湾没有其他人做,因此可以说他是很孤独地一个人在做研究。他从日本演讲回来之后,我曾问他,是否有给这方面的专家看过他的论文,他说,他给过两个专家看,一个专家没有给他任何回复,另一个专家却认为他的工作有错误。这使他认为黎曼猜想可能是错误的。他从认为黎曼猜想是正确的,到转变为认为黎曼猜想是错误的,由此,一些人认为他精神失常。"

黄俊雄认为黎曼猜想是错的。面对黎曼猜想所得到的如此海量的支持,选择那样的立场当然是要被人排斥的。数学研究有时要讲机遇。有些人幸运,像怀尔斯经过7年的闭关思考,终于成功解决了费马最后定理。有些人并不是没有天分,但不幸穷尽一生都没有解决他所想解决的问题。

华罗庚曾对我说:"人要有自知之明。"我不会去解决黎曼猜想,因为我没有复变函数论的功底。我要做我力所能及的问题,我在图论研究中提出许多猜想,有一些我已解决,但大部分都只能解

黄俊雄是堂吉诃德吗?

决一部分,而未能全部解决。我想黄俊雄在解决了一些数学猜想之后,便想更上一层楼,尝试攻克更难的问题。这种敢攻克难题的拼搏精神是值得钦佩的,不必对他进行嘲讽——认为他像堂吉诃德和风车搏斗一样。

素数以它的神秘特性而引起数学家们的关注,它的变化非常不规则。著名数学家欧拉在1737年于圣彼得堡科学院发表了一个极为重要的公式,这个公式就是欧拉乘积公式,为数学家们研究素数分布的规律奠定了基础。可是1751年他这么说:"数学家徒劳地试图发现一些素数序列中的顺序,但我们有理由相信素数的奥秘是人类的心灵永远无法参透的。"

法国数学家阿伦·孔涅(Alain Connes,1947—)是高等科学研究院(IHES)和法兰西学院(College de France)的教授,1982年的菲尔兹奖获得者。2001年1月24日,瑞典皇家科学院将2001年度的克拉福德奖授予孔涅,表彰他在算子代数领域做出了重要工作并且和他人一起开创了非交换几何这一分支。这15年来孔涅想利用非交换几何的方法来证明黎曼假设。孔涅曾说:"我认为数学研究非常重要的是持续性。要点不是更聪明或更快。没关系!重要的是,永远不会对问题放弃。"

孔涅

黄俊雄对数学研究的持续性值得钦佩,他宁愿把更多的精力用于科学研究,而不是用在社会事务上。他是孤独的,不喜欢也不善于世俗交往。在学术圈子里面，那种殉道者一样纯粹的理想主义者是很少很少的，黄俊雄是这少数人之一。一般人对于成功者，往往喜欢锦上添花、歌功颂德，对于失败者不屑一顾、抹黑贬值。黄俊雄在数学领域作出的贡献是卓越的，这一点无可争议。他生前曾解决了一些难题，有些成果是许多数学家所达不到的，有些人却因他后期殚精竭虑想解决黎曼猜想却失败了而对他进行全面否定，这不是实事求是的态度。其实我想人们可以从他失败的地方，来寻求另外的途径和方法，很可能就能找到正确解决黎曼猜想的方法。因此不能就这样全盘否定他的工作。

鲁迅先生逝世后，郁达夫说："没有伟大的人物出现的民族，是世界上最可怜的生物之群；有了伟大的人物，而不知拥护、爱戴、崇仰的国家，是没有希望的奴隶之邦。"在一个逐渐商业化的社会中，能够不考虑私利的人已经很少了，能够不考虑私利又能够对社会做出贡献的人就更少了，黄俊雄追求的不是物质上的富足，而是精神上的富有，生前对"荣辱不惊"达到这样的人生境界，非等闲人士，我们是该对黄俊雄有更多同情、了解、宽容、爱戴、崇仰和尊重。

我要对给予我帮助的叶永南、周文贤、王蔼农、谢仲教授，和杨重骏授权刊载他的文章表示最深切的感谢。

主要参考文献

[1] 钱伟长.钱伟长文选.上海：上海大学出版社,2004.

[2] 方正怡.钱伟长：桑榆非晚奔驰不息.中华读书报,2008-01-26.

[3] 钱伟长.矮个子的"科学巨人".http://big5.ce.cn/xwzx/gnsz/gdxw/201007/30/t20100730_21672274.shtml.

[4] 孔璞,朱柳迪.钱伟长轶事.新京报,2010-7-31.http://news.sina.com.hk/cgi-bin/nw/show.cgi/113/1/1/1805028/1.html.

[5] 黄祺.总在"反对"的钱伟长.新民周刊,2010-08-09.http://big5.news365.com.cn:82/gate/big5/weekly.news365.com.cn/rw/201008/t20100816_2800493.htm.

[6] 张维.熊庆来：中国近代数学的创始者.传记文学,2007(6).

[7] 熊秉明.熊秉明文集.上海：文汇出版社,2000,6.

[8] 马春源.中国近代数学先驱——熊庆来.太原：山西人民出版社,1980.

[9] 张继.熊庆来传.昆明：云南教育出版社,1992.

[10] 熊有德.我和爷爷熊庆来.杭州：浙江文艺出版社,2009.

[11] 杨乐.清华大学数学系的创建人——熊庆来.http://www.gmw.cn/content/2005-07/05/content_264257.htm.

[12] 李俨,钱宝琮.李俨钱宝琮科学史全集.沈阳：辽宁教育出版社,1998.

[13] 张奠宙,王善平. 三上义夫、赫师慎和史密斯——兼及本世纪初国外的中算史研究. 中国科技史料,1993(04).

[14] 刘兵. 钱宝琮——在中国介绍研究新人文主义的先驱. 重庆大学学报(社会科学版),2005(1):47-50.

[15] 刘洁民. 南开大学数学系的创始人——姜立夫. http://www.gmw.cn/content/2005-06/07/content_244271.htm.

[16] 钱灿. 回忆父亲钱宝琮. http://www.jaaslib.ac.cn:88/qiushinet/Qiushinet-8/qianbaozhong.htm.

[17] 钱永红. 一代学人钱宝琮. 杭州:浙江大学出版社,2008,11.

[18] 梅荣照. 两种学术风格——纪念李俨与钱宝琮诞生百周年. 科学月刊,1992,12(276). http://210.60.226.25/science/content/1992/00120276/0013.htm.

[19] 陈德华,徐品方.《数书九章》系文中秦九韶的数学治国思想. 红河学院学报,2010,8(1). http://www.wenkuxiazai.com/doc/016950cdb9f3f90f76c61b87.html.

[20] 郑中. 中世纪最伟大的数学家之一——秦九韶. http://blog.sciencenet.cn/blog-289142-624596.html

[21] 蔡圣昌. 秦九韶的是与非. 书屋,2014(1). http://www.housebook.com.cn/201401/15.htm.

[22] 江晓原. 疯狂的恶棍与天才数学家——秦九韶与一次同余式理论. 新发现,2007(3).

[23] 秦九韶. 数书九章.//郭书春,主编. 中国科学技术典籍通汇(数学卷第一分册). 郑州:河南教育出版社,1993.

[24] 蔡天新.《数学传奇》公开课(第三集):秦九韶,道古桥与《数书九章》. https://www.youtube.com/watch?v=EZG2R3dKhBU.

[25] 蔡天新. 道古桥与《数学九章》. 南方周末,2012-06-25. http://www.infzm.com/content/77351.

[26] 吴文俊,主编. 中国数学史大系(第五卷). 北京:北京师范大学出版社,2000.

[27] 许永强. 最具争议的南宋数学家. 华西都市报,2016-07-30. http://www.toutiao.com/i6312880944705454593/.

[28] 李俨. 大衍求一术之过去与未来. 中算史论丛(一),1933：60-121.

[29] 汪晓勤. 大衍求一术在西方的历程. 自然科学史研究,1999,18(3)：222-233.

[30] 王翼勋. 孙子剩余定理与高斯剩余定理. 数学传播,2011,35(3)：64-79.

[31] 张方金,范宇. 秦九韶：数学史上一颗永不褪色的星星. 资阳日报,2016-09-13. http://www.zyrb.com.cn/2016/0913/206725.shtml

[32] 郭书春. 重新品评秦九韶. 宋史研究论丛,2009(10).

[33] 郭书春. 是"毒如蛇蝎"还是"瑰奇仁人"？——为秦九韶辩诬. 中国社会科学报,2014-08-11. http://www.cssn.cn/zm/zm_bjtj/201408/t20140811_1286719.shtml.

[34] 雷兴国. 道学思想方法与秦九韶的《数书九章》. 西安文理学院学报,2010,13(4). http://www.doc88.com/p-7129545904032.html.

[35] Horner W G. A new method of solving numerical equations of all orders, by continuous approximation. Philosophical Transactions. Royal Society of London, 1819(7)：308-335.

[36] Matthiessen L. Ueber das sogenannte restproblem in den chinesischen werken swanking von Sun-tsze und tayen lei schu von Yih-hing. Journal fur die Reine und Angewandte Mathematik, 1881 (91)：254-261.

[37] Temple R. The genius of China：3000 years of science, discovery, and invention. New York：Simon and Schuster, 1986.

[38] Mikami Yoshio. Chapter 11. Ch'in Chiu-Shao. The development of mathematics in China and Japan. Chelsea Publishing Corereprint, 1913：74-77.

[39] Wylie A. Jottings on the science of Chinese arithmetic. Chinese Researches, 1897：159-194.

[40] Libbrecht U. Chinese mathematics in the thirteenth century. Cambridge, Massachusetts, London: The MIT Press, 1973.

[41] 李虎军. 陶哲轩:一个华裔数学天才的传奇. 南方周末, 2006-08-31. http://www.southcn.com/weekend/top/200608310026.htm 2.

[42] 刘小川. 陶哲轩,未被神化的天才. http://liuxiaochuan.wordpress.com/2008/07/19/.

[43] 徐天. 丁石孙与他的北大往事. 中国新闻周刊, 2016-03-07. https://www.sohu.com/a/346582137_220095.

[44] 杨鑫宇. 丁石孙先生逝世,为什么那么多人怀念他? 中国青年报, 2019-10-14.

[45] 丁明. 我的大伯丁石孙. 新民晚报, 2019-12-04.

[46] 任赫. 北大原校长丁石孙去世引无数人追忆,他为什么这样值得怀念? 中国教育报, 2019-10-18.

[47] 马荣真. 张益唐看望丁石孙,三代数学家再聚首. 北京大学校报, 2013-09-10. http://pku.cuepa.cn/show_more.php?doc_id=851641.

[48] 丁石孙,袁向东,郭金海. 有话可说:丁石孙访谈录. 长沙:湖南教育出版社, 2013: 7.

[49] 张恭庆. 丁石孙老师. 数学科学学院[2019-10-17]. http://pkunews.pku.edu.cn/xwzh/2a13744718fa486999c8c58cc162eb7e.htm.

[50] 精神的魅力:教育家丁石孙. 央视国际, 2006-03-22, 17:08. http://www.cctv.com/program/dajia/20060322/102216.shtml.

[51] Connes A. An essay on the Riemann hypothesis. http://www.alainconnes.org/docs/rhfinal.pdf.

[52] Derbyshire J. Prime obsession—Bernhard Riemann and the greatest unsolved problem in mathematics. Washington: Joseph Henry Press, 2005.

[53] Sabbagh K. The Riemann hypothesis—the greatest unsolved problem in mathematics. New York: Farrar, Straus & Giroux, 2004.